Helen Kramer ist praktizierende Therapeutin mit über zwanzigjähriger klinischer Erfahrung. Sie hat »R. E. A. L. Solutions« gegründet, ein Bildungszentrum, wo man lernt, wie man durch reife, erwachsene Verhaltensweisen Streß im Alltag bewältigen kann. Helen Kramer lebt mit ihrem Mann in New York.

Deutsche Erstausgabe Mai 1996
Copyright © 1996 für die deutschsprachige Ausgabe
Droemersche Verlagsanstalt Th. Knaur Nachf., München

Titel der Originalausgabe: »Liberating the Adult Within«
Copyright © 1994 by Helen Kramer
Originalverlag: Simon & Schuster, New York
Umschlaggestaltung: Angela Dobrick, Hamburg
Satz: Ventura Publisher im Verlag
Druck und Bindung: Elsnerdruck, Berlin
Printed in Germany
ISBN 3-426-84088-X

5 4 3 2 1

Helen Kramer

Endlich erwachsen werden

Der Weg zur emotionalen Reife

Aus dem Amerikanischen von
Renate Dornberg

Für meine Eltern,
die mich lehrten,
mit Freuden erwachsen zu sein

Dank

Dieses Buch wurde durch Liebe inspiriert, und ich hatte viele wunderbare Lehrer. Meine Eltern besaßen die wunderbare Gabe, ein von Liebe und Wärme, Lachen und Zuneigung erfülltes Heim zu schaffen. Sie sahen mich in einem ganz besonderen Licht und förderten mein Selbstwertgefühl, so daß ich im Erwachsensein Erfüllung finden konnte und immer noch kann. Neben meinen Eltern bin ich mit der nie abreißenden Anerkennung durch meine vielen Verwandten gesegnet. Und meine Schwester Paula ist mir im Leben eine unschätzbare Freundin. Seit wir erwachsen sind, haben wir uns sowohl als Frauen als auch als Kolleginnen kennen- und schätzengelernt.

Mein Mann Paul überrascht mich immer wieder mit seiner großen Liebe und Unterstützung. Er ist mein Weggefährte in diesem wunderbaren Abenteuer der Ehe, und mit ihm durfte ich herausfinden, daß Vertrauen und Freude keine Grenzen kennen.

Das ungewohnte, große Abenteuer, ein Buch zu schreiben, hat mir neue Einsichten und Erkenntnisse vermittelt.

Meine Lektorin, Marilyn Abraham, gab mir das Vertrauen, daran zu glauben, daß ich der Welt etwas zu geben hatte und daß die Freude, die mir meine Arbeit machte, anderen Menschen weitervermittelt werden könnte, indem ich darüber schrieb. Marilyn ermutigte mich, spornte mich an, beriet mich und half mir beim Formen, Ausarbeiten und Suchen. Sie und meine Agentin, Jane Dystel, geleiteten mich beim Schreiben und Veröffentlichen durch das mir fremde Terrain. Jane half mir, die Stärke meiner Ideen zu erkennen, und führte mich durch den verwirrenden Prozeß, sie zu verkaufen. Marilyn und Jane kommt das Verdienst zu, die Verwirklichung dieses Buches ermöglicht zu haben.

Catherine Whitney, meine Mitarbeiterin bei diesem Projekt, machte es zu einem Vergnügen. Sie respektierte meine Arbeit und schuf dadurch eine gute Vertrauensbasis, während sie mich ermutigte, meine Ideen auszuarbeiten und meiner Freude und Erregung freien Lauf zu lassen. Sie forderte mich, unterstützte mich und brachte meine Ideen zum Klingen.

Ich bin auch dankbar für das mir entgegengebrachte Vertrauen von lieben Freunden, die ein Teil der Familie geworden sind. Im besonderen danke ich Marci Rosen, Anne Ruderman, Marc Jaffe, Paul Franklin, Nina Yankowitz, Barry Holden, Scott Kumit, Rob Barnett, Joyce Kramer, Pat Lazzari, Luiz Pereira, Abbe Heller, Judy Keller, Corine Furnari, Richard Ellis, Tracey Mitchell, Michelle Vallon, Susan Friedberg und Dr. Ray Brown. Jeder hat mich auf seine Art liebevoll unterstützt und mein Leben durch Vitalität und Spaß bereichert.

Meine Studenten und Patienten ermöglichten mir, einer Theorie Bedeutung und Sinn einzuhauchen. Ich bin dankbar für solch unschätzbare Partner.

Schließlich möchte ich noch den Kindern in meinem Leben – Lila, Josh, David und Nina – danken, die mich an ihrem Heranwachsen zu wundervollen Menschen teilhaben ließen. Sie haben mein Herz mit Staunen erfüllt und machten mir das reiche Geschenk, an ihrer Reise zum erwachsenen Menschen teilnehmen zu dürfen. Ihre einzigartigen Talente bringen besonderen Zauber und Demut in mein Leben.

Inhalt

Teil I

Emotionale Dyslexie:
Wenn Sie nie richtig erwachsen
geworden sind

1 Die emotionalen Auslöser, die bei Ihnen einen Kurzschluß verursachen

- Sind Sie wirklich so selbstsicher und erwachsen, wie Sie immer dachten, oder kommen Sie im täglichen Leben oft ins Schlingern?
- Sind Sie frustriert, weil Sie eigentlich mehr Gewalt über Ihr Leben haben wollen?
- Macht es Sie verlegen oder unglücklich, wenn Sie auf eine bestimmte Weise reagieren, obwohl Sie das gar nicht so wollen?

Und wenn ich Ihnen nun sage, daß Sie sich oft nicht wie ein selbstsicherer, zufriedener Erwachsener fühlen, weil Sie an, wie ich es nenne, emotionaler Dyslexie leiden? Ihre Eltern könnten davon betroffen gewesen sein; Ihre Lehrer ebenso, ja, selbst Ihr Psychotherapeut. Es ist ein physiologisches Phänomen, das inzwischen epidemische Ausmaße erreicht hat. Emotionale Dyslexie ist das größte Hindernis auf unserem Weg zum mündigen Erwachsenen. Sie ist der Grund dafür, daß Sie in die Luft gehen, wenn Sie ruhig bleiben wollen, angstvoll sind, wenn Sie eigentlich Mut zeigen möchten, oder daß Sie frustriert statt erfolgreich sind.
Sie haben sicherlich schon von der Dyslexie als einer Lesestörung gehört. Dabei interpretiert das Gehirn die äußeren und inneren Reize, die es empfängt, falsch und verarbeitet sie nicht wie erforderlich. Jemand mit Dyslexie erkennt vielleicht ein Wort, schreibt es aber rückwärts. Genauso verhält es sich bei der emotionalen Dyslexie. Information von außen wird in Ihrem Gehirn fehlgeleitet. Sie umgeht den kognitiven

Teil des Gehirns, wo das Denken stattfindet, und darum reagieren Sie, ohne vorher nachzudenken.

Emotionale Dyslexie ist der Grund dafür, daß Sie gleich an die Decke gehen, wenn Sie eigentlich vernünftig bleiben möchten. Sie ist daran schuld, daß Sie manchmal das genaue Gegenteil von dem tun, was Sie eigentlich tun sollten. Ihretwegen herrscht in Ihren Beziehungen oft eine geladene Atmosphäre statt liebevoller Zuneigung.

Obwohl Sie sich wahrscheinlich schon oft für Ihre Unfähigkeit verwünscht haben, so mündig und erwachsen zu sein, wie Sie es sich erhoffen, oder befriedigende Beziehungen aufzubauen, wozu Sie sich durchaus in der Lage fühlen, sollten Sie wissen, daß Sie keine Schuld an emotionaler Dyslexie tragen. Auch ist diese nicht das Resultat eines grundlegenden Charakterfehlers, dem nur Jahre therapeutischer Behandlung beikommen können. Emotionale Dyslexie ist eine Lernstörung, und fast jeder ist davon betroffen. Jahrelang hat man sie nicht erkannt, genauso wie auch andere Arten von Dyslexie bis vor kurzem noch nicht erforscht waren. Unser Wissen darüber, wie das Gehirn funktioniert, war lange Zeit noch sehr lückenhaft, aber jedes Jahr wird etwas Neues herausgefunden. Und auf einem wichtigen Gebiet stimmen Wissenschaftler und ich überein: Es gibt einen Reflex auf der Gefühlsebene, der mit intellektueller Dyslexie vergleichbar ist. Es gibt ihn, und er ist heilbar.

Die folgenden fünf Fallbeispiele vermitteln Ihnen eine genaue Vorstellung davon, wie sich emotionale Dyslexie in den Interaktionen der Menschen äußert. Sie werden sehen, daß keiner von ihnen ein »schlechter« oder selbstzerstörerischer Mensch ist. Sie haben gute Vorsätze, aber jedesmal führt eine Fehlleitung im Gehirn dazu, daß sie genau gegen diese guten Vorsätze verstoßen.

Francines eifersüchtiges Toben

Francine hatte sich schon die ganze Woche darauf gefreut, mit ihrem Mann Kevin auf diese Party zu gehen. Sie verwendete fast den ganzen Tag auf ihre Vorbereitungen: Friseurbesuch, Maniküre und Kauf eines phantastischen neuen Kostüms. Aber als sie an ihrem Drink nippte und Kevin auf der anderen Seite des Zimmers mit ihrer Nachbarin Joyce reden sah, spürte sie, wie in ihr die Wut aufstieg. Er schien sich prächtig zu amüsieren. Und warum auch nicht, dachte Francine düster. Joyce war jung und schön, geistreich, man konnte sich gut mit ihr unterhalten. Natürlich suchte und genoß Kevin ihre Gesellschaft. Francine wünschte, er würde aufhören, mit Joyce zu lachen, und zu ihr herüberkommen. Aber er warf nicht einmal einen kurzen Blick in ihre Richtung.

Je länger Kevin bei Joyce stand, desto mehr regte Francine sich auf. Vom Verstand her wußte sie, daß ihr wachsender Zorn unbegründet war. Eine ruhige Stimme in ihrem Kopf sagte ihr: Kevin liebte sie; sein Gefallen an Joyces Gesellschaft stellte keine Bedrohung ihrer Ehe dar; er amüsierte sich einfach nur. Aber obwohl Kevin ihr nie einen Grund gegeben hatte, an ihm zu zweifeln, konnte Francine ihre verletzten Gefühle und ihre Wut anscheinend nicht mehr kontrollieren. Es war, als hätte eine eifersüchtige, ausgeflippte »andere Francine« das Zepter übernommen. Plötzlich hatte sie genug. Sie sprang von der Couch auf und ging zu Kevin hinüber.

»Ich möchte nach Hause«, verkündete sie scharf.

Kevin sah sie überrascht an. »Aber es ist doch erst zehn Uhr. Stimmt irgend etwas nicht?«

»Nein, nein.« Sie starrte ihn zornig an. »Ich möchte ganz einfach gehen.«

»Nun, ich aber nicht«, sagte er. »Mir gefällt es hier.«

»Das ist nicht zu übersehen«, antwortete sie spitz.

Kevin entschuldigte sich bei Joyce und nahm Francine beiseite, um in Ruhe mit ihr zu sprechen.

»Was ist los mit dir?« Er schien es wirklich nicht zu wissen.

Francine konnte nicht mehr an sich halten. Sie fühlte, wie sie rot anlief und Tränen aus ihren Augen quollen. Mit erhobener Stimme spuckte sie ihm praktisch ins Gesicht. »Ich fahre nach Hause. Warum gehst du nicht mit Joyce – dir scheint ihre Gesellschaft ja sowieso lieber zu sein als meine.«

Sie drehte sich um und stürmte hinaus, während im Zimmer betretenes Schweigen herrschte.

Sobald Francine die Auffahrt erreicht hatte, bedauerte sie schon, was sie getan hatte. Hatte sie den Verstand verloren? Sie kam sich schrecklich dämlich vor. Als ihre Wut verraucht war, wurde ihr vor Beschämung wieder ganz heiß. Was hatte sie sich dabei gedacht? Sie hatte sich vor ihren Freunden lächerlich gemacht, und sie hatte einen perfekten Abend mit ihrem Mann, der nun sehr ärgerlich sein würde, verdorben. Sie lehnte sich gegen den Wagen und fing an zu weinen. War sie eine Masochistin oder hoffnungslos neurotisch?

Jakes Wutanfall

Jake und Susan fuhren nach Norden aus der Stadt hinaus, um das Wochenende in ihrem Ferienhaus zu verbringen. Sie waren beide guter Laune, weil es das erste Mal seit Wochen war, daß sie hinauskamen. Jake war ein erstklassiger Chirurg an einem großen Stadtkrankenhaus, dessen Terminplan so ausgelastet war, daß ein paar freie Stunden etwas Kostbares waren. Sie unterhielten sich während der Fahrt ausgelassen darüber, was sie am Wochenende alles machen wollten. Jake fühlte, wie der Druck der letzten Wochen allmählich verschwand. Plötzlich verlangsamte sich der Verkehr vor ihnen und kam schließlich ganz zum Erliegen. Sofort spürte Jake, wie die Anspannung zurückkehrte. Sein Mund verzog sich zu einer Grimasse. »Was, zum Teufel, ist da vorne los?« murrte er.

»Wahrscheinlich ein Unfall«, sagte Susan gelassen.

»Na, ist ja toll.« Jake schlug mit der Hand gegen das Steuer.

»Liebling, beruhige dich. Ich bin sicher, es ist nichts Ernstes«, versuchte Susan ihn zu besänftigen.

Jake gab keine Antwort. Er fühlte das Blut in seinen Schläfen pochen – so kündigten sich starke Kopfschmerzen an. Verstand sie denn nicht? Er war nervlich fast am Ende – und nun das! Er öffnete den Gurt, verließ das Auto und knallte die Tür hinter sich zu. Während er hin- und herlief, laut fluchte und gegen die Reifen seines Wagens trat, merkte er, daß andere Autofahrer ihn beobachteten, und kam sich dumm vor. Verdammt! Warum mußte ein Stau ihn dermaßen aufregen? Er trabte los, bis er dessen Ursache entdeckt hatte, und trabte zurück. Schweißgebadet und außer Atem setzte er sich wieder in den Wagen. »Es ist doch wirklich nicht zu fassen!« sagte er zu Susan. »Der Wagen von irgendeiner dummen Kuh ist zusammengebrochen, und sie sitzt da mitten auf der Straße. Hier kommen wir nie raus. Die ruiniert uns das ganze Wochenende.«

»Ich bin sicher, sie hat das nicht mit Absicht getan«, sagte Susan. »Wir können doch Musik anmachen und uns entspannen.«

»Ach, halt den Mund«, brüllte Jake. Sie sollte ihm gefälligst zustimmen – genauso entrüstet sein wie er. Was er nicht brauchte, war diese herablassende Art. »Ich arbeite mich seit Wochen kaputt und soll nun einfach hier sitzen und mein Wochenende verfliegen sehen. Musik hilft da überhaupt nicht.«

Auch als der Verkehr sich wieder in Bewegung setzte, kochte Jake weiter vor Wut. Er wußte, daß er sich eigentlich bei Susan entschuldigen sollte, aber die Worte blieben ihm im Hals stecken. Sein Verhalten hatte sie ganz offensichtlich verletzt, und die Spannung blieb den Rest des Abends zwischen ihnen.

Am nächsten Tag entschuldigte sich Jake endlich und gab zu, daß er überreagiert hatte. »Ich weiß nicht, was in mich gefahren ist. Im Krankenhaus bin ich nicht aus der Ruhe zu bringen. Aber im Verkehr steckenzubleiben … Ich weiß nicht. Das macht mich einfach verrückt.«

Eleanors Freßorgie

Eleanor sah erneut auf die Uhr und seufzte. Sie war todunglücklich. Greg hatte versprochen anzurufen. Er hatte sogar gesagt, daß er vielleicht vorbeikäme, aber nun war es fast 22 Uhr, und das Telefon hatte kein einziges Mal geklingelt. In ihrer Ungeduld rief sie sogar bei ihm an, aber es war nur der Anrufbeantworter zu hören, und seine fröhliche Stimme war wie ein Schlag ins Gesicht. Er war unterwegs mit jemand anderem, und sie war zu Hause und allein.

Am frühen Abend hatte sie sich gut gefühlt – optimistisch, was diese neue Beziehung betraf, die erste seit langer Zeit. Sie hatte fast soviel abgenommen, wie sie in den letzten zwei Jahren zugenommen hatte, und wenn sie in den Spiegel sah, fand sie sich richtig attraktiv. Aber jetzt kamen Zweifel. Während sie so dasaß und das Telefon anstarrte, das nicht klingeln wollte, kam ihr der Gedanke, daß sie vielleicht doch nicht so gut aussah. Es war ein ständiger Kampf, das Gewicht zu halten, und vielleicht mochte Greg diese bleistiftdünnen Frauen, die überall in den Modeheften abgebildet waren. Sie würde nie dünn sein. Und wenn es wirklich das war, was er wollte, konnte er ihr gestohlen bleiben!

Das Gefühl der Einsamkeit und Zurückweisung wurde so

stark, daß Eleanor überlegte, wie sie sich trösten könnte. Sie dachte sofort an den Schokoladenkuchen, der unangetastet auf dem Küchentisch stand. Sie hatte ihn Greg anbieten wollen, wenn er kam, weil sie wußte, daß er ihn besonders gern aß. Aber Greg verdiente ihn gar nicht. Er war, wer weiß wo – amüsierte sich, während sie hier allein saß. Sie ging in die Küche und nahm den Kuchen aus der Schachtel.

Eleanor schlang den Kuchen hinunter, ohne überhaupt hinzuschmecken. Sie konnte selbst nicht fassen, wie schnell er verschwunden war. Sie holte ein Messer und kratzte den Zuckerguß von den Seiten der Schachtel. Als sie fertig war, war sie nicht befriedigt und fühlte sich noch keineswegs besser. Sie öffnete den Kühlschrank und zog eilig alles Mögliche heraus – kalte Nudeln mit Sauce, Thunfischsalat, einen Rest von dem Brotpudding, den sie letzte Woche für Greg gemacht hatte. Sie aß, bis ihr fast schlecht wurde. Schließlich ließ sich Eleanor auf einen Stuhl fallen und legte den Kopf auf den Küchentisch. Sie begann heftig zu schluchzen. Sie haßte Greg, weil er nicht angerufen hatte. Sie haßte sich selbst, weil sie solch ein Vielfraß war. Vielleicht geschah es ihr recht, daß sie allein war. Sie war verabscheuungswürdig.

Karens Liebeskummer

Als Karen Phillip kennenlernte, gefiel er ihr sofort, und sie schien ihm auch zu gefallen. Er rief an und verabredete sich mit ihr. Sie freute sich riesig. Sie gingen zusammen essen und unterhielten sich bis tief in die Nacht. Phillip war einer der offenherzigsten Männer, die Karen kannte. Er vertraute ihr Einzelheiten über seine letzte Beziehung an, die sieben Monate zuvor zu Ende gegangen war, als seine langjährige Freundin ihn wegen eines anderen verlassen hatte.

Karen fühlte mit ihm. Phillip schien so verletzlich. Als er ihr sagte, daß er noch nicht so weit sei, um mehr als eine lockere Freundschaft einzugehen, verstand sie seinen Wunsch. Sie wollte ihm unbedingt zeigen, daß er wieder Vertrauen zu Frauen haben konnte.

In den folgenden Wochen gingen Phillip und Karen mehrmals miteinander aus, und Karen merkte, daß sie sich in ihn verliebte. Aber jedesmal, wenn sie Phillip näherzukommen versuchte, wich er aus und erinnerte sie daran, daß er noch nicht so weit war. Sie war ihm dankbar für seine Ehrlichkeit und wollte ihn deswegen noch mehr umsorgen. Sie backte Kekse und brachte sie ihm. Sie schickte ihm süße Briefchen und Karten.

Manchmal konnte Karen sehen, daß Phillip sich unwohl fühlte wegen ihrer Aufmerksamkeiten. Sie fragte sich, ob sie zu aufdringlich war, und wollte sich schon etwas zurückziehen, damit er den Abstand hatte, den er brauchte. Aber jedesmal, wenn sie beschlossen hatte, ihn nicht anzurufen oder keinen Brief zu schreiben, wurde sie weich. Sie hatte das Gefühl, ihm mitteilen zu müssen, was sie empfand. Sie konnte sich einfach nicht von ihm fernhalten, obwohl sie befürchtete, ihn dadurch zu vertreiben. Ihre Gedanken waren die ganze Zeit bei ihm. Sie wünschte sich diese Beziehung so sehr, daß sie keine Kontrolle mehr über ihr Verhalten hatte.

Nach drei Monaten teilte ihr Phillip schließlich mit: »Ich mag dich sehr. Du bist wirklich eine wunderbare Frau. Aber ich fühle mich unwohl. Du möchtest eine festere Beziehung, als ich sie dir im Moment bieten kann. Es tut mir wirklich leid, Karen, aber ich glaube, wir sollten uns nicht mehr sehen.«

Später weinte Karen sich bei einer Freundin aus: »Ich habe ihn vertrieben, wie ich Männer immer vertreibe. Warum werde ich nie klug? Was stimmt mit mir nicht? Ich ruiniere anscheinend jede meiner Beziehungen.«

Ihre Freundin verteidigte sie: »Gib doch nicht dir die Schuld. Phillip ist auch nur einer von denen, die unterschiedliche Signale aussenden. Er will keine feste Freundin, aber er will auch nicht allein sein. Er hat dich in eine Beziehung gezogen; als du dann zu nah gekommen bist, hat er sich zurückgezogen.«

Karen wollte nur zu gerne glauben, daß es Phillips Schuld war, aber im Grunde ihres Herzens wußte sie, daß nicht Phillip das Problem war. Sie mußte der Tatsache ins Auge sehen, daß sie von vornherein gewußt hatte, daß er keine tiefere Beziehung wünschte. Sein Verhalten hatte sich nie geändert – nur ihres, weil sie die Beziehung unbedingt wollte. Sie verstand nicht, warum sie die offensichtlichen Signale ignoriert hatte. Würde sie ihr gesamtes Leben damit verbringen, Männern nachzulaufen, die nicht zu haben waren? Sie hatte Angst, weil sie keine Gewalt über sich und ihre Situation hatte.

Peters Schuldverdrängung

Peters Abteilung hatte gerade einen Großauftrag verloren, und er mußte jetzt seinem Chef gegenübertreten und ihn darüber informieren, was geschehen war. Er wußte, daß er verantwortlich dafür war. Er hatte Mist gebaut, einen entscheidenden Fehler gemacht. Das könnte für ihn das Ende bei dieser Firma bedeuten. Mit klopfendem Herzen und einem Brennen im Magen betrat er das Büro seines Chefs.

Sein Chef war natürlich aufgebracht, aber er war ein vernünftiger Mensch. »Was war das Problem?« fragte er Peter. »Ist irgend etwas los? Es paßt gar nicht zu Ihnen, etwas in den Sand zu setzen.«

Peter wand sich auf seinem Stuhl, fühlte sich erniedrigt. Sein Magen bestand nur noch aus Knoten. Sein Chef sah das Ganze sehr objektiv, war äußerst anständig. Peter wußte, daß er einfach erklären sollte, was passiert war, damit sie es sachlich besprechen konnten. Er würde die Schuld auf sich nehmen und es hinter sich bringen. Aber es ging einfach nicht. Die Worte wollten nicht über seine Lippen kommen.

»Die Leute in der Design-Abteilung sind nicht meinen Anweisungen gefolgt«, sagte er schließlich und kam sich lächerlich vor, weil er die Schuld jemand anderem in die Schuhe schob. »Ich habe meinem Assistenten gesagt, er solle alles noch mal nachprüfen, aber das hat er wohl versäumt.«

Peters Chef fragte nicht nach weiteren Einzelheiten, doch Peter verabscheute sich, als er das Büro verlassen hatte. Warum hatte er sich so verhalten? Er hatte Mist gebaut und statt es zuzugeben, hatte er überallhin gezeigt, nur nicht auf sich selbst. Das wäre gar nicht nötig gewesen. Sein Chef drohte ihm schließlich nicht. Peter konnte es selbst nicht verstehen. Es war fast so, als hätte jemand anders Macht über seine Stimmbänder ergriffen und die Schuldzuweisungen aus seinem Mund geschoben. Jetzt fühlte er sich noch schlechter. Er hatte nicht nur den Auftrag verloren, sondern sich auch noch wie ein greinendes Kind verhalten.

Erkennen Sie sich selbst oder Ihre Freunde, Mitarbeiter, Familie in diesen Beispielen wieder? Haben Sie schon an Unmengen von Therapien und Selbsthilfegruppen teilgenommen, aber immer noch nicht Ihr Ziel erreicht oder den Fortschritt halten können, den Sie gemacht hatten? Kommen Sie sich manchmal selbstzerstörerisch vor – als seien Sie sich selbst der schlimmste Feind?

Diese Klage höre ich am häufigsten, wenn jemand mich aufsucht. Wie anders läßt es sich erklären, daß intelligente, kompetente Menschen ihr Leben verpfuschen? Menschen können daran verzweifeln, wenn sie immer wieder genau das Gegenteil dessen tun, was sie eigentlich tun wollen. Sie schämen sich, wenn sie überreagieren, aufdringlich werden oder die Verantwortung für ihre Handlungen auf andere schieben.

Menschen, die schon jahrelang an Therapien oder Selbsthilfegruppen teilgenommen haben, sind besonders entmutigt. Sie fragen sich, ob ihnen überhaupt noch geholfen werden kann. Sie sprechen oft davon, wie sehr sie sich schämen, daß sie, unabhängig von der Dauer ihrer Therapie, noch keinen Schritt weitergekommen sind, daß sie die negativen Impulse, die ihr tägliches Leben beeinträchtigen, noch nicht in den Griff bekommen haben. Oft beschreiben sie sich als souveräne Menschen, bei denen es nur in bestimmten Situationen aussetzt. Etwas Unvorhergesehenes passiert – ein Verkehrsstau, ein Mißverständnis, eine abgesagte Verabredung, eine Konfrontation im Büro –, und sie verlieren die Kontrolle über ihre Reaktionen. Nach meiner Erfahrung fühlen sie sich hilflos. Sie wollen weniger ängstlich, hysterisch, zwanghaft oder süchtig sein und sagen dauernd zu sich: »Ich sollte damit aufhören.« Aber sie werden von der Macht ihrer eigenen Gefühle getrieben.

Ich empfinde großes Mitgefühl, wenn jemand sagt, daß er nicht dagegen ankommt, denn ich weiß, das ist ein entsetzliches Gefühl. Die Unfähigkeit, sich wohlüberlegt wie ein Erwachsener zu verhalten, wenn etwas schiefläuft, kann jemanden so demoralisieren, daß er verzweifelt die Hände ringt und ruft: »Ich bin völlig verkorkst. Mir kann niemand helfen.«

Ich glaube nicht, daß Menschen von Natur aus schlecht oder selbstzerstörerisch sind, daß sie absichtlich andere verletzen oder sich selbst in Verlegenheit bringen. Jeder meiner Patienten, ohne Ausnahme, wollte das gleiche: glücklich und gefestigt sein. Und auch wenn die Handlungen zerstörerisch wirken, geschieht es meistens in bester Absicht. Schauen wir uns noch einmal die fünf Personen an, die wir eben kennengelernt haben. Sie alle reagierten uneffektiv in einer Streßsituation, so daß sie sie verschlimmerten oder eine Krise herbeiführten. Doch das wollten sie gar nicht. Hinter jedem der Fälle steckte die Absicht, etwas Gutes zu erreichen:

Francine liebte ihren Mann und wollte, daß er von ihr und nicht von Joyce bezaubert war. Sie wollte die Bestätigung, daß sie sich noch genauso nah waren wie früher.
Jake wollte aus dem Verkehrsstau heraus, um mit Susan sein Wochenende in vollen Zügen zu genießen.
Eleanor wünschte sich eine Beziehung mit Greg, weil sie ihn mochte und allein war.
Karen wünschte die Geborgenheit und Nähe einer romantischen Liebesbeziehung.
Peter wollte bei seiner Arbeit Stärke und Kompetenz zeigen.

Dies sind alles gute Absichten, denen der elementare Wunsch zugrunde liegt, glücklich zu sein und den eigenen Wert bestätigt zu sehen. Aber als die Betroffenen merkten, daß das Bedürfnis nicht erfüllt wurde, wußten sie nicht, wie sie auf eine Streßsituation angemessen reagieren sollten. Und ihre Reaktionen verursachten Störungen, Unzufriedenheit und Verlegenheit.
Francine, deren Eifersuchtsanfälle ihre Ehe zerstörten, erklärte es mir in einer ruhigeren Minute so: »Ich denke, ich weiß, warum ich eifersüchtig bin. Ich hatte schon immer Schwierigkeiten, eine längere Beziehung zu einem Mann aufrechtzuerhalten. Kevin ist der erste, der nicht aus irgendeinem Grund wieder weggeht. Im Innersten erwarte ich vielleicht, daß es passiert – obwohl er mir nie Anlaß dazu gegeben hat. Aber ich merke, je mehr ich befürchte, daß Kevin weggeht, um so mehr tue ich Dinge, die ihn wegtreiben.«

Francine ist eine kluge Frau. Sie weiß, daß Eifersucht ihrer Beziehung Schaden zufügt. Warum also kann sie ihr Handeln nicht danach richten?

Sie glaubt, die Antwort zu wissen: »Irgend etwas stimmt bei mir nicht.«

Da bin ich anderer Meinung. Was Francine durchmacht, ist das Ergebnis von emotionaler Dyslexie. Sie möchte etwas erreichen, aber die Botschaft gelangt in diesem Moment in den falschen Teil ihres Gehirns. Der Teil des Hirns, der denkt – der sie warnen könnte, daß ihre Gefühle nicht mit der Realität übereinstimmen –, ist ausgerechnet in diesem Moment nicht eingeschaltet.

Die Unterschiede zwischen kindlichem und erwachsenem Empfinden

Am leichtesten wird emotionale Dyslexie verständlich, wenn man sich anschaut, wie das Gehirn sich von der Kindheit an entwickelt.

Als Säugling reagieren wir nur auf sensorische Reize, die einen Reflex in der Amygdala – dem Teil des Gehirns, in dem die Gefühle sitzen – auslösen. Wenn ein Baby hungrig ist oder ihm etwas weh tut, schreit es. Es hat keine gespeicherten Erinnerungen, die ihm sagen, daß die Mutter zurückkommen wird.

Mit der Entwicklung des Neokortex oder Denkzentrums beginnt das Kleinkind zu differenzieren. Es schreit nicht unbedingt, wenn es hungrig ist, denn Hungergefühle lösen keine Panik aus. Es weiß, daß seine Eltern es füttern werden. Ebensowenig wird es sich verlassen fühlen, wenn seine Mutter aus dem Haus geht, denn es erinnert sich an andere Gelegenheiten, als sie das getan hat, und es ist ihm bewußt, daß sie zurückkehren wird. Es beginnt, Erinnerungen oder das Gedächtnis zu benutzen, um mit vorübergehenden Verlusten fertig zu werden. Es gewinnt an körperlicher Kraft.

Die Ausbildung des Neokortex markiert den Beginn der Reise zum Erwachsenen. Im Idealfall würden Erwachsene immer souverän reagieren und ihre Gedanken und Gefühle aufeinander abstimmen. Warum verfallen sie dann so häufig in die völlig irrationale Handlungsweise eines kleinen Kindes?

Ein Kind unterscheidet sich von einem Erwachsenen vor allem durch seine Abhängigkeit und Hilflosigkeit. Ihm stehen nur sehr primitive Mittel zur Verfügung, um zurechtzukommen. Wenn es heftig reagiert, ist das verständlich, denn es hat weder sich selbst noch seine Umgebung in der Hand.

Ich bezeichne emotionale Dyslexie oft als den »kindlichen Zustand«, weil es im Grunde genauso aussieht und sich anfühlt. Kinder werden zum Beispiel oft durch Veränderungen traumatisiert, da ihnen die Erfahrung fehlt, daß Veränderungen nicht automatisch gefährlich sind. Wenn Erwachsene besonders heftig auf Veränderungen in ihrem Leben – eine neue Liebe, eine neue Arbeit, den Umzug in eine fremde Stadt – reagieren, sendet ihr Gehirn dieselben Signale aus, die ein Kind empfängt.

Bei Erwachsenen sieht die Reaktion jedoch anders aus, weil sie tatsächlich ihr Leben mehr in der Hand haben. Bei emotionaler Dyslexie lösen die emotionalen Erinnerungen, wenn der Erwachsene sich in einer Streßsituation befindet, kindliche Gefühle aus, und der Erwachsene reagiert dementsprechend. Der Neokortex kann nur hilflos dabei zusehen.

Es ist etwas Organisches, nichts Psychologisches

Meine Theorie der emotionalen Dyslexie ist nicht psychologisch; vielmehr handelt es sich um eine organismische Theorie, die sehr viel mit der Natur des Menschen zu tun hat und damit, wie wir leben. Philosophisch gesehen basiert sie auf dem Werk des amerikanischen Psychoanalytikers Erik Erikson und des deutschen Neuropsychiaters Kurt Goldstein. Erikson stellt frühere Theorien in Frage, nach denen die Reifung des Menschen mit dem Ende der Pubertät abgeschlossen sei. Er weist nach, daß das Leben in Stufen verläuft und der Lernprozeß in der ganzen Erwachsenenphase anhält. Goldsteins Theorie besagt, daß der Grundinstinkt aller lebenden Organismen, solange das Umfeld nicht unzulänglich ist, das Streben nach Beherrschung ist. Eriksons Theorie zeigt an, was in der menschlichen Entwicklung möglich ist. Goldsteins Theorie legt dar, in welcher Weise die Einflüsse eines unzulänglichen Umfeldes diese Entwicklung behindern können, und er stützt sich nicht auf ein pathologisches Modell, demzufolge das menschliche Verhalten durch negative Reize hervorgerufen wird.

Meine Theorie der emotionalen Dyslexie (E. D.) geht von der Voraussetzung aus, daß die Menschen im wesentlichen nach Beherrschung oder Selbstverwirklichung streben, solange sie nichts daran hindert. Im Fall von E. D. besteht die Behinderung darin, daß wichtige Botschaften in den falschen Teil des Gehirns gelangen.

Aktuelle Forschungen von führenden Neurobiologen bestätigen, daß Botschaften an das Gehirn manchmal nicht den Neokortex erreichen, wenn die Menschen unter Streß stehen. Dadurch wird eine Reaktion der Amygdala hervorgerufen, noch bevor die Menschen eine Chance haben, ihr Denkvermögen in dieser Situation einzusetzen. Mit anderen Worten, wir reagieren ohne die Zuhilfenahme unseres denkenden Gehirnteils. Bisher wurde gemeinhin angenommen, daß unsere Gedanken es sind, die unsere Gefühle auslösen. Aber meine Beobachtungen und neue wissenschaftliche Erkenntnisse belegen, daß die sensorischen Reize direkt in unser Gefühlszentrum geleitet werden können.

Dr. Joseph Ledoux vom Center for Neuroscience an der Universität New York, der ausführliche Untersuchungen der Hirntätigkeit durchgeführt hat, sagt dazu: »Emotionale Reaktionen und emotionale Erinnerungen können ohne jegliches bewußte, kognitive Zutun entstehen, weil das emotionale System auf anatomischer Ebene unabhängig handeln kann.«

Ledoux führt aus, daß dies beim Menschen eigentlich nur für lebensbedrohliche Situationen so eingerichtet war. In früheren Zeiten, wenn bei Gefahr eine schnelle, instinktive Reaktion das Leben retten konnte, war dieses Hirnsystem unser wichtigster Schutzmechanismus. Selbst heute noch handeln Menschen, die sich in wirklicher Gefahr befinden, außerordentlich schnell und wirksam.

Und da liegt das Problem: Obwohl es selten geworden ist, daß Menschen in lebensbedrohliche Situationen geraten, können sie dies nicht immer gleich erkennen. Sie sehen Gefahren, wo es keine gibt, und der Schutzmechanismus des Gehirns reagiert darauf. Als der Chef zum Beispiel Peter zur Rede stellte, wurde Peters Gehirn von Angst überflutet, ehe er überhaupt die Gelegenheit hatte, die Situation abzuschätzen und seine Reaktion angemessen darauf abzustimmen. Er reagierte automatisch, als befände er sich in Gefahr. Er versuchte, sich zu schützen, obwohl dies nicht nötig war. Als er später Gelegenheit hatte, über das nachzudenken, was er getan hatte, schämte er sich sehr dafür. Er konnte nicht verstehen, warum er sich so verhalten hatte.

Emotionale Dyslexie wird am häufigsten bei Streß ausgelöst.

Ledoux erklärt dies so: »Kindliche emotionale Erinnerungen und die Ängste und Phobien eines Erwachsenen können über lange Jahre im Unterbewußtsein vorhanden sein, bis sie durch Streß an die Oberfläche gelangen.« Etwas passiert, das Sie aus dem Gleichgewicht bringt, und Sie verlieren die Fähigkeit zu denken. Sie reagieren nur noch. Es spielt dann keine Rolle, daß Ihre emotionale Reaktion nichts mit den objektiven Umständen zu tun hat. Ihr Gehirn hört im wahrsten Sinne des Wortes nicht mehr die Botschaft des Neokortex.

Die emotionale Dyslexie überwinden

Wir leben in einer Gesellschaft, in der Millionen von Menschen in therapeutischer Behandlung sind, in der Milliarden von Dollars für das Streben nach Glück und Macht ausgegeben werden.

Und doch sehen wir, wenn wir uns umschauen, keine glücklichen Menschen. Wir sehen Männer und Frauen, die mit ihrem Leben unzufrieden sind. Wir sehen Menschen, die sich in ihrem Körper unwohl fühlen oder gegen den Prozeß des Alterns ankämpfen. Die meisten stehen unter ungeheurem Druck und haben das Gefühl, ihr Leben zu wenig in der Hand zu haben.

Ich wandte mich dem Problem der emotionalen Dyslexie zu, als ich bei den Menschen, die bei mir Hilfe suchten, ein sich ständig wiederholendes Muster erkannte. Gewöhnlich hatten sie schon längere Zeit daran gearbeitet, ihre Persönlichkeit besser zu entfalten, was durchaus zu positiven Entwicklungen führte. Unter Umständen hatten sie gelernt, sich weniger für sich selbst zu schämen und sich zu akzeptieren. Oder sie hatten gelernt, sich freier auszudrücken. Doch das waren nur Teillösungen. Obwohl diese Frauen und Männer den ausgesprochenen Wunsch hatten, sich zu ändern (sie wollten nicht mehr ängstlich, süchtig, theatralisch oder »neurotisch« sein), stand ihnen etwas im Weg.

Daraus resultierte die logische Frage: Wenn Menschen so sehr daran arbeiten, sich besser zu fühlen und Ordnung in ihr Leben zu bringen, warum klappte es dann nicht?

Mir wurde klar, daß etwas Grundlegendes in der konventionellen Therapie fehlen mußte; so viele Menschen litten unter dem gleichen Problem, wenn sie sich in einer Streßsituation befanden oder mit neuen Tatsachen konfrontiert wurden. Das heißt nicht, daß die Therapie umsonst gewesen war oder gar in eine falsche Richtung geführt hatte. Aber sie hatte den Patienten nicht die Kraft gegeben, sich zu richtigen Erwachsenen zu entwickeln.

Ich kam zu dem Schluß, daß hier eine andere Art von Hilfe benötigt wurde als eine Therapie. Was gebraucht wurde, war eine Umerziehung – eine Methode, mit der man den Menschen neue Verhaltensmuster beibringen konnte, mit der man ihnen helfen konnte, ihre Gefühle aus dem kindlichen Stadium herauszuführen, so daß ihre Emotionen ihre Kompetenz und Reife widerspiegelten und nicht unkontrollierte Reaktionen zu unerwünschten Ergebnissen führten.

Die konventionellen und populären Therapiemethoden konzentrieren sich vor allem darauf, an die Wurzel eines Problems vorzustoßen – sei es ein Kindheitstrauma oder eine gestörte Familiendynamik, durch die das Ego angeknackst wurde. Zunächst sind die Patienten froh zu entdecken, daß ihrem Problem wirkliche Ursachen zugrunde liegen. Aber es genügt nicht, die Ursache zu kennen. Die meisten psychologisch orientierten Therapien vernachlässigen den nächsten Schritt, der darin besteht, den Menschen Fertigkeiten an die Hand zu geben, die ihnen wirkungsvoll helfen, wenn sie neuen Problemen gegenüberstehen. Was aussicht wie Regression, Widerstand, Masochismus und so weiter, läßt sich in Wirklichkeit durch die kürzlich gemachte Entdeckung erklären, daß emotionale Erinnerungen unauslöschlich sind und immer wieder ausgelöst werden können. Eine Therapie kann diese Erinnerungen nicht umformen. Unweigerlich wird den Menschen der Boden ihrer neu gefundenen, »therapeutischen« Selbstachtung dadurch entzogen, daß sie weiterhin die gleichen Fehler machen. Sie denken, daß es an ihnen liegt, wenn sie sich nicht bessern, obwohl sie doch die Ursache ihrer Probleme kennen. Sie glauben, daß sie es einfach nicht verstanden oder sich nicht genug Mühe gegeben haben.

Es ist falsch, diesen Menschen das Etikett »krank« anzuheften. Dann wäre ja jeder hoffnungslos neurotisch oder selbstzerstörerisch. Und doch gibt es auch bei sehr kompetenten Erwachsenen immer wieder Situationen, in denen sie es nicht verhindern können, daß sie sich wie Kinder benehmen.

Ein Grund dafür ist sehr einfach: Niemand befindet sich ständig im inneren Gleichgewicht. Das ist nur zu menschlich. Aber meiner Meinung nach findet sich die Antwort auch in der evolutionären Unreife des menschlichen Gehirns. Ganz zweifellos ist das Gehirn ein Wunderwerk und auf manchen Gebieten zu erstaunlichen Dingen fähig. Wir können zum Mond fliegen, hochkomplizierte Technologien entwickeln, planen, organisieren und Entscheidungen treffen – alles Dinge, die niedere Lebewesen nicht zustande bringen. Aber ebendiese Fähigkeiten bleiben inaktiv, wenn bestimmte emotionale Knöpfe gedrückt werden. Ein Mann kann von einer erfolgreichen Geschäftsreise zurückkehren und einen fürchterlichen Streit mit seiner Frau haben. Eine Ärztin führt eine brillante Operation durch, fühlt sich aber dennoch schlecht, weil ihr Freund eine Verabredung absagt.

Bei den meisten Menschen gibt es mindestens ein Gebiet in ihrem Leben, auf dem sie sich völlig unsicher fühlen – wo ihre

Reaktionen den Weg zu Glück oder Erfolg verbauen. Emotionale Dyslexie ist nicht auf Personen beschränkt, die in gestörten Familien aufgewachsen sind. Bei den meisten meiner Patienten löst eine bestimmte Art von Streß präkognitive Emotionen wie Unsicherheit, Hilflosigkeit und Angst aus. Sie können ihr Verhalten nicht mehr kontrollieren, weil die Kindheitserinnerungen – nicht an einzelne Situationen, sondern an emotionale Reaktionen – übermächtig sind.

Erinnern Sie sich an Jake, den Arzt? Ihm wurde bewußt, daß es irgendwie lächerlich war, wenn er als brillanter Chirurg gegen sein Auto trat und wie ein Kleinkind herumbrüllte, nur weil er in einem Stau steckengeblieben war. Aber der Streß, der entstand, weil er nichts ausrichten konnte, war zu viel für ihn und löste eine Reaktion aus, die der eines Kindes ähnelte.

Lernen, erwachsen zu werden

Es ist beängstigend, in einen Sog von Gefühlen gerissen zu werden und zu wissen, daß dadurch nur noch größere Probleme entstehen. Besonders schmerzhaft ist es, wenn dies in einem Bereich geschieht, an dem Ihnen viel liegt. Sie wünschen sich zum Beispiel verzweifelt eine Beziehung, werden aber jedesmal, wenn Sie jemandem näherkommen, kleinlich, eifersüchtig und zu emotional. Oder Sie wollen abnehmen, stopfen sich aber voll, wenn Sie nervös und erregt sind. Oder Sie schwören sich, niemals Ihr Kind anzuschreien, aber wenn es Farbe über Ihren Teppich schüttet, explodieren Sie.

Sie kommen mit dem Druck und den Ängsten des Erwachsenseins nicht zurecht. Wo findet sich also die Lösung? Wie können Sie sich die verängstigten, kindlichen Reaktionen abgewöhnen? Wie setzen Sie Ihre positiven Absichten in die

Praxis um? Die Antwort lautet schlicht: Sie erlernen »kluge« Gefühle.

Es ist überhaupt nichts Geheimnisvolles dabei, ein zufriedener, erfolgreicher Erwachsener zu sein. Ihr Problem ist nicht, daß Sie »krank« sind, sondern daß Sie nicht die spezifischen Taktiken gelernt haben, wie man emotionale Dyslexie überwindet. Kommen wir zurück auf den Vergleich mit dem Lesenlernen. Wenn Sie jemandem, der nicht lesen kann, ein Buch in die Hand drücken, würden Sie doch auch nicht erwarten, daß er die Wörter erkennt. Würden Sie ihm dann sagen: »Sie sind ein schlechter Mensch. Was stimmt nicht mit Ihnen?« Natürlich nicht. Sie würden sagen: »Sie müssen lesen lernen.« Dasselbe gilt für Fertigkeiten des Erwachsenseins. Wenn Sie in bestimmten Situationen plötzlich wie ein Kind reagieren, liegt das daran, daß Sie die erwachsene Ersatzreaktion nie gelernt haben.

Ich habe Taktiken für die Bewältigung von emotionaler Dyslexie entwickelt, die davon ausgehen, daß Menschen nicht schlecht, masochistisch oder neurotisch sind. In zwanzig Berufsjahren ist mir nie jemand begegnet, der nicht gerne seine Leiden gegen Zufriedenheit und Glück eintauschte, wenn man ihm zeigte, wie das möglich war. Wenn ich den Leuten Ersatzverhalten beibringe, entdecken sie in sich eine unerwartete Kraft. Sie sind überglücklich, wenn sie erfahren, daß sie nicht krank, sondern nur »ungelernt« sind. »Ich dachte wirklich, bei mir würde genetisch etwas nicht stimmen, und daß ich deswegen solche Schwierigkeiten mit der Liebe habe«, sagte mir eine Frau, die endlich nicht mehr unter dem erniedrigenden Eindruck stand, besessen zu sein. »Jetzt merke ich, daß ich es doch kann.«

Sehen wir uns Karens Reaktion am Anfang dieses Kapitels an, wo sie sich in Phillip verliebte. Sich zu verlieben ist mit einigem Streß verbunden, und Karen war voller Ängste. Ihr

Wunsch, sich zu verlieben, war so stark, daß sie zu besitzergreifend wurde, obwohl ihr eine innere Stimme unaufhörlich zuflüsterte, daß sie Phillip dadurch vertrieb. Sie konnte ihre starken kindlichen Gefühle nicht ändern, weil sie niemals gelernt hatte, anders zu reagieren, wenn sie an einem Mann interessiert war. Ihr fehlten die Fertigkeiten, die ihr geholfen hätten, die Situation einzuschätzen und ihr Verhalten dementsprechend zu ändern.

Genauso wie Sie andere erwachsene Fertigkeiten gelernt haben, wie Autofahren, das Benutzen eines Computers oder Kochen, können Sie auch lernen, das Denkzentrum Ihres Gehirns einzuschalten, bevor Sie auf Streß reagieren.

Es passiert immer wieder, daß Menschen, die bei mir lernen, kindische Reaktionen durch erwachsene Gefühle zu ersetzen, ihr ganzes Leben umkrempeln. Die ungeheure Erleichterung ist förmlich zu spüren, wenn ihnen klar wird, daß sie nicht auf immer und ewig Opfer ihrer eigenen Gefühle sind. Wenn den Menschen die Gelegenheit dazu gegeben wird, tun sie mit Freuden alles, um die Hindernisse auf dem Weg zu ihrem Glück zu überwinden.

Wir wollen zusammen lernen

Emotionale Dyslexie ist die häufigste Ursache für die Schmerzen, Ängste und Unzufriedenheit, die unser Leben belasten. Wenn es Ihnen schlecht geht, sollten Sie wissen, daß das nicht so bleiben muß. Lernen Sie mit mir eine Methode, Ihr Gehirn einzusetzen, die Ihr Leben verändern wird. Es ist keine Schnellösung und hat nichts mit Zauberei zu tun. Aber ich versichere Ihnen, daß Sie es erlernen können.

Versuchen Sie, zusammen mit mir herauszufinden, wie weit Sie ein souveräner, gefestigter Erwachsener werden können.

In diesem Buch werden Sie viele Menschen kennenlernen, die ähnliche Probleme und Spannungen haben wie Sie. Auch sie möchten etwas aus ihrem Leben machen und mit einem Verhalten aufhören, das ihnen nur Unglück bringt. Sie werden sehen, daß diese Personen genauso gute und ordentliche Menschen sind wie Sie. Sie wurden einfach nicht mit den Fertigkeiten vertraut gemacht, durch die sie ihr Verhalten verändern könnten.

Im nächsten Kapitel werde ich Ihnen die Grundlage meiner Arbeit vorstellen – den Emotionale-Dyslexie-Index. Er stellt das wichtigste Hilfsmittel in Ihrem Erziehungsprozeß dar. Wenn ich Ihnen erst kluge Gefühle beigebracht habe, werden Sie merken, daß sie Ihnen in Fleisch und Blut übergehen, wie Sie zum Beispiel auch die richtige Ernährung erlernen. Arbeiten Sie mit mir zusammen und entscheiden Sie selbst, ob meine Methode die richtige ist. Experimentieren Sie mit dem E.-D.-Index und beobachten Sie, ob Sie sich langsam besser fühlen. Ich glaube, daß er Ihnen genau in den Bereichen helfen kann, wo Sie schon alle Hoffnung auf eine Veränderung aufgegeben hatten.

2 Der E.-D.-Index:
Warnsystem und Hilfsmittel

Der E.-D.-Index ist eine Art Warnsystem, anhand dessen Sie
feststellen können, ob und wann Sie zurück in kindliche Verhaltensmuster fallen. Er gibt Ihnen Anhaltspunkte für die an-
gemessene erwachsene Reaktion und hilft Ihnen, jede Situation souverän zu meistern. Einfach gesagt, er läßt Sie in kritischen Situationen innehalten und warnt Sie: *Trauen Sie jetzt
nicht Ihren Reaktionen. Treffen Sie keine Entscheidungen, wenn Sie
sich so fühlen. Unternehmen Sie nichts, solange Sie sich in diesem Zustand befinden.* Dann wird er Ihnen eine alternative Reaktion
anzeigen, die aus der Erwachsenenperspektive kommt. Sie
lautet: *Innehalten. Überprüfen. Umgestalten.*
Sie lernen hier, sich von emotionaler Dyslexie zu befreien und
in Streßsituationen Ihre klugen Gefühle einzusetzen. Wenn
Sie mit der Zeit den E.-D.-Index verinnerlicht haben, werden
Sie immer rascher erkennen, daß bestimmte Kurzschlußreaktionen wie Beschämung, Ungeduld und Eifersucht zum Verhalten eines Kindes gehören. Und es wird Ihnen möglich sein,
auf eine erwachsene Reaktion umzuschalten. Diese spiegelt
dann wider, daß sich Ihre Gefühle und Ihr Intellekt im Einklang befinden.
Ich gebe Ihnen dieses Hilfsmittel an die Hand, weil es nach
meinen Erfahrungen nicht genügt zu wissen, daß etwas nicht
stimmt. Es nützt Ihnen gar nichts, wenn Sie erfahren, daß Sie
unter emotionaler Dyslexie leiden – als sei es nur eine neue
Funktionsstörung neben all den anderen. Sie brauchen eine
Methode, mit der das Problem beseitigt werden kann. Dr. Ledoux stimmt in diesem Punkt mit mir überein. Er behauptet,

daß emotionale Erinnerungen sich hartnäckig halten und nicht ausgelöscht werden können; sie müssen umgewandelt werden. Ledoux sagt: »Eine Behandlung, die sich auf kortikale Kontrolle konzentriert, ist vielleicht effektiver … als eine, die versucht, unauslöschliche und kognitiv nicht erfaßbare Gefühlsassoziationen zu tilgen.« Die Menschen können erfüllter und kompetenter leben, wenn sie neue emotionale Reaktionen oder »kluge Gefühle« lernen.

Denken Sie, wenn Sie den E.-D.-Index durchgehen, immer daran, daß dies kein statisches Modell ist. Die Verhaltensmuster von Kindern und Erwachsenen können gleichzeitig auftreten. Wenn Sie ein Charakteristikum des Kindverhaltens zeigen, ist die Wahrscheinlichkeit groß, daß Sie auch weitere feststellen. Dasselbe gilt für die Reaktionen des Erwachsenen. Der E.-D.-Index ist so konzipiert, daß er die vielen Facetten der Verhaltensmuster offenlegt und Ihnen so das Wiedererkennen Ihrer Reaktionen erleichtert.

Der E.-D.-Index vermittelt Ihnen auf anschauliche Weise, wie es ist, im kindlichen oder im Erwachsenenzustand zu sein. Hier beginnt das emotionale Lernen – der Prozeß, der Ihnen helfen soll, Ihrer emotionalen Dyslexie entgegenzuwirken.

Der E.-D.-Index: Die typischen Reaktionen eines Erwachsenen und eines Kindes

Erwachsener	Kind
Gegenseitige Abhängigkeit	*Abhängigkeit*
Selbstwertgefühl	Scham, Beschämung
Freiheit	Übervorteilung
Stärke, Macht	Schwäche, Ohnmacht

Bewußtsein	*Verzerrung*
Einfühlungsvermögen	Egozentrik
Geduld	Ungeduld
Realitätssinn	Illusionen

Selbstvertrauen	*Angst*
Flexibilität	Starrheit, Unflexibilität
Zufriedenheit	Eifersucht, Neid
Frieden	Theatralik

Gegenseitige Abhängigkeit, Bewußtsein und Selbstvertrauen sind die vorrangigen Erwachsenenzustände, Abhängigkeit, Verzerrung und Angst die vorrangigen kindlichen Zustände. Innerhalb jedes Zustandes gibt es drei typische Reaktionen. Diese geben ihnen direkte Hinweise auf die Frage, ob Sie sich in einer bestimmten Situation wie ein Erwachsener oder wie ein Kind verhalten. Das Folgende ist eine Beschreibung der Gefühle – und des inneren Dialogs –, die sich bei Ihnen in diesen Situationen einstellen.

Erwachsener	Kind
Gegenseitige Abhängigkeit	*Abhängigkeit*
SELBSTWERTGEFÜHL	SCHAM, BESCHÄMUNG
»Jeder macht mal einen Fehler.«	»Was stimmt bei mir nur nicht?«
• Sie nehmen es mit Humor, daß im Leben nicht alles glattgeht.	• Sie sind von dem Wunsch besessen, daß man Sie für perfekt hält.
• Sie wissen, daß man eigene Bedürfnisse haben darf.	• Sie glauben, daß Sie Ihre Bedürfnisse zurückstellen müssen.

Gegenseitige Abhängigkeit

- Sie rechnen damit, Fehler zu machen, und damit, daß auch andere Fehler machen.

FREIHEIT
»Ich bekomme, was ich brauche.«

- Sie können unabhängig handeln und doch Nähe aufbauen.
- Sie rechnen damit, daß das Leben auch schmerzhaft sein kann, und lassen sich davon nicht überwältigen.
- Sie haben keine Angst davor, verlassen zu werden.

STÄRKE, MACHT
»Ich kann einiges bewirken.«

- Sie fühlen sich durch Veränderung, Trennungen, Konflikte nicht bedroht.
- Sie können die Verantwortung für Ihr Handeln akzeptieren.
- Sie wissen, wie Sie etwas bewirken können.

Abhängigkeit

- Sie empfinden es als Schande, wenn etwas schiefläuft.

ÜBERVORTEILUNG
»Ich habe ein schlechtes Karma.«

- Sie suchen die Symbiose mit anderen.

- Wenn Sie etwas Schmerzhaftes erleben, glauben Sie, daß man es auf Sie abgesehen hat.
- Sie haben entsetzliche Angst davor, allein zu sein.

SCHWÄCHE, OHNMACHT
»Was ich mache, zählt nicht.«

- Sie fühlen sich nur gut, wenn in Ihren Beziehungen Harmonie herrscht.
- Sie weisen Verantwortung für das, was passiert, von sich.
- Sie haben das Gefühl, keinen Einfluß auf das Geschehen nehmen zu können.

Erwachsener	Kind

Bewußtsein | *Verzerrung*

EINFÜHLUNGSVERMÖGEN
»Manchmal passiert etwas, worauf wir keinen Einfluß haben, selbst wenn wir die besten Absichten haben.«

- Sie können zwischen Ihrem Standpunkt und dem von jemand anders unterscheiden.
- Sie können auf die Bedürfnisse von anderen eingehen, ohne Angst zu haben, daß Ihre eigenen Bedürfnisse zu kurz kommen.
- Sie können beobachten und auf andere eingehen.

GEDULD
»Ich fühle mich gräßlich, aber es wird schon vorbeigehen.«

- Sie setzen alles zur Vergangenheit und zur Zukunft in Beziehung.
- Sie lassen sich nicht durch vereinzelte enttäuschende Erlebnisse alles verderben.

EGOZENTRIK
»Wie kannst du mir das antun?«

- Sie können nichts vom Standpunkt eines anderen sehen.
- Sie sehen nur Ihre eigenen Bedürfnisse.

- Sie nehmen alles persönlich.

UNGEDULD
»Ich hasse dieses Gefühl.«

- Sie denken weder an vergangene Erfahrungen noch an zukünftige Möglichkeiten.
- Sie verlangen sofortige Befriedigung und dulden keine Mehrdeutigkeiten.

- Sie vermeiden es, übereilte Entscheidungen zu treffen.

- Sie müssen immer sofort handeln und erzwingen voreilige Lösungen.

REALITÄTSSINN
»Mein Leben ist nicht perfekt, aber es gibt vieles, wofür ich dankbar sein kann.«

ILLUSIONEN
»Alles muß perfekt sein.«

- Sie wissen, daß sich Probleme nicht von alleine lösen.

- Sie glauben, daß sich Probleme wie durch ein Wunder in Luft auflösen.

- Sie sehen den Gesamtzusammenhang und nicht nur einzelne Vorfälle.

- Sie verstehen den Gesamtzusammenhang nicht und denken sich völlig unrealistische Erklärungen aus.

- Sie nehmen schlechte Neuigkeiten hin, auch wenn das schmerzhaft ist.

- Sie weigern sich, der Wahrheit ins Gesicht zu sehen, weil dies zu schwierig wäre.

Erwachsener

Kind

Selbstvertrauen

Angst

FLEXIBILITÄT
»Welche Möglichkeiten gibt es?«

STARRHEIT, UNFLEXIBILITÄT
- »Entweder auf meine Art oder gar nicht!«

- Sie wissen, daß das Leben kompliziert ist.

- Für Sie gibt es nur Schwarz oder Weiß.

- Sie wissen, daß man ein Problem von verschiedenen Seiten angehen kann.

- Sie brauchen feste Regeln und Eindeutigkeit.

- Sie haben die Fähigkeit, mit mehrdeutigen Situationen zu leben.

- Sie fühlen sich unwohl, wenn Sie nicht alle Antworten haben.

ZUFRIEDENHEIT
»Ich weiß, daß ich meine Grenzen habe, aber ich mag mich so, wie ich bin.«
- Sie fühlen sich durch das Glück, das andere haben, nicht zurückgesetzt.
- Sie freuen sich an dem, was Sie haben.

- Sie blicken nach innen, anstatt sich mit anderen zu vergleichen.

EIFERSUCHT, NEID
»Er (Sie) hat das Glück gepachtet.«

- Sie finden, daß Sie oft zu kurz kommen.

- Sie vergleichen Ihre Situation immer mit der Situation anderer.
- Sie beneiden andere und fühlen sich durch deren Erfolg beeinträchtigt.

FRIEDEN
»Ich fühle mich wohl in meiner Haut.«
- Ihnen machen die Unwägbarkeiten und die Ironie des Lebens nichts aus.
- Sie können unterscheiden, ob Sie sich unbehaglich fühlen oder in Gefahr befinden.
- Sie wissen, daß das Leben lebenswert ist, auch wenn sich nicht alle Träume erfüllen.

THEATRALIK
»So kann ich nicht leben!«

- Für Sie ist das Leben unberechenbar und gefährlich.
- Sie können nicht zwischen wirklicher und eingebildeter Gefahr unterscheiden.

- Es regt Sie maßlos auf, wenn nicht alles nach Ihren Vorstellungen verläuft.

Der E.-D.-Index auf das wirkliche Leben angewendet

Erinnern Sie sich an die fünf Personen, die ich im ersten Kapitel vorgestellt habe? Francine, Jake, Eleanor, Karen und Peter machten die schmerzliche Erfahrung, daß emotionale Dyslexie die von ihnen erhofften positiven Resultate verhinderte. Auf welche Weise hätten sie in ihrer jeweiligen Situation anders und besser reagieren können?

Mit Hilfe des E.-D.-Index werden wir den inneren Dialog, der während ihrer kindlichen Handlungsweise ablief, untersuchen, und dann können wir einen anderen, sachlicheren Dialog ausarbeiten. Bei jedem Beispiel unterscheidet sich der innere Dialog eines Erwachsenen wesentlich von dem eines Kindes und führt zu einem völlig anderen Verhalten. Der durch Abhängigkeit, Verzerrung und Angst gesteuerte kindliche Dialog wirkt lähmend auf das Verhalten und verschlimmert die Situation. Der Erwachsenendialog, der durch gegenseitige Abhängigkeit, Bewußtsein und Selbstvertrauen bestimmt wird, führt dagegen zu einem positiven Ergebnis.

Francine, deren Eifersucht sich in einem Wutausbruch äußerte, weil ihr Mann auf der Party sich zu lang mit einer Nachbarin unterhielt, verhielt sich wie ein eifersüchtiges, beleidigtes Kind. Sie hätte anders, d. h. erwachsen, reagiert, wenn ihr klar gewesen wäre, daß Eifersucht eine präkognitive Emotion ist. Hier nun ein Vergleich der beiden inneren Dialoge anhand des E.-D.-Index:

Abhängigkeit

»Wenn Kevin sich so intensiv Joyce widmet, kann ich mich auf dieser Party überhaupt nicht amüsieren. Die Leute hier werden sehen, wie gut die beiden sich unterhalten und werden denken, daß er sie interessanter findet als mich, weil sie so jung und schön ist und so voller Lebensfreude.«

Verzerrung

»Ich bin ihm völlig egal. Er ist lieber mit Joyce zusammen. Er soll rüberkommen und sich zu mir setzen.«

Angst

»Joyce ist so jung und so schlank. Natürlich ist Kevin lieber mit ihr als mit mir zusammen. Was ist, wenn er zu dem Schluß kommt, daß er sie mehr will als mich?«

Gegenseitige Abhängigkeit

»Es sind einige Freunde von mir hier, mit denen ich mich schon ewig mal wieder unterhalten wollte. Ich brauche doch nicht hier zu sitzen und den beiden zuzuschauen. Kevin und Joyce sind Freunde – sie unterhalten sich einfach gut. Ich bin nicht so schön wie Joyce, aber ich mag mich, so wie ich bin, und das gleiche gilt für Kevin.«

Bewußtsein

»Kevin ist mir seit zwölf Jahren ein liebender Ehemann. Es ist nicht nötig, daß er sich dauernd um mich kümmert, um mir seine Liebe zu beweisen.«

Selbstvertrauen

»Joyce sieht phantastisch aus. Ich wünschte, ich hätte ihre Figur. Aber was soll's. Ich weiß, daß ich heute abend auch nicht so übel aussehe, und Kevin hat gesagt, daß er mich in dem neuen Kleid toll findet. Außerdem hat Kevin viele Freundinnen, und ich habe viele

Freunde. Wir sind beide gern unter Menschen, und genau das hat uns aneinander ja so gefallen.«

Jake, der wegen eines Verkehrsstaus in die Luft ging, hätte seine irrationalen, präkognitiven Gefühle durch eine erwachsene Reaktion ersetzen können, wenn er gelernt hätte, wie man einem unvorhergesehenen Ereignis anders begegnet. Hier ist anhand des E.-D.-Index der Unterschied herausgearbeitet:

Abhängigkeit
»Susan muß immer so ruhig und gelassen bleiben. Sie ist so perfekt – dadurch komme ich mir erst recht blöd vor.«

Gegenseitige Abhängigkeit
»Es ist wunderbar, wie Susan versucht, mich zu beruhigen. Sie weiß, wie hart ich gearbeitet habe und wie sehr es mich aufregt, im Stau zu sitzen. Ich freue mich, sie an meiner Seite zu haben.«

Verzerrung
»Warum muß ich jetzt auch noch im Stau steckenbleiben, wo die Woche schon schlecht genug war? Das ist nicht fair. Ich kann es nicht ausstehen, wenn andere Leute Mist bauen. Die Frau da ruiniert unser ganzes Wochenende.«

Bewußtsein
»Wenn ich schon im Stau sitze, habe ich wenigstens nette Gesellschaft. So was kommt halt vor. Die Frau hat ja nicht mit Absicht einen Motorschaden an ihrem Auto. Außerdem ist es für Susan genauso frustrierend. Wir verlieren vielleicht eine Stunde, aber schließlich ist das nicht die Welt. Irgend-

wann kommen wir schon an und haben dann noch das ganze Wochenende zum Erholen. Verkehrsstaus lösen sich ja auch wieder auf.«

Angst
»Das Wochenende kann ich vergessen. So kann ich mich nie entspannen.«

Selbstvertrauen
»Ein Stau ist, vor allem am Wochenende, etwas ganz Normales. Ich lasse mir dadurch nicht die gute Laune verderben. Ich kann Musik andrehen oder mich mit Susan unterhalten. Wenn wir erst gemütlich auf der Veranda sitzen, haben wir den Stau schon wieder vergessen.«

Eleanor stopfte sich mit Kuchen voll, weil sie sich einsam und zurückgestoßen fühlte, als Greg sie nicht anrief, obwohl er es versprochen hatte. Um ihn zu bestrafen und sich selbst zu beruhigen, aß sie den Kuchen, den sie für ihn gekauft hatte. Eine weitere kindliche Reaktion sagte ihr, daß sie verabscheuungswürdig war, weil sie den Kuchen aß, und dadurch verspürte sie den Zwang, noch mehr zu essen; ihre Gefühle waren völlig außer Kontrolle geraten. Nachdem die kindliche Reaktion eingesetzt hatte, konnte sie sie nicht mehr aufhalten. Mit dem E.-D.-Index können wir sehen, wie sie hätte reagieren können, wenn sie die Situation aus der Erwachsenenperspektive gesehen hätte.

Abhängigkeit

»Er ist irgendwo unterwegs und amüsiert sich, während ich hier allein sitze und mich hundeelend fühle. Kein Wunder, daß er keine Lust hat, mit mir zusammen zu sein. Ich bin ein Vielfraß.«

Verzerrung

»Ich finde es grauenvoll, nicht zu wissen, warum Greg nicht angerufen hat. Ich fühle mich so schlecht, daß ich jetzt unbedingt etwas tun muß, damit ich mich wieder besser fühle.«

Angst

»Wie soll ich mit einem Mann eine Beziehung aufbauen? Ich habe mich ja nicht mal beim Essen unter Kontrolle. Warum geben mir Männer immer das Gefühl, außer Kontrolle zu sein?«

Gegenseitige Abhängigkeit

»Ich mag nicht auf einen Anruf warten, der nicht kommt. Ich kenne Greg nicht gut genug, um zu wissen, ob es ein Problem gibt oder ob er nur kein Verantwortungsgefühl hat. Ich weiß jedenfalls, daß ich nichts falsch gemacht habe.«

Bewußtsein

»Der Kuchen schmeckt nur am Anfang gut. Aber ich werde mich elend fühlen, wenn ich zuviel esse. Außerdem will ich gar keinen Kuchen. Ich will Greg.«

Selbstvertrauen

»Ich kann mir selbst helfen. Ich kann meine Freßsucht unter Kontrolle kriegen, und ich weiß, daß ich mich auch nicht besser fühle, wenn ich mich vollstopfe. Und wenn ich mich einsam fühle, kann ich meine Freundin Gail anrufen. Sie bringt mich wieder zum Lachen.«

Als Phillip mit Karen Schluß machte, überkam sie das gleiche Gefühl der Hoffnungslosigkeit und Sinnlosigkeit wie bei anderen Beziehungen, die in die Brüche gegangen waren. Anhand des E.-D.-Index können wir sehen, wie sie diese Situation anders hätte angehen können.

Abhängigkeit

»Ich kann's einfach nicht lassen – mach' eine wirklich gute Beziehung kaputt. Ich bin einfach zu besitzergreifend. Wenn ich ihn nicht so bedrängt hätte, wäre er bei mir geblieben.«

Gegenseitige Abhängigkeit

»Phillip zieht sich nicht wegen mir zurück. Er muß selbst erst einmal mit sich ins reine kommen. Das war jetzt für ihn bloß der falsche Zeitpunkt, das ist alles.«

Verzerrung

»Ich wollte ihm doch nur zeigen, wie sehr ich ihm helfen könnte. Wenn er sieht, daß ich ihm auch weiterhin helfe, kommt er bestimmt zurück.«

Bewußtsein

»Phillip sagt, daß er im Moment keine enge Beziehung möchte. Er mag mich zwar, aber er muß für sich ein paar Dinge klären, die nichts mit mir zu tun haben. Ich glaube, ich kann verstehen, wie er sich fühlt. Als meine letzte Beziehung in die Brüche gegangen war, wollte ich auch erst mal Ruhe haben und vorerst nichts mehr mit Männern zu tun haben.«

Angst

»Ich bin schon so lange allein gewesen, und es war schrecklich. Ich ertrage den Gedanken nicht, ihn vielleicht zu verlieren und wieder allein zu sein. Was ist, wenn ich nie wieder einen netten Mann kennenlerne? Was ist, wenn ich mich nie wieder in jemanden verliebe?«

Selbstvertrauen

»Das ist wirklich schade. Ich habe Phillip sehr gern gehabt. Aber er ist nicht der einzige gute Mann, den es gibt. Irgendwann lerne ich wieder jemanden kennen.«

Peters Fehler im Büro und die dadurch verursachten peinlichen Gefühle ließen ihn wieder zum Kind werden, denn er hatte Angst davor, dumm auszusehen. Der E.-D.-Index zeigt an, wie er anders hätte reagieren können.

Abhängigkeit

»Ich kann nicht fassen, daß ich das mit diesem Auftrag vermasselt habe. Vielleicht bin ich doch nicht so gut. Der Chef wird mir die Schuld an allem geben.«

Gegenseitige Abhängigkeit

»Ich weiß, daß ich meine Arbeit gut mache. Das war ein ziemlich schwerer Fehler, aber Fehler kommen eben vor. Ich kann nicht fassen, daß ich diesen Auftrag vermasselt habe. Ich muß mir klarmachen, was schiefgelaufen ist, damit es nicht noch mal passiert.«

Verzerrung

»Ich bin erledigt. Ein Fehler genügt schon, um lange Jahre guter Arbeit zu zerstören.«

Bewußtsein

»Ich bin nun schon seit sechs Jahren bei dieser Firma, und jeder sagt, daß ich gute Arbeit leiste. Ein einziger Fehler stellt nicht diese sechs Jahre in Frage. Es kann nicht sein, daß ich plötzlich nur noch schlechte Arbeit abliefere, wenn es vorher nur gute war.«

Angst
»Wenn ich nicht irgendeinen Weg finde, wie ich aus diesem Schlamassel herauskomme, stehe ich wie ein Blödmann da und verspiele meine Beförderung.«

Selbstvertrauen
»Ich nehme die Verantwortung dafür mit Würde auf mich. Dadurch wird mein Selbstvertrauen gestärkt, und es wird sich auf lange Sicht auszahlen.«

Die Erwachsenenreaktionen mögen allzu glatt aussehen, und Sie werden vielleicht skeptisch denken: »Wer könnte jemals so ruhig und vernünftig bleiben?« Nun, niemand hat sich tatsächlich die ganze Zeit in der Hand. Die Erwachsenenreaktionen, die ich beschreibe, geben nicht den exakten Wortlaut von jemandem wieder. Sie zeigen vielmehr Standpunkte, die ganz allgemein für den Erwachsenen gültig sind. Bis sie sich daran gewöhnt haben, die alten kindlichen Reaktionen durch erwachsene zu ersetzen, werden Ihnen diese komisch vorkommen. Aber bedenken Sie: Wenn Sie noch einmal jede Situation durchgehen, sehen Sie bei jedem Fall, daß das kindliche Verhalten die wahre Lage verschleierte.
Francines Mann hatte nicht vor, sie wegen Joyce zu verlassen. Jake würde nicht das ganze Wochenende im Stau verbringen müssen. Eleanor würde sich auch nach Verspeisen des Kuchens nicht besser fühlen. Karen konnte Phillip nicht dazu bringen, sie zu lieben, indem sie seine Warnung ignorierte,

daß er noch nicht wieder bereit für eine feste Beziehung war. Peter fühlte sich bestimmt nicht kompetenter, nachdem er die Schuld auf seine Mitarbeiter geschoben hatte. Solange kindliche, präkognitive Emotionen vorherrschen, können Probleme nicht gelöst werden – und die Menschen werden sich darüber hinaus noch schlechter fühlen.

Wie lernt man erwachsene Fertigkeiten?

Nach dem E.-D.-Index läßt sich ein erfolgreiches Schema für erwachsenes Verhalten entwerfen. Dieses liefert die Grundlage, auf der Sie eine neue Art des Reagierens auf die Komplexitäten des Daseins aufbauen und damit das Verhalten eines erwachsenen Menschen erlernen können.

Jedes der folgenden Kapitel greift jeweils einen der häufigsten E.-D.-Auslöser – eine Streßsituation, die Menschen wieder in kindliche Schemata verfallen läßt – heraus. Jedem Kapitel folgt eine Lektion, in der Sie eine spezifische Fertigkeit erlernen können. Diese Fertigkeiten sind die Eckpfeiler des Erwachsenseins. Dort lernen Sie:

– Ihre erwachsene Seite in sich zu entdecken
– eine enge Beziehung einzugehen, ohne Ihre Eigenständigkeit zu verlieren
– Ihr Selbstwertgefühl zu stärken, wenn Sie sich schlecht fühlen
– Andersartigkeit zu akzeptieren, ohne ein Urteil zu fällen
– Ihren Eltern die Fehler der Vergangenheit zu verzeihen
– sich Ihren Kindern gegenüber wie ein Erwachsener zu benehmen
– Ihre Stärke zu finden, wenn es so scheint, als hätten Sie sie verloren

Wie bei jedem anderen Lernprozeß stellen sich Erfolge nicht von heute auf morgen ein. Ich werde Ihnen viele Möglichkeiten zeigen, wie Sie erwachsene Reaktionen lernen, üben und im richtigen Leben anwenden können. Menschen lernen ja auf ganz unterschiedliche Weise: durch Lesen, im Gespräch mit anderen, durch die Veränderung des Blickwinkels. Aber emotionales Lernen passiert immer in der Welt, nie im stillen Kämmerlein. Am effektivsten geschieht es, indem Sie erwachsene Reaktionen im alltäglichen Leben üben – und die Reaktionen der anderen aufmerksam beobachten. Die Lektionen sollen Ihnen nur die richtige Richtung weisen. Sie sollen Ihnen dabei helfen, Ihre eigenen Reaktionen und die anderer besser zu beobachten – damit Sie das kindliche Verhaltensmuster durchbrechen und die Ereignisse durch Ihr erwachsenes Gehirn filtern.

Ich möchte Sie dazu ermutigen, mit Ihren Freunden und Ihrer Familie zu üben – beziehen Sie andere in den Lernprozeß ein. Das mag zunächst nicht leicht scheinen, aber Sie sind ja nicht allein. Am Anfang werde ich die Arbeit für Sie tun, Sie führen und anleiten, denn es ist unmöglich, sein Verhalten zu ändern, wenn man keine Ersatzreaktionen hat. Lernen geschieht nicht im luftleeren Raum. Ich werde Ihnen den Weg weisen: »Statt X sollten Sie einmal Y versuchen.«

Ich verspreche, daß es Ihnen mit der Zeit leichter fallen wird, eine erwachsene Reaktion zu wählen. In ausgedehnten Studien mit Einzelpersonen und Gruppen habe ich herausgefunden, daß emotionales Lernen den Reaktionsreflex von Grund auf und für immer verändert. Allmählich wird die angelernte Reaktion ganz automatisch kommen. Sie werden eine physiologische Veränderung erleben – ähnlich wie bei einem Muskel, der durch wiederholtes Training anders reagiert. Am Ende wird Ihre Reflexreaktion dem erwachsenen und nicht mehr dem kindlichen Verhaltensmuster entsprechen.

Sie werden Freude daran gewinnen, ein Erwachsener zu sein. Sie werden an Spontaneität und Energie gewinnen. Sie werden sich kreativer fühlen, weil Sie dann aus dem vollen Schatz Ihrer erwachsenen Erfahrungen schöpfen können, ohne durch die Grenzen eines Kindes eingeengt zu sein.

Immer wenn ich mit Patienten arbeite und ihnen erwachsene Reaktionen beibringe, werden sie lebensfroher und vitaler. Sie fühlen sich attraktiver und interessanter, weil sie sich nicht länger aus der starren, eindimensionalen Perspektive eines Kindes betrachten.

Es ist schwer, ein Kind in einer Erwachsenenwelt zu sein, denn man kann sich nicht durchsetzen. Es zehrt an den Kräften, wenn man von emotionalen Traumata verfolgt wird, vor Angst gelähmt ist, nicht das erreichen kann, was man sich am meisten wünscht. Ich kann Ihnen versichern, daß es weitaus besser – und einfacher! – ist, ein Erwachsener zu sein.

Teil II

Erwachsene Lösungen für die großen Probleme des Lebens

3   Können Sie eine gute Beziehung aufbauen?

- Haben Sie das Gefühl, daß Sie einen Selbstzerstörungstrieb haben, wenn es um Beziehungen geht?
- Sind Sie nicht sicher, was Sie realistischerweise von Freunden und Liebhabern erwarten können?
- Bestehen Ihre Beziehungen nur aus Angst und Gefühlsdrama?

Wo offenbart sich emotionale Dyslexie am häufigsten? In Beziehungen zu denjenigen, die uns am nächsten stehen. Die Liebe – sei es romantische oder freundschaftliche Liebe – löst am ehesten kindliches Verhalten aus. Gerade weil die Liebe die Quelle unserer größten Freude ist, kann sie auch den größten emotionalen Aufruhr verursachen.

Diese Geschichte kommt Ihnen vielleicht bekannt vor: Elaine war am Boden zerstört, weil sie sich am Vorabend mit ihrem Freund Mark heftig gestritten hatte. »Ich habe ihn wüst angefahren, was ich nicht hätte tun sollen, aber ich kann es nicht rückgängig machen, und jetzt spricht er nicht mehr mit mir«, sagte sie unglücklich.

Elaine hatte mir oft vorgeschwärmt, wie glücklich sie mit Mark war. Aber ich wußte, daß die Beziehung ihrer Meinung nach noch auf wackligen Füßen stand. Ich bat sie, mir zu erzählen, was vorgefallen war.

»Wir waren fürs Theater verabredet«, erzählte sie. »Wir hatten uns beide darauf gefreut. Aber einen Tag vorher rief Mark mich an und sagte, daß er nicht kommen könne. Er ist selbständiger Fotograf und hatte einen Auftrag erhalten. Ich weiß nicht, warum, aber bei mir brannte eine Sicherung durch. Ich ging in die Luft und schimpfte herum. Sie kennen ja die Liste: ›Wie kannst du mir das antun?‹ ›Liegt dir überhaupt was an mir?‹ – in der Art. Mark blieb zunächst ruhig, aber ich wollte einfach nicht aufhören. Schließlich wurde er wütend, dann knallte ich den Hörer auf, und seitdem haben wir uns nicht mehr gesprochen.«

Sie seufzte. »Helen, ich habe alles kaputtgemacht, und das bei dem ersten Mann, an dem mir wirklich etwas liegt. Ich war die reinste Xanthippe. Mark ist so ein toller Mann, und heute morgen wurde mir klar, daß ich mich völlig danebenbenommen hatte. Aber warum tue ich sowas? Warum habe ich einen Selbstzerstörungstrieb, wenn es um eine Beziehung geht? Ich fasse es einfach nicht. Man sollte doch meinen, daß ich mich nach sieben Jahren diverser Therapien besser in der Hand habe.«

Aber mit mangelnder Selbstkontrolle hatte Elaines Reaktion gar nichts zu tun. Auch besaß sie keinen Selbstzerstörungstrieb, wenn es um Männer ging – viele Frauen glauben das von sich.

Elaine war nur von einer verbreiteten Furcht besessen, die ungefähr so aussieht:

Geliebt zu werden ist ein schönes Gefühl.

Deswegen möchte ich geliebt werden. Wenn ich geliebt werde, bin ich glücklich.

Wenn es so aussieht, als würde ich nicht geliebt (oder vielleicht nie mehr geliebt werden), ist mein Glück in Gefahr, und das erfüllt mich mit Angst.

Wenn ich Angst habe, fange ich entweder an, mich selbst zu kritisieren, oder ich gehe auf denjenigen los, der mich verletzt hat.

Die Angst davor, nicht geliebt zu werden, kann sich in alle wichtigen Beziehungen einschleichen, sei es mit einem Liebhaber, einem Ehepartner oder einem engen Freund. Konventionelle Therapien können bis zu einem gewissen Grad heilend wirken, aber zu mir kommen immer wieder Menschen wie Elaine, die nicht verstehen, warum sie nach der Therapie diese ausgeprägten Rückfälle erleiden. Je mehr ihnen an einer Beziehung liegt, desto unfähiger sind sie, diese aufrechtzuerhalten.

Vor ihrer Therapie suchte Elaine überall dort nach Liebe, wo sie keine finden konnte, ihre Beziehungen waren von Anfang an zum Scheitern verurteilt – eine schmerzhafte Affäre mit einem verheirateten Mann, ein Liebhaber, der Alkoholiker war und sie mißhandelte, ein anderer Liebhaber, der sie durch seine ständige Kritik entsetzlich nervös machte. Jede dieser Beziehungen verstärkte ihr Gefühl der Unzulänglichkeit.

Mit Hilfe der Therapie fand Elaine ein nie zuvor gekanntes Selbstwertgefühl und eine Selbstbestätigung, die ihr die Männer in ihrem Leben nie vermittelt hatten. Sie fand langsam zu der Auffassung, daß sie völlig in Ordnung war, egal was irgendein Mann dachte. Diese neue Selbstachtung gab Elaine den Mut, Beziehungen mit verläßlicheren Männern einzugehen. Als sie Mark kennenlernte, einen netten Mann, der sie wirklich zu mögen schien, freute sie sich und war stolz, daß sie sich auf dem richtigen Weg befand. Bei dem Gedanken an ihr Verhalten, als Mark die Verabredung absagte, konnte sie es nicht fassen, daß sie vielleicht all die Jahre harter Arbeit durch einen einzigen Wutausbruch zunichte gemacht hatte. »Ich stehe wieder ganz am Anfang«, stöhnte sie.

Ich fühlte mit Elaine, aber ihre Geschichte war mir nicht neu. Eine der falschen Vorstellungen bei Therapien ist, daß Menschen sich linear fortentwickeln. Sie »gewinnen« Selbstachtung oder Klugheit und erwarten, diese nun für immer zu behalten. Aber das Leben ist nicht so simpel, und die durch eine Therapie geweckten guten Gefühle sind erst die halbe Miete. Das *Wissen*, daß man gut ist, ist eine Sache; es dann aber *anzuwenden*, vor allem mitten in einer Krisensituation, ist weitaus schwieriger. Elaines Therapie war nicht umsonst gewesen – und Elaine hatte auch keine Rückschritte gemacht. Sie entdeckte nur, wo die Therapie unvollständig gewesen war.

Elaines Streit mit Mark wurde nicht durch eine wirkliche Bedrohung verursacht, aber sein Anruf löste bei ihr präkognitive Emotionen aus. Nachdem sie erst einmal losgelegt hatte, konnte sie sich nicht mehr beruhigen, weil die Gefühle zu stark waren.

Viele Menschen haben dieses Problem. Die intensiven Gefühle, die automatisch in Streßsituationen ausgelöst werden, sind so stark und real, daß die Menschen darauf reagieren, ohne ihre Gültigkeit in Frage zu stellen. Diese Einstellung – »Ich fühle es so, also muß es wirklich so sein, und ich muß danach handeln« – ist ein Anzeichen für emotionale Dyslexie. Vielen Menschen geht es wie Elaine: Sie bringen ihre starken Gefühle zum Ausdruck und erreichen damit das genaue Gegenteil dessen, was sie eigentlich wollen. Das liegt daran, daß die Gefühle selbst eine durch emotionale Dyslexie hervorgerufene Reaktion sind. Sie wurden stark empfunden, waren aber nicht berechtigt.

Der Streß zu lieben

Jede enge Beziehung wird eine Menge Streß bedeuten und voller Spannungen sein, wenn man nur kindliche Hilfsmittel zur Verfügung hat, um damit umzugehen. Die Liebe ist eine Bestätigung unseres Wertes, somit verknüpft mit unserem Selbst und unseren Glückserwartungen, und daher gewinnt das Kind in uns leicht die Oberhand. Hinzu kommt, daß wir praktisch alles, was wir über Beziehungen wissen, in der Kindheit gelernt haben – bevor wir kognitive Fertigkeiten entwickelten. Ihre Eltern waren wahrscheinlich, trotz bester Absichten, nicht fähig, Ihnen andere Fertigkeiten beizubringen, als Sie älter wurden. Also blieben Sie in kindlichen Verhaltensmustern stecken. Wenn Sie sich den E.-D.-Index noch einmal ansehen, könnten Sie einige vertraute kindliche Reaktionen erkennen:

1. *Abhängigkeit.* Weil Sie mit der anderen Person gern zusammen sind, könnten Sie zu abhängig davon werden. Besonders am Beginn einer Beziehung kann es so aussehen, daß die Liebe dieser Person für Sie lebenswichtig ist. Deshalb passen Sie Ihr Verhalten dauernd an, um der anderen Person zu gefallen.

2. *Verzerrung.* Da Sie glauben, daß Liebe durch ein Wunder geschieht, wissen Sie nicht, wie man eine gute Beziehung aufbaut. Sie sehen nur jeden einzelnen Augenblick und verfallen in extreme Reaktionen, wenn die geliebte Person sich nicht stets und ständig liebend verhält.

3. *Angst.* Es plagt Sie ununterbrochen die Angst, daß die Beziehung scheitern könnte, und deshalb halten Sie dauernd Ausschau nach Anzeichen dafür. Diese Angst bedeutet Streß und führt dazu, daß Sie beim geringsten Anlaß überreagieren. Alles in dieser Beziehung verliert seine Verhältnismäßigkeit.

Alle diese Zustände sind Ausdruck der emotionalen Unreife eines Kindes – und doch sehen wir sie immer wieder bei Erwachsenen. In romantischen Filmen oder Büchern sind starke kindliche Züge enthalten, und wir werden tagtäglich mit Vorstellungen bombardiert, die uns sagen, wie die ideale Familie auszusehen hat, wie man perfekten Sex hat oder was man tun muß, um den Mann oder die Frau seiner Träume zu finden. In der Fernseh- und Filmwelt der Illusionen scheint jeder von loyalen, liebevollen Freunden, einer warmherzigen, stützenden Familie und leidenschaftlichen Partnern umgeben zu sein. Es ist nahezu unmöglich, dieser kulturellen Gehirnwäsche, die uns im kindlichen Zustand von Angst und Hilflosigkeit hält, zu entkommen.

Ein Kind sehnt sich nach Symbiose

Auch als Erwachsene zeigen wir in Beziehungen oft diese Reaktionen, weil in den meisten von uns noch starke emotionale Erinnerungen an die wichtigsten Beziehungen unserer Kindheit sitzen, als die Nähe zu einem Menschen noch einer Symbiose gleichkam. Ein Säugling ist im wahrsten Sinne des Wortes eins mit seiner Mutter. Jeder bewußte Moment ist mit ihrer Gegenwart verknüpft – ihrer Stimme, ihrem Geruch, ihrer Berührung, ihrem Aussehen. Die Mutter ist Synonym für das Wohlbefinden eines Kindes. Wenn das Kind heranwächst, wird es unabhängiger und die Symbiose schwächer, aber das kleine Kind verlangt immer noch nach ständiger emotionaler und körperlicher Nähe. Und de facto hängt es mit all seinen Bedürfnissen auch noch von der Mutter ab. Kleinkinder können sich kein Essen kochen, sich selbst anziehen oder allein irgendwohin gehen. Ihr Leben dreht sich um das, was ihre Mutter oder Betreuerin tut.

Die Menschen verwechseln das, was bei früher Liebe möglich ist, mit dem, was spätere Liebe tun kann. Im Unterbewußtsein versuchen viele Erwachsene, perfekte Beziehungen zu schaffen und die symbiotische Liebe zu erreichen, die sie als Kinder brauchten, aber nicht erhielten. Ein Augenblick innigster Nähe unter Erwachsenen kann sich tatsächlich wie eine Symbiose anfühlen. Sie wollen ihn für immer bewahren und fühlen sich jäh herausgerissen, wenn die Gefühle inniger Liebe, die nur Stunden oder Augenblicke zurückliegen, nicht andauern.

Ich erinnere mich, wie eine Freundin mir einmal von einem wundervollen Wochenende mit ihrem Mann erzählte. Sie erlebte eine dieser ausgedehnten Phasen, erfüllt von Wärme und inniger Nähe, in denen nichts die Harmonie stört. Ihr Mann war besonders aufmerksam und liebevoll, und sie kehrten mit einem warmen Gefühl der Liebe nach Hause zurück. Am Abend kuschelten sie sich auf die Couch und schauten fern. Sie wollte das Programm wechseln, und die Fernbedienung fiel ihr herunter.

Er hob sie schnell auf und sagte: »Ich mach das schon.«

Sie fuhr ihn an: »Ach, halt den Mund! Du hast doch nur das ganze Wochenende darauf gewartet, mich zu demütigen.« Sie sprang auf und stürmte aus dem Zimmer.

Die ganze enge Vertrautheit der vergangenen drei Tage war mit einem Schlag dahin. Sie sah nur den Augenblick, und in diesem Augenblick klang ihr Mann nicht liebevoll. Alles, was sie in den vergangenen drei Tagen erlebt hatten, war vergessen.

Dies ist ein Beispiel dafür, wie schmerzlich und verletzend emotionale Dyslexie ist. Die Menschen erwarten, daß ihre Liebesbeziehungen symbiotisch sind, und wenn Momente der Schroffheit auftreten, glauben sie, daß mit ihrer Beziehung etwas grundsätzlich nicht stimmt.

In Wahrheit braucht (oder erhält) nur ein Kind Symbiose. Weil aber die Liebe bei den Menschen ein gutes Gefühl auslöst und die zur Liebe gehörende innige Nähe einer Symbiose sehr ähnelt, empfängt der Liebende mit emotionaler Dyslexie vom Gehirn eine chemische Nachricht, die ständige, ununterbrochene Nähe verlangt. Wenn diese Nähe auch nur einen Tag oder einen Moment lang nicht vorhanden ist, führt dies zu extremen Reaktionen. Plötzlich ist eine ganze Beziehung durch einen einzigen Vorfall bedroht. Die Reaktion gleicht durchaus der bei einem Baby, dem man den Schnuller aus dem Mund zieht.

Genau das passierte bei Elaine. Als Mark ihre Verabredung absagte, spielte ihr Nachrichtenzentrum verrückt, und ihre Reaktion war dementsprechend. Statt die Umstände realistisch zu betrachten (er sagte ab, weil er einen Auftrag erhalten hatte), verzerrte sie sie. In dem Augenblick war all das bedroht, was sie und Mark verband. Sie konnte die plausible Erklärung, daß unvorhergesehene Ereignisse immer wieder vorkommen, vorübergehend einfach nicht sehen. Im Erwachsenenleben sind unerwartete Situationen etwas Normales und für gewöhnlich nicht gefährlich. Elaine reagierte, als sei ihre Beziehung zu Mark in Gefahr. In unserem Gespräch versuchte ich, Elaine zu helfen, ihr Erlebnis zu objektivieren und ihr zu zeigen, wie erwachsene Fertigkeiten ihr ermöglicht hätten, eine andere Lösung zu finden.

»Vergessen wir erst einmal, was wirklich passiert ist, als Mark anrief und Ihnen sagte, daß er nicht kommen könnte«, schlug ich vor, »und fangen wir ganz von Anfang an. Sie waren enttäuscht, als Mark die Verabredung absagte.«

»Das ist noch milde ausgedrückt«, seufzte sie.

»Ich weiß, es fühlte sich schlimmer an. Aber nachdem Sie jetzt Zeit hatten, darüber nachzudenken, würden Sie nicht sagen, daß Ihr eigentliches Gefühl Enttäuschung war?«

»Ja«, nickte sie. »Stimmt schon. Dabei war es nicht mal wegen der Aufführung. Ich wollte mit Mark zusammensein. Ich hatte mich darauf gefreut. Ich hatte den ganzen Abend vorgeplant.«

»Daran ist nichts auszusetzen: daß man enttäuscht ist, wenn man sich Riesenmühe gegeben hat und dann alles umsonst war«, versicherte ich Elaine. »Das ist ein ziemlich normales

Gefühl. Das Problem ist, daß Sie Ihren Ärger nicht auf erwachsene Art zum Ausdruck bringen konnten. Sie wurden von den anfänglichen Gefühlen der Enttäuschung überwältigt, und diese Welle trug Sie in den kindlichen Zustand, wo Sie dann zu gefühlsbetont reagierten.«

Ich bat Elaine, sich vorzustellen, was wohl passiert wäre, wenn sie ihre enttäuschten Gefühle gleich am Anfang zum Ausdruck gebracht hätte. Wir spielten es als Rollenspiel durch, um ihre und Marks Reaktionen zu untersuchen.

Mark: »Es tut mir sehr leid, aber ich kann nicht kommen. Ich habe plötzlich diesen Auftrag erhalten, auf den ich schon so lange warte, und mußte ihn einfach annehmen.«

Elaine: »Ach, jetzt bin ich aber enttäuscht. Ich habe mich so auf diesen Abend gefreut.«

Mark: »Ja, ich auch. Vielleicht können wir die Karten eintauschen und nächste Woche gehen.«

Elaine: »Das bezweifle ich. Es ist fast unmöglich, an Karten ranzukommen.«

Mark: »Da hast du wahrscheinlich recht. Es tut mir wirklich leid. Ich mache es am Wochenende wieder gut. Ich wollte eigentlich auch nur mit dir zusammensein. An der Aufführung lag mir gar nicht soviel.«

Am anderen Ende der Leitung wurde Elaine sehr still. Als sie schließlich etwas sagte, war ihre Stimme nachdenklich und leise. »Ich wünschte, ich könnte diese Unterhaltung gegen die andere austauschen. Ich habe mich am Ende richtig gut gefühlt, obwohl Mark die Verabredung nach wie vor absagen mußte.«

Indem Elaine zu gefühlsbetont reagierte und den Gefühlen eines ängstlichen Kindes nachgab, verlor sie ihre Stärke. Unangemessenen Gefühlen freien Lauf zu lassen, hat oft genau das zum Ergebnis, wovor wir uns fürchten: Wir vertreiben die Menschen, von denen wir nicht verlassen werden wollen. Gefühle müssen begründet sein. Wenn Mark Elaine mitgeteilt hätte: »Ich habe es mir anders überlegt. Ich möchte nicht mit dir zusammensein« oder eine andere provozierende Bemerkung gemacht hätte, wäre ihr Ärger gerechtfertigt gewesen. Wenn Mark während der ganzen Zeit ihrer Beziehung ständig Verabredungen abgesagt hätte, hätte ihre Antwort ihr sogar mehr Stärke verliehen – sich nicht mehr mit seinem Verhalten abzufinden. Aber das war ja nicht der Fall.

Manche erzählen mir, sie hätten sich damit abgefunden, sich in einer ihnen wichtigen Beziehung unsicher zu fühlen. Als Erwachsene müssen wir diese Unsicherheit akzeptieren, ohne uns jedoch in kindliche Verhaltensmuster zurückfallen zu lassen. Oft verlangen die Menschen zuviel Bestätigung, rufen zu oft an, nehmen alles persönlich – als rechneten sie tatsächlich damit, daß die Beziehung in die Brüche geht. Sie merken vielleicht sogar, wie wenig sie sich damit helfen, können aber nichts dagegen tun. Deswegen verursachen viele Beziehungen Angstgefühle und letztendlich Enttäuschung. So muß es nicht sein. Nur weil die Menschen noch nie auf andere Weise reagiert haben, scheint ein solches Ende unausweichlich, aber erwachsene Fertigkeiten sind jedem zugänglich – sogar denen, die verliebt sind.

Auch Freunde lösen E.-D.-Reaktionen aus

Dieselbe Dynamik, die bei Liebesbeziehungen abläuft, spielt auch bei engen Freundschaften eine Rolle. Die meisten Menschen haben unrealistische Erwartungen, was ihre Freunde betrifft, und sind oft enttäuscht, wenn die Realität hinter den Erwartungen zurückbleibt. Wie ist denn Ihre Haltung gegenüber Ihren Freunden? Kommen Ihnen diese Gedanken irgendwie bekannt vor?

Freunde sollten *immer* für einen dasein.
Freunde sollten *immer* hinter einem stehen, egal, was passiert.
Ein wahrer Freund wird *immer* auf meiner Seite stehen.
Ein Freund ist *immer* willkommen.

In diesen Behauptungen findet sich ein wiederkehrendes Thema, enthalten in dem Wort *immer*. Jede enge Beziehung kann E. D. auslösen; wir brauchen Nähe, und wenn wir sie nicht erhalten, haben wir die gleichen Gefühle wie ein Kind, dessen Bedürfnis nicht befriedigt wird. Unsere frühen unbefriedigten Bedürfnisse können sich durch die Verbindung mit unverwirklichten erwachsenen Bedürfnissen noch verstärken. Wir fühlen uns durch Freundschaften gestützt; sie sind der sichtbare Beweis, daß wir es wert sind, geliebt zu werden. Aber Freundschaften werden oft wie Liebesbeziehungen ein Opfer unserer Perfektionsphantasien.

Können Sie, auch wenn Sie mit obigen Behauptungen nicht übereinstimmen, mit gutem Gewissen sagen, daß Sie noch nie verletzt waren, wenn eine Freundin nicht zurückgerufen hat, bei etwas Wichtigem anderer Meinung war oder Sie zu einer Party nicht eingeladen hat? Fast jeder kennt den Schmerz und fühlte sich schon einmal von einem Freund gekränkt. Die Geschichte von Mary und Jean ist ein gutes Beispiel.

Als Jean ihrer besten Freundin Mary erzählte, daß sie sich in Ron verliebt hätte, warf Mary die Arme um sie und rief: »Das ist ja wundervoll! Ich freue mich ja so für dich.«

Mary freute sich von Herzen für ihre Freundin. Sie hatte mit Jean die lange, stürmische Zeit nach dem Ende ihrer letzten Beziehung durchgemacht. Sie war froh, daß Jean vielleicht das gefunden hatte, was sie suchte. Es tat ihr gut, als Jean sagte: »Das wäre alles nicht möglich gewesen, wenn du mir nicht eine so gute Freundin gewesen wärst, mir geholfen und mich aufgemuntert hättest.«

Im Laufe der Monate wurde Jeans Beziehung zu Ron immer enger, und sie erzählte Mary aufgeregt, daß sie schon von Heiraten sprachen. Wieder freute sich Mary für Jean, aber gleichzeitig fühlte sie sich etwas zurückgesetzt, weil Jean nicht mehr soviel Zeit für sie hatte. Sie versuchte, Verständnis dafür zu zeigen. Es war doch nur natürlich, daß Jean mehr Zeit mit Ron verbringen wollte.

Als Jean sich verlobte und ihre Hochzeit vorzubereiten begann, war sie noch beschäftigter, und Marys Unterhaltungen mit ihr waren gehetzt und unbefriedigend. Mary fühlte sich mehr und mehr an den Rand gedrängt und nahm es Jean übel, daß sie ihre Beziehung so leichtfertig fallenließ. Sie wußte, daß ihre Freundin viel zu tun hatte, aber sie hatte nicht erwartet, daß die Veränderung so einschneidend sein würde. Mary glaubte zu wissen, was da vor sich ging. Nachdem Jean den Mann ihres Lebens gefunden hatte, war Mary für sie nicht mehr so wichtig. Mary fühlte sich verlassen und war eifersüchtig. Nicht nur hatte sie ihre beste Freundin verloren, nein, es gab auch keinen Mann in ihrem Leben. Jean hatte alles und sie nichts.

Als Mary schließlich in einem meiner Workshops auftauchte, fühlte sie sich miserabel. Ich konnte ihr die Niedergeschlagenheit an den hängenden Schultern ablesen, aber sie gab auch gleich zu, daß sie sich zwischen zwei Gefühlen hin- und hergerissen fühlte. »Ich ärgere mich, weil Jean keine Zeit mehr für mich hat«, sagte sie. »Dann hasse ich mich für meine Eifersucht. Es ist so verwirrend. Wie kann man jemanden lieben und ihm trotzdem sein Glück übelnehmen?«

Mary stand nicht allein mit ihrem Dilemma. Ich hatte es oft

gesehen. Wenn ein enger Freund sich verliebt, werden die meisten Menschen ärgerlich und fühlen sich verlassen – besonders wenn sie selbst keine Beziehung haben. Der Streß wird noch dadurch verstärkt, daß sie etwas nicht haben, was der andere hat, und sie befürchten, daß es mit der Freundschaft zu Ende gehen könnte.

Diese Ängste sind ein genaues Abbild kindlicher Ängste. Kinder sind so abhängig, daß sie wachsam darauf achten, wieviel alle anderen erhalten, damit sie selbst noch genug bekommen. Während Erwachsene nicht wirklich glauben (wenn sie einmal ernsthaft darüber nachdenken), daß Liebe oder Erfolg genau abgemessen sind, entsprechen ihre Emotionen doch genau dieser Vorstellung. Sie erleben die Situation, als wären sie Kinder, die um eine begrenzte Menge von Liebe oder Erfolg kämpfen.

Ich sagte Mary nicht, daß sie nicht so fühlen sollte. Ein gewisser Streß war nur natürlich, da sie nicht wußte, wie ihre Freundschaft aussehen würde, wenn Jean erst verheiratet war. »Dieser Streß löst die Eifersucht aus«, sagte ich. Ich erklärte Mary, daß Eifersucht in der Kindheit beginnt, und erinnerte sie an die Rivalität zwischen ihr und ihren Geschwistern. »Sie haben nie gelernt, Ihrer automatischen eifersüchtigen Reaktion zu entwachsen, wenn Sie Angst hatten, nicht genug zu kriegen. Das Problem bei der Eifersucht ist, daß sie verschleiert, um was es wirklich geht. Sie wollen Jean doch eigentlich nicht wegnehmen, was sie hat, oder?«

Sie erwiderte erschrocken: »Nein, natürlich nicht.«

»Vielleicht konnten Sie wegen emotionaler Dyslexie Ihre anfängliche Reaktion der Eifersucht nicht kontrollieren«, sagte ich. »Aber Sie können die Folgen kontrollieren. Zunächst sollten Sie erkennen, daß Gefühle der Eifersucht ein Zeichen dafür sind, daß Sie in kindliche Verhaltensmuster verfallen. Das Kind sagt: ›Sie hat alles. Wenn ich ihr Leben hätte, wäre ich glücklich. Womit hat sie es verdient, glücklich zu sein, wenn ich es nicht bin‹ – und so weiter. Je mehr Sie Ihre Gedanken im kindlichen Muster weiterlaufen lassen, desto schlimmer werden Sie sich fühlen.

Wenn Sie zurückschauen, sehen Sie, wie Ihre Eifersucht sich in Ärger verwandelte. Der Ärger war wie die Eifersucht nur Anzeichen dafür, daß Sie sich beraubt fühlten und Angst davor hatten, verlassen zu werden. Er schien ein starkes, bestärkendes Gefühl zu sein, weil er Sie auf Touren brachte. Da Sie aber keinen Hinweis darauf hatten, daß Jean Sie absichtlich provozierte, fühlten Sie sich nur noch schlechter. Eine andere Möglichkeit für Sie besteht jetzt darin, die Situation mit dem erwachsenen Gehirn zu betrachten. Treten Sie einen Schritt zurück. Aus einem etwas veränderten Blickwinkel erkennen Sie, daß dies nur eine normale Veränderung im Leben ist, die keine Rückschlüsse auf Ihren Wert als Freundin und Frau zuläßt.«

Mary war erleichtert, daß sie etwas gegen ihre Gefühle der Eifersucht und Zurückweisung tun konnte. Der Streß, der durch die neue Liebe ihrer besten Freundin und die damit zusammenhängenden Veränderungen in ihrer Freundschaft verursacht wurde, hatte sie in einen kindlichen Zustand getrieben. Ich bat sie, Mitleid mit sich selbst zu haben, und sich vorzustellen, daß ihr das gleiche Mitleid auch von ihrer Freundin entgegengebracht wurde. »Was würde Jean sagen, wenn Sie Ihr sagten, daß Sie sich zurückgesetzt fühlen?« fragte ich. Mary war überrascht. »Es ist mir nie in den Sinn gekommen, das zu tun«, sagte sie. »Ich will nicht als Nörglerin dastehen. Sie würde mich wahrscheinlich gut verstehen und sich fragen, wie sie mir helfen könnte. Sie würde mir sagen, wieviel ihr an mir liegt.« Tränen traten Mary in die Augen, als sie sich vorstellte, wie Jean auf ihren Schmerz reagieren würde. Nun war sie bereit, mit der Arbeit zu beginnen.

Marys E. D. zeigte sich, als sie ihre Gefühle untersuchte:

1. Im Zustand der *Abhängigkeit* hängt für ein Kind das Glück von der Liebe, Anerkennung und ständigen Unterstützung durch eine andere Person ab. Mary war verletzt, weil sie sich von ihrer Freundin zurückgewiesen glaubte.

2. Im Zustand der *Verzerrung* sieht das Kind sich im Mittelpunkt des Geschehens und der Aufmerksamkeit der anderen. Aber auch wenn Mary den Eindruck hatte, daß ihr etwas Schlechtes zugefügt wurde, verliebte Jean sich schließlich nicht, um ihrer Freundin weh zu tun.

3. Im Zustand der *Angst* fühlt das Kind sich durch jegliche Veränderung des Status quo bedroht, weil diese als Vorbote eines Verlustes empfunden wird. Mit der Zeit hatten Mary und Jean eine enge Freundschaft entwickelt, in der sie sich wohl fühlten, und das sollte jetzt anders werden. Marys Sorgen wurden durch die Angst verschärft, daß es unter den neuen Gegebenheiten mit ihrer alten Vertrautheit vorbei wäre.

Unter Zuhilfenahme des E.-D.-Index erarbeitete ich mit Mary Ersatzreaktionen auf ihre Ängste. Allmählich durchschaute sie ihre emotionale Dyslexie, die für ihre zu gefühlsbetonte Reaktion verantwortlich war, und formulierte die erwachsene Reaktion, mit der sie ihre gute Beziehung zu Jean zurückerlangen könnte. Hier ist ein Beispiel, wie Mary den E.-D.-Index benutzte:

Abhängigkeit
»Jean hat jemanden gefunden, der sie liebt, aber ich bin immer noch allein. Niemand will etwas mit mir zu tun haben.«

gegenseitige Abhängigkeit
»Daß Jean eine so gute Beziehung hat, bestärkt mich in dem Glauben, daß eine befriedigende Beziehung möglich ist. Ich leide zwar noch

unter meiner Einsamkeit und wünsche mir eine eigene Beziehung, aber ich tue dies mit Würde.«

Verzerrung
»Jean hat sich von mir zurückgezogen. Sie hat mich durch Ron ersetzt.«

Bewußtsein
»Ich kann einsam sein und den schönen Tagen mit Jean nachtrauern, ohne mich gekränkt zu fühlen. Obwohl es mir leid tut, daß wir nicht mehr soviel Zeit miteinander verbringen, freue ich mich für Jean, weil sie die langersehnte Beziehung gefunden hat, und ich weiß, daß sie sich umgekehrt für mich genauso freuen würde.«

Angst
»Ich bin so eifersüchtig auf Jean. Sie hat, was ich nicht habe, und ich bin mir sicher, sie schaut auf mich herab. Wir werden uns nie wieder so nahe stehen wie früher.«

Selbstvertrauen
»Ich wünschte, ich wäre nicht allein, aber Jean geht es genauso. Wenn ich sie als Feindin sehe, bin ich auch nicht weniger einsam. Außerdem, nur weil Jean heiratet, heißt das noch lange nicht, daß mein Leben völlig verpfuscht ist.«

Während wir den E.-D.-Index durchgingen, konnte ich sofort einen Unterschied in Marys Einstellung feststellen. Sie wollte nicht im kindlichen Verhaltensmuster mit seinen Reflexreaktionen verharren. Ihr gefiel das Gefühl, wenn sie erwachsene Antworten formulierte. Sie sagte zu mir: »Wenn ich die Dinge aus der Erwachsenenperspektive betrachte, fühle ich mich besser und stärker. Es gefällt mir sehr. Ich fand diese deprimierte, kleinliche Haltung fürchterlich. Ich haßte das Gefühl der Eifersucht. Ich wollte mich nicht von negativen Gedanken verzehren lassen. Ich liebe Jean.«

Unsere gemeinsame Arbeit hatte schließlich zur Folge, daß Mary und Jean Freundinnen blieben und Mary sich auch mit dem Ehepaar Jean und Ron anfreundete. Ihr gefiel Jeans neuer Mann, und das Glück der beiden ließ ihre Hoffnung keimen, selbst einmal einen geeigneten Partner zu finden.

Freundschaften sind notwendiger Bestandteil eines guten Lebens. Aber man muß mit erwachsenen Erwartungen an sie herangehen. Wenn Ihre Bedürfnisse in einer Beziehung immer noch auf Wunsch nach Symbiose hinauslaufen, könnten Sie die falschen Dinge von Ihren Freunden verlangen. Ironischerweise würden Sie sich, wenn Sie sie erhielten, auch nicht gut fühlen. Erwachsene fühlen sich schnell unwohl, wenn Freunde zu abhängig sind. Statt Wärme zu empfinden, würden Sie sich durch die Nähe eingesperrt fühlen. Manchmal kann dies durch die Bitte eines Freundes hervorgerufen werden, die Sie nicht erfüllen können.

Meine Patientin Marsha schilderte, wie sich eine Europareise mit einer alten Freundin als Riesenenttäuschung entpuppte. »Als Julie und ich klein waren, träumten wir immer davon, einmal zusammen durch Europa zu reisen«, erzählte mir Marsha. »Sie können sich meine Begeisterung nicht vorstellen, als es endlich wahr wurde. Wir planten zwei Jahre lang, jedes Detail, sparten Geld und fuhren schließlich letzten Juni für drei Wochen los. Es war von Anfang an ein Desaster.« Sie paßten überhaupt nicht zusammen: ihre Freundin stand früh auf, sie blieb gern lange im Bett, sie konnten sich nicht einigen, welche Sehenswürdigkeiten sie sich ansehen wollten, und so weiter und so fort.

»Ich hatte immer gedacht, Julie und ich stehen uns so nah wie zwei Schwestern. Seit dieser Reise frage ich mich, ob wir überhaupt etwas gemeinsam haben.«

Marsha und Julie machten sich nicht klar, daß eine enge Freundschaft nicht unbedingt bedeutet, die gleichen Bedürfnisse und Interessen zu haben. Sie befürchteten, sich nicht mehr so nah zu stehen, wenn sie große Unterschiede zugaben. Da sie nicht mit Unterschieden rechneten, waren sie nicht darauf vorbereitet, und die Reise wurde eine Enttäuschung. In beiden Fällen stellten die Beteiligten in dem Moment, als eine Freundschaft in einem einzigen Punkt enttäuschte, die ganze Vorgeschichte und Gültigkeit der Beziehung in Frage.

Ich habe erlebt, wie jahrzehntelange Freundschaften durch einen einzigen Vorfall beendet wurden; die Begründung lautete: »Das beweist doch, daß ihm eigentlich gar nichts an mir liegt« oder »Ein wahrer Freund würde so etwas nie sagen« oder »Wo warst du, als ich dich gebraucht habe?«

Die Unfähigkeit von Freunden, uns zu helfen oder unseren Bedürfnissen nachzukommen, löst E. D. aus. Wie kleine Kinder geben wir Erwachsenen eine Macht über uns, die sie eigentlich nicht haben. Wenn Sie zum Beispiel eine Freundin anrufen, weil Sie sich mies fühlen, und die sagt nur: »Ich muß dich später zurückrufen. Das Essen brennt an«, können Sie diesen Vorfall auf zweierlei Art interpretieren. Sie können denken: »Ich bin ihr egal. Als ich sie brauchte, war sie nicht für mich da.« Oder Sie können denken: »Ihr brennt das Essen an. Wir unterhalten uns nach dem Essen.«

In einer solchen Situation – und jeder von uns hat sie schon erlebt – ist es verständlich, wenn man sich unwohl fühlt. Sie wollten Nähe, und Ihre Freundin war nicht in der Lage, sie Ihnen zu geben. Es hilft, wenn Sie das ganz sachlich sehen:

Ihre Freundin wird später zurückrufen, und Sie werden die Wartezeit überstehen. Sie brauchen nicht dazusitzen und innerlich zu kochen. Es gibt andere Möglichkeiten: jemanden anders anrufen, Musik hören oder spazierengehen. Das Problem entsteht erst, wenn Sie sich von dem Gedanken nicht befreien können, daß es nur einen Weg gibt, Ihre Bedürfnisse zu erfüllen, und nur eine Person, die dazu in der Lage ist. Das Problem wird behoben, indem Sie Ihr kognitives Gehirn einschalten und so ein positives Gefühl als Ersatz finden.

Unsere Verwirrung, was Freundschaften betrifft, stammt aus unserem kindlichen Gehirn. In der Kindheit finden wir unser erstes Vorbild für Nähe und Vertrautheit in unserer Mutter. Manchmal übertragen wir das auf unsere Freunde. Aber wir lernen selten, wie man diese Beziehungen »erwachsen« werden läßt. Weil eine Freundin uns tröstet und hilft, wenn wir einsam sind, geben wir ihr zuviel Macht. Wenn diese Freundin dann sagt: »Ich kann jetzt nicht sprechen. Ich rufe später zurück«, wird bei uns eine kindliche Reaktion ausgelöst. Das kindliche Verhaltensmuster wiederum führt zu einer Reihe von Kurzschlußreaktionen, so daß wir schließlich denken:

»Sie hätte reden können, wenn sie wirklich gewollt hätte.«
»Ich bin ihr egal.«
»Sieht sie nicht, daß ich sie brauche?«
»Sie ist nie für mich da.«
»Was habe ich getan, daß sie mich zurückweist?«
»Das habe ich nun davon, wenn ich mich auf jemand anderen verlasse.«

Und immer so weiter, hinein in eine negative Spirale – unter diesen Gegebenheiten völlig unangemessen. Sie sehen an diesem Beispiel, wie kindliches Verhalten Ihre Gefühle von

Alleinsein und Trennung nur verstärkt. Die Nähe, die Sie im Grunde gesucht haben, als Sie anriefen, rückt in weite Ferne. Auf der anderen Seite erlauben echte erwachsene Gefühle Ihnen, enttäuscht, traurig oder einsam zu sein, ohne Sie Ihrer Stärke zu berauben. Weder schwächen sie Sie, noch machen sie Sie zum Opfer.

Der Mythos von der erlösenden Liebe

Bei Liebesbeziehungen wie bei Freundschaften erliegen wir der Vorstellung, daß Liebe die Macht hat, unser Leben perfekt zu machen. Viele der gegenwärtigen Selbsthilfe-Gurus verbreiten eine Botschaft, die ebenso einfach wie reizvoll ist:

> Liebe hat eine heilende Kraft.
> Liebe hat eine erlösende Kraft.

Das ist eine sehr positive Darstellung, die unsere tiefe Überzeugung anspricht, daß mit der Liebe das grundlegende Bedürfnis unseres Ego erfüllt wird. Da ist es kein Wunder, wenn alle erwarten, daß Liebe alles wiedergutmacht. In sämtlichen Legenden, Märchen und Hollywoodfilmen – von Dornröschen bis zu dem Film *Pretty Woman* – wird es so dargestellt. Nehmen wir *Pretty Woman*. Darin trifft eine Prostituierte einen wohlhabenden, aber emotional zurückhaltenden Mann. Beide sind extrem funktionsgestört. Am Schluß rettet ihre Liebe die Frau aus Prostitution und Zynismus und ermöglicht es ihm, seine emotionale Zurückhaltung aufzugeben und wieder Liebe zu empfinden. Dieser Film wurde von emotionalen Dyslexikern hergestellt. Er soll inspirierend wirken, zehrt aber letztendlich nur von der Verzweiflung der Menschen, denn er sagt aus, daß Liebe (und die damit verbundene Erlösung) auf magische Weise eintritt. Wenn Sie aber die Botschaft einmal näher untersuchen, hören Sie eine Kinderstimme sagen:

»Wenn du mich stark genug liebst, bestätigst du mich und zeigst, daß ich etwas wert bin.«
»Wenn du mich stark genug liebst, kann ich meine persönliche Stärke durch deine Liebe finden.«

Wenn jedoch die Liebe solch heilende, erlösende Kraft hat – warum verlaufen die Liebesbeziehungen und Freundschaften der meisten Menschen so stürmisch? Wie realistisch ist die Vorstellung von Liebe als erlösender Kraft? Einer der Gründe dafür, daß viele in ihren Beziehungen immer wieder Schwierigkeiten haben, liegt darin zu glauben, Probleme könnten sich wie durch Zauberhand in Luft auflösen. Weil sich romantische Liebe eine Zeitlang so himmlisch anfühlt, glauben die Menschen, die anfängliche Euphorie würde anhalten. Auf lange Sicht werden sie sich nur noch schlechter fühlen, wenn der erste Zauber verflogen ist, weil sie dann sich selbst oder der anderen Person die Schuld geben.

Ganz ohne Frage ist es ein schönes, positives Gefühl, wenn man geliebt wird. Aber es ist ein himmelweiter Unterschied zwischen kindlicher und erwachsener Liebe. Die kindliche Reaktion auf Liebe basiert auf Abhängigkeit und dem Bedürfnis nach völliger Sicherheit und Anerkennung. Erwachsene Liebe entspringt dem Verlangen nach Wertschätzung, Gleichgewicht und gegenseitiger Abhängigkeit.

Es herrscht große Verwirrung darüber, was eine gute Beziehung ausmacht, sei es nun eine Romanze oder eine Freundschaft. Unsere Gesellschaft verstärkt diese Verwirrung noch, indem sie uns falsche Vorbilder für erwachsene Beziehungen liefert. Wir lassen uns davon blenden und glauben, daß die

Leute sich wie Erwachsene benehmen, wenn sie sich in Wirklichkeit wie Kinder verhalten – Beispiele dafür wären eine übertrieben verführerische Frau oder ein herrschsüchtiger Mann.

Denken Sie mal darüber nach: Ein Kind glaubt, daß Liebe mit Anerkennung gleichzusetzen ist. Fühlen Sie sich tatsächlich besser, wenn Ihnen Anerkennung entgegengebracht wird? Anfänglich vielleicht. Aber letztendlich macht der Wunsch nach Anerkennung Sie nur abhängiger. Wenn jemand, den Sie lieben, Anerkennung äußert, fühlen Sie sich gut. Was passiert jedoch, wenn er oder sie Mißbilligung äußert – was in jeder Beziehung ab und zu vorkommt? Stellen Sie dann Ihren Wert in Frage? Leben Sie in Angst vor der Mißbilligung durch diese Person? Akzeptieren Sie die Mißbilligung ebenso bereitwillig wie die Anerkennung? Sie sehen das Problem.

Mein Ziel ist es, dabei zu helfen, das unersättliche Bedürfnis eines Kindes nach Anerkennung durch das Bedürfnis eines Erwachsenen zu ersetzen, nämlich so akzeptiert und anerkannt zu werden, wie Sie sind. Eine gute Beziehung definiert sich nicht durch ihre heilende oder erlösende Kraft, sondern dadurch, daß Sie mit jemandem zusammen sind, der Sie »Sie selbst« sein läßt.

Lektion eins

Entdecken Sie Ihr erwachsenes Ich

Erwachsene Fertigkeiten stellen sich nicht automatisch mit dem Erwachsenwerden ein. Bei einigen der obigen Beispiele haben Sie einen Eindruck gewonnen, wie es sich anfühlt und anhört, wenn man sich im Erwachsenenzustand befindet. Aber wie kommt man dahin? Ziel der Lektionen in diesem Buch ist es, Ihnen eine praxisnahe Anleitung an die Hand zu geben, wie Sie Ihr kognitives Gehirn einschalten können, bevor Sie reagieren – wie Sie erst als Erwachsener denken, bevor Sie wie ein Kind handeln.

Die Formel dieser Anleitung ist einfach:

1. *Innehalten.* Reagieren Sie nicht, wenn Sie unter Streß stehen.
2. *Überprüfen.* Betrachten Sie die wahren Umstände.
3. *Umgestalten.* Überlegen Sie sich, wie eine erwachsene Reaktion aussehen würde.

In dieser ersten Lektion zeige ich, wie Sie diese Formel umsetzen und dadurch Ihr erwachsenes Ich entdecken können. In den folgenden Lektionen wird veranschaulicht, wie man die Formel auf das Erlernen einer Vielzahl von erwachsenen Fertigkeiten anwenden kann.

Die erste Lektion erfolgt in drei Schritten:

1. *Innehalten,* wenn Ihre Gefühle mit Ihnen durchzugehen drohen.

2. *Überprüfen* der objektiven Umstände.
3. *Umgestalten* Ihrer Reaktion.

1. Schritt: Innehalten, wenn Ihre Gefühle mit Ihnen durchzugehen drohen.

Man kann sich nicht immer und überall erwachsen und perfekt verhalten. Spannungen und Druck können bei jedem von uns kindliche Reaktionen auslösen. Sie können am Auslöser nichts ändern. Aber Sie können lernen, auch unter großem Streß die Auslöser zu erkennen, die Sie in kindliches Verhalten zurückfallen lassen, und sich dann entschließen, mit einer Antwort zu warten.

Erinnern Sie sich noch an Elaine? Selbst wenn es ihr nicht möglich gewesen wäre, Mark gegenüber vernünftig zu reagieren, als er ihre Verabredung absagte, hätte sie doch durch ihre starken Gefühle gewarnt sein und die Unterhaltung verschieben müssen – indem sie Mark zum Beispiel sagte, sie würde später zurückrufen. Wenn Sie die Anzeichen von Streß, die bei Ihnen am ehesten eine präkognitive Reaktion auslösen, erst einmal erkennen, können Sie einen Frontalzusammenstoß vermeiden. Sie können sich dieses Mantra vorsagen:

Ich fühle mich gestreßt.
Das hier regt mich wirklich auf.
Dies ist der falsche Zeitpunkt für eine Antwort.
Dies ist der falsche Zeitpunkt für eine Entscheidung.
Dies ist der falsche Zeitpunkt für ein Ultimatum.
Ich brauche vielleicht mehr Informationen, bevor ich etwas tue.
Ich kann warten.

Da es sich nur selten um eine Frage von Leben oder Tod handelt, ist die Wahrscheinlichkeit groß, daß Sie mit Ihrer Antwort warten können. Das mag Ihnen am Anfang etwas fremd vorkommen, aber das Ergebnis wird letztendlich befriedigender sein, als wenn Sie mit einem wilden Gefühlsüberschwang reagieren, der Ihnen später leid tut.

Dies ist ein Beispiel für emotionales Lernen, das Sie jeden Tag in ganz alltäglichen Situationen üben können. Der E.-D.-Index dient dabei als Leitfaden, an dem Sie erkennen, wann Streß Ihre Wahrnehmung beeinträchtigt. Hier sind einige Beispiele:

Streßauslöser: Ihr Mann ist gereizt.

Innere Reaktion:

Ungeduld: »Ich brauche gerade in diesem Augenblick seine liebevolle Zuwendung.«

Egozentrik: »Warum verhält er sich mir gegenüber so garstig?«

Theatralik: »Das ertrage ich nicht.«

Innehalten. Antworten Sie nicht, denn diese Reaktionen spiegeln die Ungeduld, Egozentrik und Theatralik eines Kindes wider. Sie möchten darauf erwachsen reagieren, mit Einfühlungsvermögen, Geduld und Ruhe.

Verlassen Sie, bevor Sie antworten, das Zimmer oder warten Sie, bis Sie sich beruhigt haben. Wenn Sie erst einmal innegehalten haben, öffnet sich Ihnen der Weg aus der Intensität des Moments und führt Sie zur Realität. Später erkennen Sie, daß Ihr Mann Sie angefahren hat, weil er müde war. Ihn als guten Menschen zu sehen, der müde wird, hält Sie aus dem kindlichen Zustand heraus. Sie können Ihre kindliche Kurzschlußreaktion durch erwachsene Antworten ersetzen:

Geduld: »Er ist normalerweise sehr liebevoll. Daß er mich jetzt anfährt, sagt nichts über sein Verhalten sonst aus.«

Einfühlungsvermögen: »Er hat mich angefahren, weil er müde war. Ich weiß, daß er kein gemeiner Mensch ist.«

Frieden: »Ich brauche mir durch seine schlechte Laune nicht den Tag verderben zu lassen. Es ist ganz normal, daß jemand mal müde oder verärgert ist. Das kann ich akzeptieren.

Streßauslöser: Eine Freundin sagt eine Verabredung ab.
Innere Reaktion:

Scham: »Wahrscheinlich bin ich einfach nicht interessant genug als Mensch.«

Illusionen: »Vielleicht würde sie, wenn ich anders wäre, lieber mit mir zusammensein.«

Eifersucht: »Sie ist lieber mit jemand anderem zusammen.«

Innehalten. Warten Sie, bevor Sie antworten, bis Sie sich beruhigt haben. Schalten Sie Ihr kognitives Gehirn ein, um aus der Erwachsenenperspektive zu antworten, mit Selbstwertgefühl, Realitätssinn und Zufriedenheit.

Selbstwertgefühl: »Sie hat die Verabredung nicht abgesagt, weil ich ein unangenehmer Mensch bin. Und selbst wenn sie nicht mit mir zusammensein will, bin ich deswegen noch kein schlechter Mensch.«

Realitätssinn: »Es gibt viele Gründe, warum jemand eine Verabredung absagt. Auch wenn ich anders wäre, würde sich daran nichts ändern.«

Zufriedenheit: »Wenn sie lieber mit jemand anderem zusammen ist, bin ich trotzdem nicht in meiner Würde verletzt.«

2. Schritt: Überprüfen der objektiven Umstände.

Einen klaren Gedanken zu fassen ist schwierig, wenn man unter Streß steht. Aber Sie können es üben, indem Sie andere beobachten und deren Reaktionen anhand des E.-D.-Index einordnen.

Versuchen Sie dieses Experiment. Schreiben Sie eine Woche lang auf, wie oft Sie miterleben, daß jemand überreagiert. Schreiben Sie die Vorfälle auf, damit Sie Ihnen im Gedächtnis bleiben.

Sie könnten im Laufe einer Woche zum Beispiel folgende Begebenheiten beobachten:

- Ein Arbeitskollege staucht seine Sekretärin zusammen, weil sie einen Bericht nicht rechtzeitig für eine Konferenz fertiggetippt hat.
- Eine Mutter brüllt ihr Kind im Supermarkt an.
- Ein wütendes Ehepaar streitet sich auf der Straße.
- Eine Freundin schmeißt bei einem Gespräch mit ihrer Mutter den Hörer auf die Gabel.

Und so weiter. Wenn Sie mit dem Beobachten erst einmal angefangen haben, werden Sie überrascht feststellen, wieviel Ärger es im täglichen Leben gibt.

Nehmen Sie sich am Ende der Woche etwas Zeit, um die Vorfälle, die Sie beobachtet haben, durchzugehen. Fragen Sie sich:

1. Welche Reaktion auf dem E.-D.-Index trifft am ehesten auf dieses Verhalten zu?
2. Was, glauben Sie, hat jede dieser Personen gefühlt, als sie überreagierte?

3. Haben die Leute auch nur in einem der Fälle das erreicht, was sie wollten?

Zum Beispiel:

- Wurde der Bericht des Kollegen schneller getippt, nachdem er seine Sekretärin angebrüllt hatte? Oder sorgte er nur für noch mehr Streß, so daß sie sich noch schlechter konzentrieren konnte?
- Hat die Mutter im Supermarkt ihr heulendes Kind beruhigt, indem sie es anschrie? Oder hat es nur noch lauter geweint?
- Hat das Ehepaar auf der Straße seine Streitigkeiten beigelegt? Oder sind sie nur noch wütender auseinandergegangen?
- Hat die Freundin irgend etwas gelöst, indem sie ihre Mutter nicht ausreden ließ? Oder hat sie es ihrer Mutter nur noch schwerer gemacht, ihren Standpunkt zu verstehen?

4. Was haben Sie aus Ihren Beobachtungen gelernt?

Zum Beispiel:

- »Die Sekretärin anzubrüllen war nicht der richtige Weg, um etwas zu erreichen. Es hat sie nur abgelenkt.«
- »Je ärgerlicher die Mutter wurde, desto lauter weinte das Kind.«
- »Sie wollte in den Arm genommen werden und hat ihn statt dessen angegriffen.«
- »Diese Frau und ihre Mutter haben sich gegenseitig nicht zugehört. Sie sind sich nur an die Gurgel gegangen.«

Beim Beobachten anderer lernen Sie, wie ineffektiv kindliche Reaktionen bei der Lösung von Problemen sind. Wer sich wie ein Kind verhält, bekommt nie das, was er sich wünscht.

3. Schritt: Umgestalten Ihrer Reaktion.

Betrachten Sie nun Ihr eigenes Leben und führen Sie sich die Vorfälle vor Augen, die bei Ihnen gewöhnlich einen Gefühlsausbruch auslösen. Machen Sie sich keine Vorwürfe, weil Sie es nicht geschafft haben, immer richtig zu reagieren, sondern untersuchen Sie, wo Sie in guter Absicht gehandelt haben. Finden Sie einen Punkt in einer Beziehung, der häufig zu Reibungen führt und Sie jedesmal in die Luft gehen läßt. Richten Sie dann das Objektiv auf sich und fragen Sie: »Was war meine gute Absicht in dieser Situation?«

Hier ist ein Beispiel: Beverly war den ganzen Tag zu Hause mit ihren zwei Kindern und konnte es kaum erwarten, daß ihr Mann Walter von der Arbeit kam, damit er ihr helfen konnte. Sobald er zur Tür hereinkam, überfiel sie ihn mit einem Problem, das die Kinder betraf, und bat ihn um eine Antwort. Darüber war Walter dann verärgert, weil er erst einmal abschalten wollte. Gewöhnlich endete es mit einem Streit, in dem Beverly Walter vorwarf, an der Erziehung der Kinder zu wenig Anteil zu nehmen. Beverlys E. D. zeigte sich darin, daß sie die Bedürfnisse ihres Mannes nicht anerkannte (Egozentrik). Nur sie war gestreßt und müde, er war allmächtig.

Als ich Beverly bat zu beschreiben, was sie eigentlich hatte erreichen wollen, antwortete sie: »Ich will, daß Walter sich mehr an der Erziehung unserer Kinder beteiligt.«

Nachdem Beverly ihre gute Absicht formuliert hatte, konnte sie Frustration und Schuldzuweisungen hinter sich lassen und ihre klugen Gefühle einsetzen, um herauszufinden, wie sie ihre Absicht umsetzen könnte. Sie machte sich bewußt, daß Walter normalerweise ein liebevoller, aktiver Vater war, aber unter Streß stand, wenn er von der Arbeit heimkehrte. Sie kam zu dem Schluß, daß es am effektivsten wäre, Walter nach der Arbeit eine Verschnaufpause zuzugestehen und sich später ein Weilchen mit ihm zusammenzusetzen, um über die Kinder zu reden. Walter war weitaus aufnahmebereiter, wenn er sich ein wenig entspannt hatte. Beverly erreichte ihre positive Absicht, indem sie wartete.

Es ist immer wichtig, daß Sie die positive Absicht hinter Ihren Reaktionen herausarbeiten – und in der Lage sind, die guten Absichten hinter den Reaktionen anderer Leute zu sehen. Wenn Sie davon ausgehen, daß Sie nur ausrasten, weil Sie inkompetent sind oder jemand anders schlecht ist, verstellen Sie sich alle Möglichkeiten, das Problem zu lösen. Das Herausarbeiten der guten Absicht öffnet Ihnen den Weg ins kognitive Gehirn, wo eine Lösung möglich gemacht wird.

Dies könnte neu für Sie sein: Hinter allem, was Sie tun, steht eine gute Absicht. Wenn es in einer Ihrer Beziehungen Spannungen gibt, die Sie nicht in den Griff bekommen, sollten Sie sich, wenn Sie ruhig und entspannt sind, die Zeit nehmen, die gute Absicht herauszufinden. Dadurch erhalten Sie einen Hinweis darauf, wie das Problem zu lösen ist.

---

4 Sind Sie fähig zu Intimität und können trotzdem frei sein?

- Möchten Sie mit jemandem zusammensein, schrecken aber zurück, wenn es passiert?
- Haben Sie Angst, daß die Entscheidung für einen bestimmten Menschen etwas Endgültiges ist?
- Glauben Sie, daß Sie einen wichtigen Teil Ihrer selbst aufgeben müssen, um eine gute Beziehung einzugehen?

Angela sagte von sich: »Ich denke, ich bin eine von den Frauen, die zu sehr lieben.« Sie saß in meiner Praxis, eine Frau von siebenunddreißig Jahren, mit einer gewissen Anspannung und großen, traurigen Augen. Ich fragte sie, wie sie das meinte, und sie war erstaunt, daß ich den Ausdruck noch nie gehört hatte und auch nicht vertraut war mit den Stapeln von Büchern zu diesem Thema. Natürlich kannte ich ihn. Aber ich war neugierig zu hören, was Angela mit »zu sehr lieben« meinte. Was hatte sie erlebt? Warum hielt sie das für ihr Problem?

Sie erklärte es so: »Jedesmal wenn ich mich für einen Mann interessiere, stelle ich mein ganzes Leben auf ihn um. Wenn ich keinen festen Freund habe, ist mein Leben ausgeglichen und normal. Ich gehe mit Freunden aus. Ich amüsiere mich. Ich arbeite hart. Aber wenn ein Mann in mein Leben tritt, ändert sich alles. Ich erkenne mich selbst nicht wieder. Das meine ich damit, daß ich zu sehr liebe. Es ist mir nicht möglich, verliebt zu sein und mich trotzdem nicht aus dem Gleichgewicht bringen zu lassen.«

Angela beschrieb im folgenden ihr letztes »Fiasko«. Sie lernte Robert, einen Polizisten, auf einer Wohltätigkeitsveranstaltung kennen, und er gefiel ihr sofort. »Sie wissen ja, zwischen manchen funkt es sofort, man hat die gleiche Wellenlänge, versteht sich auf Anhieb«, sagte sie verträumt. »So war das bei Robert und mir. Wir schienen einfach zusammenzugehören und wurden ein Paar. Wenn wir zusammen waren, war es himmlisch. Er war groß und kräftig, aber dabei der einfühlsamste Liebhaber, den ich je hatte. Wenn er arbeiten war, dachte ich ständig an ihn und hatte Angst um ihn. Er war mein Lebensinhalt.« Sie war den Tränen nahe und biß sich auf die Lippen. »Aber ich war nicht sein ganzer Lebensinhalt. Er zog immer noch mit seinen Kumpels los; ich versuchte, das sehr erwachsen und verständnisvoll zu sehen, aber ich wollte ihn bei mir haben. Dann machte er von heute auf morgen Schluß mit mir. Er sagte, ich wäre zu besitzergreifend. Daß ich ihn erdrückte.« Sie nickte ganz nüchtern. »Das ist mein Problem auf den Punkt gebracht, Helen. Ich erdrücke die Männer, weil ich sie zu sehr liebe.«

Ich wußte nur eins: Angelas Problem war nicht, daß sie zu sehr liebte. An ihrem Verhalten war nichts Pathologisches oder »Krankes«. Sie kämpfte nur mit einem Problem, das viele kennen: Wie geht man eine enge Bindung ein und verliert trotzdem nicht sein Selbst und seine Würde. Und vermutlich machte Robert die gleichen Schwierigkeiten durch, was es noch unwahrscheinlicher werden ließ, daß daraus eine erwachsene Beziehung entstehen konnte. Dies ist der Kampf zwischen dem Kind, das nach Symbiose verlangt, und dem Erwachsenen, der Unabhängigkeit braucht. Für Menschen wie Angela scheint es keinen Mittelweg zu geben. Entweder läßt man sich auffressen oder man zieht sich in die Isolation zurück.

Die Angst vor Intimität und die Angst vor dem Alleinsein exi-

stieren in einem unglücklichen Durcheinander und Nebeneinander. Sie repräsentieren das Bedürfnis des Kindes, umsorgt zu werden, und seine Angst vor dem Verlassenwerden.
Die Angst vor Intimität ist in Wirklichkeit die Angst vor Zurückweisung.

Bei vielen Menschen löst die Aussicht auf Intimität, d. h. auf
eine feste Bindung, enormen Streß aus. Dies wiederum löst
Erinnerungen an kindliche Gefühle aus, nämlich an den un-
erfüllten Wunsch, geliebt zu werden.

Das abhängige Kind

Einer der Gründe, warum erwachsene, enge Bindungen für
viele Menschen ein Problem sind, hängt damit zusammen,
daß für sie das einzige Vorbild für solche Nähe aus der Kindheit stammt. Kinder gehen enge Beziehungen ein, die auf völliger Abhängigkeit beruhen. Ihnen fehlt das Vermögen, den
Wunsch nach Intimität getrennt zu sehen von ihrem berech-
tigten Bedürfnis, umsorgt zu werden. Während der entscheidenden Jahre wird ihre Definition von Nähe durch diejenigen
geprägt, von denen sie am meisten abhängen. Ohne bewußtes
emotionales Lernen wird es schwierig zu erfahren, wie erwachsene Bindungen sich anfühlen und wie derselbe Grad an
Intimität, der bestand, als man abhängig war, wieder erreicht
werden kann, wenn man älter wird.

Abhängigkeit kann jedoch auch für ein Kind ein schmerzhaf-
ter Zustand sein. Abhängig zu sein macht einen per definitio-
nem verletzlich, und auch die liebevollsten Eltern können
ihre Kinder nicht jede Minute im Auge behalten und beschützen. Wenn die emotionale Verbindung zwischen Eltern und
Kind auch nur vorübergehend unterbrochen wird, hat das
Kind Angst. Es ist ja im Grunde gefangen, ohne jede Möglich-

keit, sich zu entfernen, sich durchzusetzen oder andere zu suchen, die sich seiner annehmen.

Im Idealfall, wenn die Welt perfekt wäre, würden die Bedürfnisse der Kinder so gut erfüllt, daß sie nie lernten, daß das Haben und Zeigen von Bedürfnissen in irgendeiner Weise etwas Schlechtes ist. Mit dem Erwachsenwerden würde der natürliche Prozeß des Reifens sie autonomer werden lassen, aber sie hätten nie das Gefühl, zwischen Intimität und Freiheit wählen zu müssen.

Viele Kinder wachsen jedoch heran, ohne zu wissen, wie sie ihr Bedürfnis nach Nähe mit der Realität, daß nämlich das Leben aus vielen Trennungen besteht, in Einklang bringen können. Sie schließen daraus, daß Intimität sie schwächt, weil die einzige Erfahrung, die sie damit haben, gleichzeitig mit Abhängigkeit verbunden war. Die Menschen neigen zu einem Entweder-Oder: Man ist entweder abhängig (und verspürt ständige Bedürftigkeit und die Angst vor dem Verlust) oder man ist unabhängig (und vermeidet enge Bindungen, weil sie gefährlich oder erniedrigend sind).

Abhängigkeit und verbissene Unabhängigkeit scheinen Gegensätze zu bilden, aber in Wirklichkeit sind sie zwei Seiten einer Medaille. Viele vermeiden Intimität, weil sie befürchten, daß sie nur zu Verlassenheit oder dem Verlust der Identität führt. Es ist nicht »erwachsen«, ein Einzelgänger zu sein, aber übermäßige Abhängigkeit ist genausowenig »erwachsen«. Unzählige Male habe ich von Männern und Frauen zu hören bekommen: »Ich will mich nicht zu sehr mit dieser Person einlassen, denn ich habe Angst davor, verletzt zu werden.« Sie wissen, schon während sie dies sagen, daß die Haltung nicht von Reife und Erwachsensein zeugt. Aber sie können nichts dagegen tun. Sie können sich nicht freimachen von ihren vergangenen schmerzlichen Erfahrungen, die sie auf keinen Fall noch einmal erleben wollen.

In Amerika leben wir in einer Kultur der Unabhängigkeit, weil unsere Nation auf diese Weise entstanden ist. Der Ruhmesgesang auf den Pioniergeist zieht sich durch die Geschichten über die Besiedlung des Landes. Die Menschen kamen mit genauen Vorstellungen aus der »Alten Welt«. Sie wollten mit den herkömmlichen Sitten brechen und unabhängige Denker werden – Pioniere und Cowboys.

Unsere Gesellschaft hat gelernt, verbissene Unabhängigkeit hochzuschätzen, etwas, das in anderen Ländern, wo Gemeinschaft und gemeinschaftliches Handeln einen hohen kulturellen Stellenwert einnehmen, nur selten positiv gesehen wird. Bis heute halten die Amerikaner an der Überzeugung fest, daß die Fähigkeit, etwas allein zu schaffen, ein Zeichen von Stärke ist.

Diese Haltung spiegelt sich nicht nur in persönlichen Beziehungen wider, sondern auch im Geschäftsleben, wo die Findigkeit des einzelnen belohnt wird, auch wenn sie auf Kosten von anderen geht. Vorbilder wie Donald Trump oder Michael Milken verstärken die Vorstellung, daß man knallhart, egozentrisch und ziemlich rücksichtslos sein muß, um Erfolg zu haben. Unsere Helden in der Geschäftswelt, in Politik, Wissenschaft, im Grunde auf allen Gebieten, sind starke, unabhängige Einzelpersonen. Wer Kooperation oder Kompromißbereitschaft hervorhebt, gilt als unentschlossen und schwach.

Wir leben, was persönliche Beziehungen angeht, in einem Zeitalter des beispiellosen Scheiterns der Institution Ehe und des Zusammenbruchs der Familienstrukturen, in denen unsere intensivsten Erfahrungen von Nähe und Geborgenheit stattfanden. Wenn ungefähr fünfzig Prozent aller Ehen geschieden werden (auch wenn mehr Leute als jemals zuvor heiraten), sind unsere Erwartungen an Ehe und enge Vertrautheit in Frage gestellt. Viele Menschen sind daher für sich zu dem Schluß gekommen, daß sie ihre Stärke und Würde nur behalten, indem sie allein bleiben.

Uns erreichen also zwei Signale, die es uns schwermachen, unser Bedürfnis nach Intimität zu akzeptieren. Das eine entspringt einer Kultur, die sagt, daß man, um stark zu sein, weder Bedürfnisse noch Abhängigkeit zeigen darf. Das andere ist das, was wir in unseren Familien und Gemeinschaften sehen: Wir können nicht damit rechnen, daß andere immer für uns da sind.

Das ist das Dilemma eines Erwachsenen: Wir wissen und spüren im Innersten, daß wir Liebe und Geborgenheit brauchen. Aber wir können nicht mehr zu Kindern werden. Wir können nicht in den Mutterleib zurückkehren. Viele Menschen suchen ihr ganzes Leben lang nach einem Ersatz für ihre Mutter, nach jemandem, der sie akzeptiert und für sie da ist, egal was passiert. In Wahrheit wollen Erwachsene jedoch nicht mehr wirklich wie Kinder behandelt werden. Wenn Sie das Gefühl haben, jemand erdrückt Sie oder hat Macht über Sie, entzieht das Ihnen Ihre Stärke. Man glaubt, es gäbe nur Abhängigkeit oder Unabhängigkeit, Entweder-Oder. Aber natürlich gibt es auch andere Möglichkeiten. Die wahre Nähe und Vertrautheit, die von Erwachsenen gesucht wird, ist eine Weiterentwicklung der Abhängigkeit, die sie fürchten, verbunden mit der Freiheit, die sie bewundern. Erwachsene wählen den ausgewogenen Zustand der wahrhaft gegenseitigen Abhängigkeit.

Flucht vor der Intimität

Vor einigen Jahren kam ein Mann namens Alex zu mir, weil es in seiner Beziehung zu Linda gefährlich kriselte. Alex schien ein netter Mann zu sein – offen, freundlich und redewillig. Und er war offensichtlich verrückt nach Linda. »Wir wollen im Frühling heiraten«, sagte er. »Alles ist bisher so toll gelaufen.« Er machte eine Pause, fühlte sich verlegen bei dem, was ihm im Kopf herumging, platzte aber schließlich heraus. »Dies ist sehr schwer für mich. Da ist ein Problem, das ich nicht loswerde. Einmal saßen wir abends in meiner Wohnung vor dem Fernseher, und ich fing an, auf Lindas Beine zu starren. Ich konnte meinen Blick nicht mehr davon lösen. Natürlich sah ich ihre Beine nicht zum ersten Mal, aber so kam es mir vor. Und was mir aufgefallen ist … sie sind … äh … unförmig. Also kurz gesagt, ihre Beine sind dick.« Er starrte auf seine Hände, zu verlegen, um meinem Blick zu begegnen. »Von da an mußte ich immer wieder auf Lindas Beine schauen. Es wurde zur Obsession. Da war die Frau, die ich liebe, aber in meinem Kopf hieß es: ›Wie kann ich eine Frau mit dicken Beinen heiraten?‹«

Schließlich sah er mich verzweifelt an. »Wie kriege ich diesen Gedanken aus meinem Kopf? Er ist abscheulich. Ich hasse mich dafür, aber er liegt wie ein schwerer Stein im Weg.«

Ich lächelte über den Vergleich. Er beschrieb sehr passend, wie sich emotionale Dyslexie anfühlen kann. »Wissen Sie, was ich glaube?« fragte ich Alex. »Ich glaube, um Lindas Beine geht es hier gar nicht.«

»Nicht?« Er klang verwirrt. »Warum habe ich dann diese verrückten Gedanken?«

Ich erklärte Alex, daß irrationale Gefühle nichts Seltenes sind, wenn man Angst hat. Es entspricht beim Erwachsenen der Überzeugung eines Kindes, daß sich unter dem Bett ein Monster befindet. Alex' Monster waren Lindas dicke Beine.

»Sie meinen, ich suche, ohne es mir bewußt zu machen, nach einer Ausrede, um mich vor der Hochzeit zu drücken?« fragte er.

»Diese Gefühle scheinen sich selbständig zu machen«, sagte

ich. »Aus dem Monster unter dem Bett wird das Gespenst am Fenster, dann der Drachen im Kleiderschrank. Unsere Ängste gehen mit uns durch. Das ist nichts Rationales. Sie würden zu Linda nie sagen: ›Es tut mir leid, ich kann dich nicht heiraten, weil du dicke Beine hast.‹ Aber denken tun Sie folgendes: ›Ich habe Zweifel. Vielleicht ist sie nicht die Richtige für mich. Was ist, wenn es die falsche Entscheidung war?‹«

Alex seufzte hilflos. »Ich liebe Linda so sehr. Wenn es sie nicht mehr gäbe, wäre ich am Boden zerstört. Aber irgendwie fühlt es sich nicht so gut an, wie ich es eigentlich erwartet habe. Ich habe lange mit dem Heiraten gewartet – ich bin sechsunddreißig – und immer angenommen, daß ich mir schließlich sicher sein würde. Ich bin nervös, weil es vielleicht nicht klappt.«

Ich bemerkte, daß unsere Unterhaltung innerhalb weniger Minuten von Alex' Abscheu vor Lindas dicken Beinen zum wahren Kern seiner Sorge vorgestoßen war: der Angst vor Nähe, vor Intimität.

Ich war froh, daß er zu mir gekommen war, denn sein Problem betraf emotionales Lernen und konnte behoben werden. Er hatte nur zögernd ausgesprochen, daß ihn an Lindas Beinen etwas störte. Selbst unter vier Augen in meiner Praxis war er davor zurückgeschreckt, etwas zuzugeben, was ihn seiner Meinung nach als schlechten Menschen dastehen ließ. Ja, hätte er seine Gedanken woanders geäußert, dann wäre er wahrscheinlich wirklich als schlechter Mensch abgestempelt worden. Ich konnte mir sehr gut eine andere Reaktion vorstellen, die mit den Worten beginnt: »Was stimmt denn mit dem nicht?« oder »Der hat sie wohl nicht mehr alle!«

Ich forderte Alex auf, einen Schritt zurückzutreten und sich selbst mit Hilfe des E.-D.-Index zu betrachten. »Schreiben Sie mal Ihren inneren Dialog aus dem kindlichen Zustand auf, und dann erarbeiten wir eine angemessenere, erwachsene Reaktion«, schlug ich ihm vor.

Er wollte es versuchen und war überrascht festzustellen, wie tief seine Ängste vor einem wichtigen Schritt wie einer Heirat waren. Das fand er heraus:

1. Im kindlichen Zustand der *Abhängigkeit* hatte Alex das Gefühl, daß Heiraten hieß, sich selbst zu verlieren – daß Linda ihn ganz in Besitz nehmen würde, und er umgekehrt auch sie.

2. Im kindlichen Zustand der *Verzerrung* glaubte Alex, daß von Erwachsenen erwartet wird, daß sie immer genau wissen, was sie tun, daß »wahre Liebe« sich immer richtig anfühlen mußte, daß es keine Zweifel, kein Unbehagen dabei gäbe.

3. Im kindlichen Zustand der *Angst* dachte Alex, daß seine Bedürfnisse gefährlich sein könnten; wenn sie nicht erfüllt würden, lag es daran, daß sie nicht gut waren.

Alex erkannte beim Erarbeiten der Liste, daß sein irrationales Beharren auf einer Unvollkommenheit bei Linda einen unbewußten Versuch darstellte, sie weniger begehrenswert zu machen, damit er nicht verletzt würde, wenn sie ihn in irgendeinem Punkt unbefriedigend fand.

Statt Alex zu sagen, daß es falsch war, eine solche, scheinbar oberflächliche Obsession zu nähren, versuchte ich, das eigentliche Gefühl herauszuarbeiten, das dieser Obsession zugrunde lag. Als Alex sich überreden ließ, über seine tiefsten Ängste zu sprechen, waren Lindas Beine kein Thema mehr. Nähe und Intimität können beängstigend sein, besonders für jemanden, der glaubt, daß eine Ehe das Verschmelzen zweier Individuen zu einem Ganzen bedeutet. Alex ließ sich zeigen, daß die Nähe zwischen Erwachsenen keine Bedrohung darstellen muß. Sie kann das Selbst stärken und muß es nicht zerstören.

Hier ist der Dialog, der den obigen ersetzt:

> »Als Erwachsener, der *gegenseitige Abhängigkeit* zuläßt, kann ich in Linda meine Partnerin sehen und eine Stütze finden. Ich muß nicht vollkommen sein, und sie braucht von mir aus auch nicht vollkommen zu sein.«
>
> »Als *bewußter* Erwachsener kann ich die Dinge sachlich beurteilen. Ich weiß, daß das Leben Höhen und Tiefen hat, und in unserer Ehe muß es nicht nur Sonnenschein geben, damit wir glücklich sind.«
>
> »Als *selbstbewußter* Erwachsener weiß ich, daß Linda mich um meiner selbst willen liebt, und ich brauche keine Angst zu haben, daß sie mich verläßt.«

Alex' neuer Dialog war ein Anfang. Wenn er in Zukunft das Aufkommen der alten kindlichen Gefühle spürte, konnte er innehalten und seine Erkenntnis einsetzen, um sich wieder in die richtige Bahn zu lenken.

Sex ist nicht gleich Intimität

Obwohl die Worte Sex und Intimität oft gleichbedeutend verwendet werden, wissen die meisten doch, daß Intimität weitaus mehr ist als nur Sex. Und dennoch werden Männer und Frauen gerade im sexuellen Bereich am stärksten mit ihren Kindheitsbedürfnissen konfrontiert und haben das Gefühl, davon verschlungen zu werden.

Erwachsene mit emotionaler Dyslexie gehen eine sexuelle Beziehung mit dem Gefühl der Abhängigkeit und damit der Minderwertigkeit ein. Dies zeigt sich auf mancherlei Art –

vom willkürlichen Verfolgen sexueller Abenteuer bis hin zur völligen Abstinenz. Sex ohne Intimität ist die Art mancher Leute, nichts von sich preiszugeben. Das Paradoxe ist, daß sie durch diesen Versuch, sich zu schützen, von ihren Partnern letztendlich als unbefriedigende Liebhaber eingestuft werden. Als solche wird ihnen genau die Zurückweisung zuteil, die sie eigentlich vermeiden möchten.

Manche Leute benutzen ihre sexuelle Anziehungskraft, um sich nicht mehr minderwertig zu fühlen. Für ein Kind sind Berührungen etwas sehr Wichtiges; daher sind sie ein starker E.-D.-Auslöser. Begehrt zu werden ist eine Selbstbestätigung, und da macht man nur zu leicht den Fehler zu denken, daß sexuelle Aktivität gleichzusetzen ist mit persönlicher Attraktivität. Und für kurze Zeit kann das ja auch zutreffen. Aber wenn dabei keine Intimität, keine Nähe vorkommt, die das eigene Selbst über den Sex hinaus bestätigt, wird genau das Gegenteil erreicht. Eine Frau, die zum Beispiel von vielen Männern wegen ihrer Schönheit begehrt wird, fühlt sich schließlich ausgenutzt.

Gleichzeitig werden die Männer von Kindesbeinen an dahingehend sozialisiert, daß sie glauben, ein richtiger Mann ist einer, mit dem die Frauen schlafen wollen. Sie empfinden einen großen Leistungsdruck. Während eine Frau sich bei Kuscheln und Schmusen gut fühlen kann, fällt das einem Mann oft schwer. In Beziehungen ist es dann manchmal so, daß eine Frau sich übervorteilt und zu Sex gedrängt fühlt. Wenn sie mitmacht, nimmt sie es dem Mann übel und ärgert sich über sich selbst, weil ihre Bedürfnisse so stark waren, daß sie nicht genug Selbstkontrolle hatte, um nein zu sagen. Sie ist frustriert, weil sie nicht das erhält, was sie braucht.

Geraldine war eine Frau Mitte Vierzig, seit fünfzehn Jahren mit Alan verheiratet. Sie hatten zwei Kinder, und sie teilte mir gleich zu Beginn mit, daß sie ihre Ehe für sehr gefestigt hielt.

Aber Geraldine war über etwas beunruhigt, das sie schon während ihrer ganzen Ehe beschäftigte: Alan weigerte sich, mit ihr über »Wichtiges« zu reden.

»Als ich jung war, stellte ich mir meinen Ehemann und mich zusammen vor«, sagte sie. »Wie wir unsere innersten Gedanken austauschen, uns über Philosophie und den Sinn des Lebens unterhalten. Wie wir Geheimnisse miteinander teilen und offen über unsere Liebe reden. Statt dessen habe ich den großen Schweiger geheiratet. Wir unterhalten uns ausschließlich über die Kinder, das Haus und den Stand unseres Kontos. Ich hungere nach tiefergehenden Gesprächen. Für Alan sind keine Worte grauenvoller als: ›Ich will mit dir reden.‹ Er glaubt dann, ich will über irgend etwas meckern. Die meiste Zeit gibt er mir das Gefühl, unsichtbar zu sein. Ich habe keine Ahnung, was er denkt, und es tut mir weh, daß es ihm völlig egal zu sein scheint, was ich denke. Aber nachdem er mich den ganzen Tag ignoriert hat, findet er es völlig okay, ins Bett zu gehen und Sex zu wollen. Für mich ist Sex ohne Reden und Intimität unbefriedigend. Ich fühle mich dann ausgenutzt, und er versteht nicht, warum ich so wütend bin. Es ist ihm völlig schleierhaft.«

Dies ist ein altbekanntes Thema in Beziehungen. Weil Frauen Intimität so oft durch Sprechen erleben, kommen sie, wenn ein Mann nicht über seine Gefühle sprechen möchte, automatisch zu dem Schluß, daß er kühl und abweisend ist. Aber Männer verstehen sich einfach nicht so gut auf Intimität durch Gespräche, weil sie sozialisiert wurden, ihre Gefühle nicht zu zeigen. Frauen würden sich besser fühlen, wenn sie auf die Taten ihrer Männer schauten und nicht auf ihre Worte.

Ich denke da an eine Frau namens Ruth, die klagte, daß ihr Mann sich weigere, über Sex zu reden. Sie erzählte, wie sie einmal versuchte, ein ehrliches, offenes Gespräch mit ihm über ihren gemeinsamen Sex zu führen, und er sie abblockte. »Ihm waren meine Bedürfnisse egal«, schloß sie daraus mit Bitterkeit. »Ich sagte ihm, daß ich mehr Streicheln und Nähe wollte, und er murmelte nur etwas, um mich versöhnlich zu stimmen, und stellte den Fernseher an.«

Ruth ärgerte sich über das, was sie als Gefühlskälte empfand. Doch als wir uns unterhielten, beschrieb sie einen Ausflug am darauffolgenden Wochenende, das sie in einem Landgasthof verbrachten. Als sie dort miteinander schliefen, gab es eine Menge von dem Streicheln und der Nähe, die sie sich gewünscht hatte. Er war sehr leidenschaftlich und romantisch. Aber sie ärgerte sich noch immer, weil er nicht mit ihr darüber reden wollte.

»Ruth«, rief ich aus, »hören Sie sich doch mal an, was Sie da sagen. Sie sagen, Ihr Mann gab Ihnen genau das, was Sie wollten, Sie aber ärgern sich, weil er nicht darüber reden möchte. Sie haben das bekommen, was Sie in der Unterhaltung angesprochen haben, und sind immer noch auf diese Unterhaltung fixiert. Schauen Sie sich seine Taten an, nicht seine Worte beziehungsweise seine fehlenden Worte. Ihr Mann hat seine Gefühle durch sein Verhalten ausgedrückt, und Sie erkennen das nicht, weil Sie unbedingt wollen, daß er sie in Worte faßt. Sie merken gar nicht, daß Sie bekommen haben, was Sie wollten.«

Weil Sex eines der Hauptmittel ist, mit denen Erwachsene Intimität erleben und ausdrücken, wird er zu einem starken Auslöser: Bin ich normal? Bin ich begehrenswert? Will er mich? Findet sie mich anziehend? Ist mein Körper sexy? Unsere Ängste werden durch eine sexbesessene Gesellschaft noch geschürt, so daß Enttäuschungen vorprogrammiert sind, weil wir uns an willkürlichen Standards messen, die gar nicht erreichbar sind. Das Resultat ist, daß die Menschen beim kleinsten Anzeichen sexueller Probleme sofort vorschnelle

Schlüsse ziehen: »Ich bin nicht begehrenswert.« »Er will mich nicht.« »Ich bin unzulänglich.« Wir haben eine der kostbarsten menschlichen Erfahrungen von Intimität zu einem Kriegsspiel verdreht.

Michele dachte, daß sie und Tony nach drei Jahren Ehe ein sexuelles Problem hatten. Aber sie entdeckten, daß das Problem in Wirklichkeit um verschiedene Tagesrhythmen ging. Als Michele zum ersten Mal zu mir kam, wollte sie schon fast aufgeben. »Früher war es so, daß Tony kaum die Finger von mir lassen konnte«, erzählte sie mir schüchtern. »Ich glaube, ihn langweilt inzwischen unser Sex.« Sie beschrieb mir, wie sie abends häufig ins Bett ging, dort lag und darauf wartete, daß Tony auch kam, in der Hoffnung, daß er in der Stimmung für Sex war. »Er sitzt dann im Arbeitszimmer am Computer und sagt: ›Ich komm' gleich.‹ Aber ich liege da und werde immer frustrierter. Dann fange ich an zu weinen, weil ich das Gefühl habe, daß er mich nicht mehr will. Und dann werde ich ärgerlich, und er versteht nicht, warum. Meistens bin ich schon eingeschlafen, wenn er ins Bett kommt, und wenn er Sex will, ist mir nicht mehr danach. Ich fühle mich wie ein Gebrauchsgegenstand.«

Als wir uns über ihr sonstiges Leben unterhielten, erfuhr ich, daß Michele eine sehr beschäftigte Zeitschriftenredakteurin ist, die jeden Morgen um sechs Uhr aus dem Bett sprang und zur Arbeit eilte. Tony war Schriftsteller, der lieber abends arbeitete. Ihre Zeitpläne paßten nicht zusammen, und Michele war das auch bewußt, aber sie hatte gedanklich nicht den nächsten Schritt getan, daß nämlich ihre Zeitpläne auch beim Sex nicht zusammenpaßten. Das Thema Sex war ein solches Reizthema für sie geworden, so verknüpft mit allen Fragen von Identität und Selbstwert, daß sie es vollkommen isoliert betrachtete. Mit anderen Worten: Ihre Schwierigkeit, genug Zeit für das gemeinsame Abendessen zu finden, wurde als ein

Problem des richtigen Planens gesehen, aber Zeit für Sex zu finden war ein emotional belastetes Thema. Nachdem ich festgestellt hatte, daß ihre Ehe in anderen Bereichen auf festen Füßen stand, schlug ich Michele folgendes vor: »Vielleicht sollten Sie auch Ihren Sex zeitlich planen.«

Sie war überrascht. Wie auch viele andere Menschen glaubte sie an die romantische, aber völlig unpraktische Vorstellung, daß Sex immer spontan sein muß. Ich bat Michele zu untersuchen, was wirklich in jenen Nächten geschah, wenn sie frustriert im Bett lag und Tony an seinem Computer saß.

»Hier ist eine Möglichkeit«, sagte ich. »Sie liegen im Bett und warten darauf, daß Tony kommt. Je länger Sie da liegen, desto mehr regen Sie sich auf. Sie denken, daß Tony Sie absichtlich schneidet, daß er im Arbeitszimmer sitzt und denkt: ›Ich will mit Michele nicht schlafen, also bleibe ich hier draußen.‹ Aber alles andere, was Sie mir über Ihre Ehe erzählt haben, läßt darauf schließen, daß das nicht stimmt. Ja, Tony hat vielleicht den gleichen Eindruck, wenn Sie morgens aus dem Bett springen und zur Arbeit eilen.«

»Aber ich schneide ihn doch nicht«, protestierte sie. »Er weiß, daß ich früh zur Arbeit muß.«

»Und Sie wissen, daß Tony abends am besten arbeitet. Warum soll es bei ihm anders sein als bei Ihnen?« fragte ich. »Hier ist eine andere Erklärung, die Sie in Erwägung ziehen könnten: Tony sitzt nicht im Arbeitszimmer, um nicht mit Ihnen schlafen zu müssen. Er denkt in dem Moment vielleicht gar nicht an Sie, sondern ist in seine Arbeit vertieft, und daß er nicht ins Bett kommt, hat gar nichts mit Sex zu tun.«

Michele war eine kluge Frau, aber diese Erklärung war ihr nie eingefallen. Ihre emotionale Dyslexie ließ sie automatisch etwas in Tonys Verhalten hineinlesen, was durch nichts gestützt wurde. Michele und Tony hatten ein gar nicht seltenes Problem, kollidierende Tagesrhythmen, das durch ein bißchen

Überlegung gelöst werden konnte. Ich fragte Michele, ob es im Laufe des Tages eine Zeit gäbe, die günstig wäre für Sex. Die Vorstellung, Sex zu planen, machte sie verlegen, aber sie sah ein, daß es nötig war. Sie dachte über ihre Zeitpläne nach und sagte, daß es jeden Tag zwei Stunden gäbe, zwischen siebzehn und neunzehn Uhr, in denen sie beide entspannt waren. Das wurde ihre Zeit für Sex. Problem gelöst.

Solange Michele dachte, daß Tony ihretwegen bis spät in die Nacht am Computer saß, sah sie alles von einem kindlichen Standpunkt aus: Wenn du meine Bedürfnisse nicht befriedigst, heißt das, du findest sie schlecht.

An diesem Beispiel erkennt man gut, auf welche Weise emotionale Dyslexie einen Keil zwischen zwei Menschen schieben kann. Michele, bei der die verletzten Gefühle tief saßen, wandte sich morgens von Tony ab, wenn er sich ihr sexuell näherte. Ihre Erklärung – »Ich muß arbeiten« – klang für ihn wie eine Zurückweisung, genauso wie seine Erklärung – daß er abends am besten arbeitete – in ihren Ohren so klang. Weil beide wie Kinder dachten (»Wenn meinen Bedürfnissen nicht nachgekommen wird, sind meine Bedürfnisse etwas Schlechtes«), gab es für sie keine Chance, das Problem zu lösen.

Die Situation wurde noch verschärft durch die unterschiedliche Art von Männern und Frauen, an ein Problem heranzugehen. Michele lag abends weinend im Bett, wurde ärgerlich und war morgens in Abwehrhaltung. Tony zog sich einfach weiter in seine eigene Welt zurück. Weil Männer und Frauen verschieden auf die gleichen Gefühle – in diesem Fall Zurückweisung – reagieren, können sie sich nur verständigen, wenn sie sich in den anderen hineinfühlen. Wenn Michele gewußt hätte, daß Tony sich zurückzog, weil er verletzt war, statt anzunehmen, er fände sie nicht mehr attraktiv, hätte sie sich und ihm das Leben leichter gemacht.

Das verbreitetste sexuelle Problem bei Paaren ist, daß sie wenig oder gar keinen Sex haben. Alte Hemmungen und Minderwertigkeitsgefühle aus der Kindheit verhindern wahre Intimität. Tatsache ist, man muß ein Erwachsener sein, um befriedigenden Sex zu haben. Man findet ihn nicht, wenn man noch im kindlichen Zustand lebt.

Das wurde mir sehr anschaulich von Donna und Frederick demonstriert, einem jungen Paar, das mich konsultierte. Sie waren beide in gestörten Familienverhältnissen aufgewachsen und hatten schon viele Therapien mitgemacht, einzeln und als Paar, um mit ihren schmerzhaften Erinnerungen fertig zu werden. Besonders habe ihnen John Bradshaws Therapie »Das Kind in uns« geholfen.

Aber Donna und Frederick hatten ein Problem, das sie nicht lösen konnten. Unerklärlicherweise hatten sie aufgehört, Sex zu haben. »Wir verstehen das nicht«, sagte Donna mit zittriger Stimme. »Wir haben uns nie so nah, so vertraut gefühlt. Wir haben sehr tiefgehende Dinge über unsere Vergangenheit herausgefunden. Wir haben zusammen über unsere Kindheit geweint und uns geholfen, den Schmerz noch einmal zu durchleben. Aber wenn wir versuchen, miteinander zu schlafen, geht es nicht. Was stimmt mit uns nicht?«

Donna und Frederick mögen eine neue Intensität der Nähe gefunden haben, als sie ihre Kindheit aufarbeiteten, aber sie war zur einzigen Grundlage ihrer Beziehung geworden. So vorsichtig wie möglich sagte ich ihnen: »Ihre tiefste Verbundenheit befindet sich jetzt auf der Ebene von Kindern. Und Kinder haben keinen Sex.«

Donna und Frederick mußten neue, erwachsene Wege der Nähe und Intimität lernen. Sex war nicht das Problem. Es ging darum, wie man auf erwachsener Ebene miteinander lebt und umgeht. Sobald sie das gelernt hatten, wuchs automatisch ihre Lust auf Sex.

»Erzähl mir alles«

In der leidenschaftlichen Nähe am Beginn einer Liebe fühlt
es sich für die jeweiligen Paare an, als seien sie beide Teil eines gemeinsamen Ganzen. Man hört dann Aussprüche wie
diesen: »Wir sind ein Herz und eine Seele«, oder »Wir sind
unzertrennlich«. Am Anfang verspricht ein Paar sich – und
meint es durchaus so –, die tiefsten Gefühle und Gedanken
immer miteinander zu teilen, im Geiste von Offenheit und
Ehrlichkeit. Aber diese wunderbare Zeit weicht schließlich
der Realität, und der Glaube, daß Mit-teilen gleichzusetzen
sei mit Nähe, birgt eine Menge Zündstoff.
Wenn mir Menschen erzählen, daß sie es für sehr wichtig halten, einem Partner eine brisante Enthüllung zu machen, frage
ich immer: »Was ist Ihr Motiv dafür? Warum wollen Sie, daß
die andere Person dies erfährt?«
Es wird offensichtlich, daß der Unterschied zwischen Beichten und Mitteilen sie verwirrt. Eine Sache zu beichten ist etwas anderes, als dem anderen etwas über sich selbst mitzutei-
len, was der Beziehung förderlich ist. Eine Information mit jemandem zu teilen ist ein Akt der Großzügigkeit. Eine Beichte
gründet oft auf einem Gefühl der Beschämung und wird in
der Hoffnung abgelegt, daß die andere Person Sie erlöst, Ihnen verzeiht. Kinder beichten, weil sie von Ihrer Anerkennung abhängig sind. Erwachsene teilen sich mit, um zu kommunizieren.
Vor kurzem sah ich einen Fernsehbericht über eine neue
Form der Partnerschaftstherapie, die davon ausgeht, daß Intimität mit Ehrlichkeit gleichzusetzen ist. Bei diesem therapeutischen Ansatz müssen die Paare sich immer sofort und
haarklein erzählen, was sie gerade gedacht haben – egal wie
feindselig, wütend oder abweisend der Gedanke auch sein
mag. In der Sendung traten mehrere Paare auf und sagten, daß

diese Technik der brutalen Ehrlichkeit ihre Ehe gerettet habe.

In einem besonders denkwürdigen Teil des Berichts verriet ein Mann seiner Frau, daß er sie, als er in der Nacht zuvor mit ihr schlief, in seiner Phantasie durch eine alte Freundin ersetzt hatte. Seine Frau nahm diese Information mit einem Lächeln auf.

Ihre Reaktion: er war ehrlich zu ihr; daher wurde seine Eröffnung akzeptiert. Das schien mir alles sehr wirklichkeitsfremd. Obwohl die meisten Menschen wissen, daß solche Phantasien normal sind, möchten sie doch nicht unbedingt davon erfahren.

Diejenigen, die nach dieser Methode vorgingen, hielten sich für wahre Erwachsene, weil sie die Ehrlichkeit ihrer Partner mit Gleichmut und Gelassenheit aufnehmen konnten. In Wirklichkeit versetzten sie sich jedoch zurück in einen kindlichen Zustand. Sie suchten nach Anerkennung – wie eine Mutter sie ihrem Kind gibt, vorbehaltlos und ohne Einschränkungen.

Der Wunsch nach dieser Art der Anerkennung ist ein Zeichen von emotionaler Dyslexie, denn Lebenspartner sind keine Eltern, und Sie sind kein Kleinkind. Ihr Partner wird nicht vorbehaltlos alles gut finden, was Sie sagen.

Als Erwachsene wissen wir, daß unsere Worte und Handlungen auf andere eine Wirkung haben – ein Kind ist sich dessen nicht bewußt. Die Schule der »hundertprozentigen Ehrlichkeit« ignoriert diese Tatsache. Sie hält sich an den kindlichen Ausruf: »Wenn ich es so fühle und denke, muß es richtig sein«, der immer und überall berechtigt sei. Unweigerlich erhalten die Menschen, die alles aussprechen, nicht die erwünschte Bestätigung. Interdependente Erwachsene, die ihre Gedanken und Gefühle im Geiste der Großzügigkeit mitteilen, verhalten sich verantwortungsvoll, was die

Wirkung auf den anderen betrifft. Sie benötigen nicht die totale Ehrlichkeit als ständige Bestätigung, daß sie geliebt werden.

Intimität bei gegenseitiger Abhängigkeit

Die meisten von uns haben eine ziemlich gute Vorstellung davon, wie sich Menschen im kindlichen Zustand der Abhängigkeit oder dem der verbissenen Unabhängigkeit, die gar nicht so unähnlich sind, verhalten. Aber was genau ist gegenseitige Abhängigkeit, Interdependenz? Wie drückt sie sich in Beziehungen aus und wie erreicht man sie?

Der E.-D.-Index enthält einige Hinweise. Wir wollen einmal einen Vergleich zwischen der kindlichen Abhängigkeit und der erwachsenen gegenseitigen Abhängigkeit herausarbeiten. (Denken Sie daran, daß Abhängigkeit sich manchmal als Unabhängigkeit äußert.)

Abhängigkeit
Wenn Sie abhängig sind, haben Sie Angst davor, jemanden zu nah an sich heranzulassen. Sie sind ständig auf der Hut, um sich vor der, wie Sie meinen, unweigerlichen Zurückweisung zu schützen. Diese Angst läßt Sie sich an das Objekt Ihrer Abhängigkeit klammern, die Quelle Ihrer Anerkennung und Wohlgefühle.

gegenseitige Abhängigkeit
Bei gegenseitiger Abhängigkeit genießen Sie das Zusammenspiel von Nähe und Selbständigkeit. Sie empfinden Intimität als etwas Angenehmes, genauso wie Sie gerne allein etwas unternehmen. Sie sind gerne für sich – lesen, schlendern durch ein Museum, sitzen im Park – und verbringen Ihre Zeit ebenso gerne mit einer anderen Person.

Sie fühlen sich schließlich durch Ihre Abhängigkeitsgefühle herabgewürdigt oder sind besessen davon, auf Distanz zu bleiben, um nicht verschlungen zu werden.

Sie können jemandem – Ehepartner, Kollegen, und Freunden – ein Partner sein und sind zufrieden, ihm behilflich zu sein oder sich von ihm helfen zu lassen. Ein interdependenter Mensch fühlt sich durch die Stärke anderer sogar selbst gestärkt.

Die gute Nachricht ist, daß Sie eine durch Intimität geprägte Partnerschaft haben und dennoch Ihre Würde als Individuum erhalten können. Ja, dies ist die einzige Möglichkeit für Erwachsene, eine befriedigende Beziehung zu haben. Wenn Sie eine Beziehung als wirklicher Erwachsener eingehen, mit Sinn für Ihre Eigenständigkeit und den Wert des anderen, gibt Ihnen diese Beziehung soviel, daß Sie sich von Ihrer besten Seite zeigen können. In der nun folgenden Lektion lernen Sie, Intimität als eine Bereicherung und nicht als eine Bedrohung zu sehen.

Lektion zwei

Finden Sie Intimität ohne Verlust der eigenen Stärke

Wie Alex, der von den Beinen seiner Verlobten besessen war, feststellte, kann Liebe äußerst verwirrend sein. Nach meinen Erfahrungen ist sie eines der streßgeladensten Ereignisse im Leben eines Menschen. Die anfängliche Euphorie sendet eine Flut von Signalen an das Hirn. Angst kämpft gegen Verzückung. Es herrscht Verwirrung.

Intimität ist mit Streß verbunden. Sie ist ein starker Auslöser für kindliche Reaktionen. Deshalb ist es so wichtig zu lernen, wie man das erwachsene, kognitive Gehirn einschaltet, wenn man sich in einer intim-vertrauten Situation befindet. In dieser Lektion werden Sie das lernen. Sie erfolgt in drei Schritten, nach der Formel »Innehalten. Überprüfen. Umgestalten«.

1. *Innehalten* und sich auf das Verliebtsein vorbereiten.
2. *Überprüfen*, wie erwachsene Liebe aussieht.
3. *Umgestalten:* wie ein Erwachsener lieben.

1. Schritt: Innehalten und sich auf das Verliebtsein vorbereiten.

Sie werden keine Erwachsenenliebe finden, wenn Sie im Zustand des Kindes nach ihr suchen. Wenn Sie zur Zeit keine Beziehung haben, es sich aber wünschen, können Sie damit anfangen, Ihr Gehirn von all den negativen Botschaften eines Kindes zu befreien. Wenn Sie Ihrer eigenen Unwürdigkeit oder der Unwürdigkeit anderer die Schuld daran geben, daß Sie keinen Erfolg bei Beziehungen haben, dann ist Ihre nächste Beziehung schon im vorhinein gescheitert.

Wie lauten die negativen Botschaften? Hier sind einige Aussagen, die ich immer wieder höre, und daneben die Ersatzantworten, die die erwachsene Haltung ausdrücken.

Aussage: »Ich bin seit fast einem Jahr nicht mehr mit einem Mann ausgegangen und bin so einsam.«

Das Kind sagt:
»Ich werde nie jemanden finden!«

Der Erwachsene antwortet:
»Ich wünschte, es wäre einfacher, jemanden kennenzulernen. Ich müßte mir vielleicht mal dabei helfen lassen.«

Aussage: »Schon wieder hat mich einer verlassen, an dem mir etwas lag.«

Das Kind sagt:
»Irgendwas stimmt bei mir nicht. Ich bin zu bedürftig, und die Männer merken das.«

Der Erwachsene antwortet:
»Vielleicht suche ich mir Männer aus, die nicht mehr frei sind oder die meinen starken Gefühlen nicht gewachsen sind. Ich bin so, weil ich einsam bin. Vielleicht sollte ich mehr Zeit mit Freunden verbringen, damit ich nicht mehr so überschwenglich bin.«

Aussage: »Meine beste Freundin hat gerade geheiratet. Ich werde nie einen Mann finden, wenn ich nicht zehn Kilo abnehme.«

Das Kind sagt:
»Ich muß perfekt sein, um die Liebe eines Mannes zu gewinnen.«

Der Erwachsene antwortet:
»Ich wünschte, es wäre meine Hochzeit, aber eine Nulldiät ist keine Lösung. Außerdem habe ich Freunde, die eine gute Partnerschaft haben, und die sind auch nicht perfekt. Mit zehn Kilo weniger fühle ich mich vielleicht besser, aber es macht mich nicht anziehender.«

Aussage: »Jetzt hat mir schon wieder eine Frau einen Korb gegeben. Frauen finden mich nicht anziehend, weil ich nicht reich oder erfolgreich bin.«

Das Kind sagt:
»Wenn ich erfolgreicher wäre, hätte ich Frauen gegenüber mehr Selbstvertrauen, und ich glaube, sie fänden mich auch viel anziehender.«

Der Erwachsene antwortet:
»Ich erobere die Herzen vielleicht nicht im Sturm, aber ich liebe meine Arbeit und kenne viele Frauen, die das sehr anziehend finden.«

Aussage: »Meine Freundin hat ständig etwas an mir auszusetzen. Ich begreife einfach nicht, was die Frauen wollen.«

Das Kind sagt:
»Beziehungen sind zu verwirrend und zu gefährlich. Wenn ich nicht alles begreife, dann habe ich keine Kontrolle, fühle mich unsicher.«

Der Erwachsene antwortet:
»Sie handelt in guter Absicht, genau wie ich. Wir sehnen uns beide nach Liebe und wollen nicht allein sein, aber manchmal drücken wir unsere Bedürfnisse eben auf unterschiedliche Art aus.«

Denken Sie ruhig einmal gründlich und ausführlich darüber nach, wo eine negative Einstellung Ihre Bereitschaft zu einer Beziehung unterlaufen könnte. Denken Sie daran, daß man keine erwachsene Beziehung aufbauen kann, wenn man nicht als Erwachsener an sie herangeht. Behalten Sie Ihre positiven Absichten im Auge. Es ist gut, sich eine Beziehung und Intimität zu wünschen. Ihre negative Haltung entsteht dadurch, daß Sie eine gute Sache zu intensiv wünschen und bei Ihnen kindliche Reaktionen ausgelöst werden.

Nachdem Sie Ihre negativen Gedanken aufgeschrieben haben, sollten Sie anhand des E.-D.-Index Ersatzantworten formulieren. Das positive Ich ist das wahre erwachsene Ich. Das ist die Person, die eine befriedigende Beziehung eingehen kann.

2. Schritt: Überprüfen, wie erwachsene Liebe aussieht.

Die zur Liebe gehörenden emotionalen Auslöser sind so stark, daß die meisten Menschen glauben, Schwindelgefühle, Verwirrung und Ängste seien natürlicher Bestandteil der Liebe. Leider verhindern genau diese Gefühle eine befriedigende Beziehung. Die präkognitiven, kindlichen Emotionen, die bei ihnen als Kindern ein Zeichen für Liebe waren, wurden nicht in kluge Emotionen umgewandelt, die ihnen erlauben würden, die richtige Wahl zu treffen. Viele Menschen sind vernunftmäßig nicht mehr in der Lage festzustellen, ob es wahre Liebe ist oder nicht – ob ihre Beziehung andauern und ihnen etwas geben oder sie emotional auslaugen und von kurzer Dauer sein wird.

Da unsere Gesellschaft mit Traumbildern der »wahren Liebe« überladen ist, ist es nicht erstaunlich, daß viele es schwierig finden, echte Liebe von anderer zu unterscheiden. Aber Sie können von Anfang an, wenn Sie glauben, sich zu verlieben, Ihre kognitiven Fähigkeiten einsetzen, um die kindlichen Gefühle der *Abhängigkeit, Verzerrung* und *Angst* durch echte erwachsene Gefühle, nämlich *gegenseitige Abhängigkeit, Bewußtsein* und *Selbstvertrauen*, zu ersetzen.

Ja, es gibt viele, leicht erkennbare Hinweise, wenn Sie sich nur einmal von der emotionalen Hektik freimachen und Ihr kognitives Gehirn benutzen, um die Beziehung richtig einzuschätzen. Wenn Sie gerade jemanden lieben und sich nicht sicher sind, ob es der oder die Richtige ist – oder wenn Sie hoffen, demnächst eine Verbindung einzugehen –, sollten Sie sich die Zeit nehmen, einen Schritt zurückzutreten und mit ein wenig Abstand über folgende Punkte nachzudenken. An ihnen können Sie herausarbeiten und ablesen, ob Sie ihre Liebe vom Standpunkt eines Kindes aus erleben oder von dem eines echten Erwachsenen.

Kindliche Liebe	Erwachsene Liebe
Abhängigkeit: bestimmt durch Beschämung, Übervorteilung und Schwäche	*gegenseitige Abhängigkeit:* bestimmt durch Selbstwertgefühl, Freiheit und Stärke
Sie fühlen sich unsicher,	Sie leben und handeln in ei-

112

wenn Sie nicht die meiste Zeit mit Ihrem Partner zusammen sind, die gleichen Hobbys haben, die gleichen Leute mögen und so weiter. Unterschiede jagen Ihnen Angst ein. Sie wirken wie eine Bedrohung.

Sie geben, wenn Sie eine Beziehung haben, wichtige Teile Ihrer selbst auf. Sie können nicht glauben, daß jemand Sie so akzeptieren würde, wie Sie sind.

Verzerrung: bestimmt durch Egozentrik, Ungeduld und Illusionen
Sie befürchten, daß Sie nie mehr Intimität erleben werden. Sie glauben, Sie werden zu alt oder sind nicht begehrenswert genug. Ihre bisherigen Mißerfolge haben Sie entmutigt.

Sie gründen Ihre Verbindung auf oberflächliche Eigenschaften, die am Anfang anziehend sind, aber mit der Zeit verblassen können. Fragen Sie sich: Könnte ich mit

ner gesunden gegenseitigen Abhängigkeit, die Ihnen den Raum läßt, in Eigenständigkeit und Souveränität zu leben. Sie wissen, daß Sie dies zu liebevolleren Partnern macht. Unterschiede werden nicht als Bedrohung empfunden.
Sie bewahren Ihre Würde und bringen das Beste von sich in eine Beziehung ein, weil man nur auf diese Weise darin Erfüllung findet.

Bewußtsein: bestimmt durch Einfühlungsvermögen, Geduld und Realitätssinn
Sie fühlen sich wohl in Ihrer Haut, ob Sie nun in einer guten Beziehung stecken oder nicht. Sie wissen, daß Sie wieder einen Partner finden können, weil Beziehungen nicht durch Zauberei entstehen.
Sie wissen, zur dauerhaften Liebe gehört, daß man die Komplexität des Erwachsenenlebens akzeptiert. Sie sind bereit, die unvermeidlichen Fragen und Probleme

dieser Person leben, wenn sie einmal krank ist, finanzielle Schwierigkeiten hat, älter wird oder ihre Schönheit verliert usw.?

Angst: bestimmt durch Starrheit, Eifersucht und Theatralik
Sie sind, was Ihre Beziehung angeht, oft in einem emotionsgeladenen Zustand – Sie streiten, entziehen sich dem Sex, weinen. Zunächst fühlt sich das vielleicht gut an, weil es zu der positiven Leidenschaft, die Sie empfinden, paßt. Aber letztendlich regen Sie sich die ganze Zeit nur noch auf. Sie fühlen sich nie völlig sicher und wissen nicht, wie Sie erkennen können, ob alles richtig läuft oder nicht.

von Erwachsenen gemeinsam anzugehen.

Selbstvertrauen: bestimmt durch Flexibilität, Zufriedenheit und Gelassenheit
Auch bei Ihnen gibt es Konflikte, denn das ist ganz normal. Aber Sie sehen sie ganz sachlich und nüchtern und nutzen sie sogar, um mehr über einander zu erfahren. Sie nehmen die Ironie des Lebens und die Launen des Schicksals mit Humor. Sie wissen, daß das Leben ab und zu sonderbar sein kann und daß sich nie mit Sicherheit voraussagen läßt, wie die Menschen reagieren werden.

Echte erwachsene Liebe erlaubt es Ihnen, großzügiger und offener zu sein, an dem Geschehen um Sie herum teilzunehmen. Kindliche Liebe isoliert und macht unglücklich. Sie brauchen nicht hilflos zu sein, wenn Sie sich verlieben. Als Erwachsener können Sie Ihre kognitiven Fähigkeiten benutzen, um herauszufinden, was gut für Sie ist und was nicht. Die meisten, die an meinen Gruppen für Singles teilnehmen, klagen, daß sie keinen Partner finden; aber in Wirklichkeit geht es doch darum, bereit zu sein für eine erwachsene Beziehung und zu erkennen, wann dieser Beziehung erwachsene Sensibilitäten zugrunde liegen. Eine gute Beziehung aufzubauen und zu erhalten folgt ganz natürlich aus dem wahren Erwachsensein und ist nicht mehr ein verzweifeltes, schnsüchtiges Streben.

3. Schritt: Umgestalten: wie ein Erwachsener lieben.

Sobald Sie mit Ihrer Aufgabe als Beobachter kindlicher und erwachsener Reaktionen auf Liebe und Verliebtsein fertig sind und die Unterscheidung am eigenen Leib erprobt haben, sind Sie bereit, eine erwachsene Wahl zu treffen.

Wenn Ihre Beziehungen geprägt waren von Mißerfolgen, unterbrochen von langen Dürreperioden, fragen Sie sich bestimmt, ob die von Ihnen erhoffte gute Beziehung immer nur ein Traum bleiben wird.

In meiner Arbeit mit alleinstehenden Männern und Frauen habe ich die Erfahrung gemacht, daß sie, wenn sie erst erwachsene Fertigkeiten gelernt hatten, in der Lage waren, gute Beziehungen aufzubauen. Hier ist ein Beispiel, wie eine der Frauen ihre klugen Emotionen einsetzte, um dem kindlichen Verhalten in ihren Beziehungen zu entkommen – und schließlich einen guten Partner fand.

Als Miranda zu meiner Singles-Gruppe stieß, sagte sie, daß ihr Männer gefielen, die temperamentvoll, ein wenig rebellisch und unkonventionell waren, gewöhnlich Künstler oder Musiker. Damals war Miranda fünfunddreißig Jahre alt und hatte gerade eine weitere ihrer unzähligen Beziehungen beendet – diesmal mit einem Bandleader.

Miranda sah toll aus, eine rothaarige Schönheit mit riesigen, ausdrucksvollen Augen und einer lebhaften Art. Sie konnte

115

sich der Aufmerksamkeit aller sicher sein, wenn sie in der Gruppe das Wort ergriff. Wir folgten gebannt ihren Geschichten von verhängnisvoller Liebe, und sie brachte die anderen mit ihrer ironischen Darstellungsweise zum Lachen. Aber das Entscheidende war, daß Miranda gekommen war, weil sie sich eine von Intimität geprägte Beziehung wünschte und anscheinend keine dauerhaft aufbauen konnte. Sie gab zu, daß sie mit schöner Regelmäßigkeit Männer wählte, die vor einer festen Bindung zurückschreckten, aber ansonsten hatte sie keine Erklärung. »Wann kann ich tun?« fragte sie ratlos. »Man kann sich doch nicht aussuchen, in wen man sich verliebt.«

Einmal kam Miranda zum Workshop, gerade zurück von einer Reise an die Westküste, und erzählte uns von einem Mann, den sie auf dem Heimflug kennengelernt hatte. »Wir haben uns wirklich gut verstanden«, sagte sie. »Ich muß sagen, er gefiel mir. Er war sehr witzig und klug. Er bat mich um meine Telefonnummer, und ich habe sie ihm gegeben, aber ich weiß nicht …«

»Was wissen Sie nicht?« bohrte ich nach.

»Nun, er ist Börsenmakler, ausgerechnet. Was soll ich mit einem Börsenmakler? Und er ist auch vom Aussehen her überhaupt nicht mein Typ. Er ist klein und ziemlich untersetzt.«

Ich beschloß, mit Miranda einen Versuch zu machen. »Ich habe eine Hausaufgabe für Sie«, sagte ich. »Sie sagen, er ist nicht Ihr Typ. Gehen Sie dieses eine Mal mit jemandem aus, der nicht Ihrem Typ entspricht. Tun Sie so, als hätten Sie keine vorgefaßte Meinung über den Mann Ihres Typs, und schauen Sie, wie Sie sich fühlen, wenn Sie mit ihm zusammen sind. Vielleicht wollen Sie nach einer Verabredung auch einige Dinge aufschreiben: Haben Sie sich in seiner Gesellschaft wohl gefühlt? War das, was er zu sagen hatte, interessant? Hat er Ihnen zugehört? Da Liebe so gefühlsbetont ist, kann es hilfreich sein, das rationale Gehirn einzuschalten. Wollen Sie es versuchen?«

Miranda zuckte mit den Achseln. »Warum nicht? Also gut, ich versuch's. Ist mal was anderes.«

Sechs Monate später gab Miranda bekannt, daß sie ihren Börsenmakler heiraten würde.

Was war passiert? Als Miranda erst einmal ihre starre Vorstellung von der Art Mann, den sie zu brauchen glaubte, aufgegeben hatte, fand sie einen Mann, den sie lieben konnte. Sie schaffte den Übergang von den Illusionen und der Starrheit eines Kindes zur Flexibilität und dem Realitätssinn eines Erwachsenen. Viele Menschen haben nie innegehalten und sich überlegt, was sie in einer Beziehung eigentlich brauchen, um sich wohl zu fühlen. Sie achten immer nur auf äußerliche Hinweise wie Aussehen, Status und andere oberflächliche Dinge. Sie haben keine Ahnung, wie sie ihre inneren Gefühle einschätzen sollen.

Sie können Ihr kognitives Gehirn einschalten und so herausfinden, welche Wahl Sie treffen sollten, um sich wohl zu fühlen. Mit Mirandas Erfahrungen als Modellfall können Sie ein Experiment machen: Verabreden Sie sich mit einem Mann oder einer Frau, der oder die nicht Ihrem Typ entspricht. Nehmen Sie sich danach ein wenig Zeit, um die Erfahrung einzuschätzen.

1. Beschreiben Sie mit Hilfe des E.-D.-Index, wie Sie mit dieser Person zurechtgekommen sind. Würden Sie zum Beispiel Ihre Gefühle dem kindlichen oder dem erwachsenen Zustand zuordnen?

2. Haben Sie sich in Gesellschaft dieser Person wohl gefühlt? Empfanden Sie Selbstvertrauen oder waren Sie ein Nervenbündel?

3. Machen Sie eine Liste der positiven und negativen

Aspekte dieses Rendezvous'. Ordnen Sie jeden Punkt der kindlichen oder der erwachsenen Seite zu. Zum Beispiel:

Kind
Ich habe mich unwohl gefühlt, weil ich größer bin als er.

Erwachsener
Er hat dem zugehört, was ich erzählt habe, und ihm schien mein Sinn für Humor zu gefallen.

4. Inwieweit haben Sie diesmal gelernt, bei der Wahl einer Beziehung vom erwachsenen Gesichtspunkt auszugehen?

Erwachsene Liebe entsteht, wenn Sie sich im Zustand der *gegenseitigen Abhängigkeit* (sich nicht zu schwach fühlen), der *Bewußtheit* (nicht zu unrealistisch sein) und des *Selbstvertrauens* (sich nicht ängstlich oder bedroht fühlen) befinden. Je besser Sie den Unterschied erkennen, ob Entscheidungen auf kindischem oder auf erwachsenem Denken basieren, desto mehr werden Sie in Ihren Beziehungen Stärke finden, statt sie zu verlieren.

5 Können Sie allein sein, ohne Ihre Würde zu verlieren?

- Scheint Liebe etwas Nichtfaßbares zu sein, etwas, das mit Magie zu tun hat?
- Wissen Sie mehr darüber, warum Ihre Beziehungen in die Brüche gegangen sind, als darüber, wie man sie erfolgreich erhalten kann?
- Scheint jeder außer Ihnen jemanden zum Lieben, einen Partner, zu haben?

Wenn ich Workshops für Singles durchführe, sagt die Mehrheit der teilnehmenden Männer und Frauen, daß es sie traurig mache, allein zu sein. Es ist ihnen unverständlich, warum andere einen Partner haben, aber sie nicht.

Oft erklären sie dies damit, daß die Männer zu kühl oder oberflächlich, die Frauen zu besitzergreifend oder wählerisch seien. Diese Art der Schuldzuweisung hilft ihnen, ihre eigenen Gefühle der Scham (»Mit mir kann etwas nicht stimmen, wenn keiner mich liebt«) zu überspielen.

Ich spüre während dieser Workshops eine tiefe Sorge im Raum. Sie ist nicht immer faßbar, aber ich höre den Schmerz in den Worten der Teilnehmer. Die Frau, die davon spricht, daß sie sich immer unzugängliche Männer aussucht. Der Mann, der zugibt, jedesmal einen Rückzieher zu machen, wenn aus einer Beziehung etwas Festeres zu werden droht. Die Frau, die glaubt, keinen Mann finden zu können, weil sie nicht hübsch genug sei. (»Das ist doch das einzige, was Männer interessiert«, sagt sie.) Oder der Mann, der überzeugt ist, die Frauen würden ihm in Scharen nachlaufen, wenn er volles Haar hätte und einen Meter neunzig groß wäre.

Dem allen liegt die Angst zugrunde: »Ich habe einen schrecklichen Makel, und deswegen kann mich keiner lieben. Ich werde immer allein bleiben.« Und doch sitzen sie da vor mir, diese Gruppen von ledigen Männern und Frauen, strengen sich an, das zu finden, was sie sich wünschen, und arbeiten mit aller Kraft daran, eine gute Beziehung aufzubauen. Warum wären sie sonst hier?

Ich schaue mich im Raum um und sehe eine Gruppe von Männern und Frauen, die sich in nichts von anderen Gruppen unterscheidet, wie man sie im Theater, im Restaurant oder in einem Kurs antreffen würde. Sie haben keine offensichtlichen Makel, durch die sie zu einem Leben in Einsamkeit bestimmt wären. Trotz der Angst, die in ihren Erzählungen mitschwingt, daß sie in bezug auf das andere Geschlecht »verkorkst« seien, spricht nichts an ihnen für diese Annahme. Ja, in jeder anderen Umgebung würden viele von ihnen als Erfolgsmenschen angesehen.

Ein Großteil der Teilnehmer an meinen Single-Workshops hat einen guten Beruf, und sie antworten durchaus selbstbewußt auf Fragen, die sich um ihre Arbeit drehen. Joel ist ein klassisches Beispiel. Mich bewegten seine Worte sehr, als er über seine Erfolge – und seine Einsamkeit – sprach. »Jeder denkt, mir geht's toll«, sagte Joel. »Ich werde nirgendwohin eingeladen, weil alle annehmen, daß ich schon was vorhabe. Es stimmt, bei der Arbeit bin ich voller Dynamik. Aber die Leute wissen nicht, daß ich abends nach Hause gehe, ein Bier aufmache und allein vor dem Fernseher sitze.«

Als ich Joel fragte, warum er nicht selbst einmal die Initiative ergriff oder seine Freunde wissen ließ, daß er sich einsam fühlte, antwortete er bemerkenswert ehrlich: »Die Leute verlassen sich darauf, daß ich stark bin. Wenn ich Schwächen zeige – allein das Eingeständnis, daß ich einsam bin! –, bin ich unten durch. Ich bin doch kein Dummkopf. Ich weiß, so zu denken bringt nichts, aber ich komme da irgendwie nicht raus. Es ist einfacher, alles beim alten zu lassen.«

Das Gefühl der Einsamkeit ist nicht auf »Versager« beschränkt. Jeden kann es befallen. Tatsächlich fühlen sich alle Erwachsenen ab und zu einsam. Dies ist oft ein Auslöser von kindlichen Reaktionen. In Joels Fall war seine Angst davor, Schwäche zu zeigen, verantwortlich für eine Reihe von gescheiterten Beziehungen. Er suchte sich mit Vorliebe abhängige Frauen, weil er sich dann stark fühlen konnte, doch letztendlich schwächte ihn ihre Abhängigkeit, weil er ihnen nie genug geben konnte und nie selbst ausreichend Halt fand. Joels Angst wirkte sich auch in seinem Beruf aus. Obwohl er ein einflußreicher Mann und auf der Karriereleiter weit gekommen war, vermied er es unbewußt, starke Menschen einzustellen, und das war schlecht für sein Geschäft. Jetzt fühlte er sich einsam und verlassen, weil er die Menschen gemieden hatte, mit denen er auf gleicher Ebene hätte kommunizieren können.

Es gab jedoch noch einen weiteren Grund für Joels Probleme bei Beziehungen – etwas, was ich in Single-Gruppen oft antreffe. Obwohl die meisten es nicht sogleich zugeben würden, neigen sie dazu, eine verhältnismäßig starre Vorstellung von ihrem Idealtyp eines guten Partners zu haben. Von früheren Erfahrungen ausgehend, haben sie sich auf einen »Typ« festgelegt, den sie anziehend finden. Diese Definition kann sehr allgemein gehalten sein, »jemand im Bereich der Künste«, oder ganz spezifisch: »er muß ein Meter achtzig sein«. Sie sind keineswegs engstirnig. Sie sind ehrlich davon überzeugt, daß sie sich nur in einen bestimmten Typ verlieben oder ihn sexuell anziehend finden können.

Weder Wissenschaftler noch Poeten haben bisher ergründen

können, was einen Menschen zu einem anderen hinzieht, warum es »funkt«. Nach meinen Erfahrungen hängt das von einer Ähnlichkeit ab, die dadurch bestimmt wird, wo man sich auf der Skala der emotionalen Dyslexie befindet. Wie wir in Lektion zwei sahen, haben Menschen ohne erwachsene Fertigkeiten ihre kindlichen Bedürfnisse nicht zu erwachsenen Bedürfnissen weiterentwickelt, und sie verlassen sich bei ihrem Partner eher auf oberflächliche Eigenschaften. Im Prinzip wissen sie nicht, was sie befriedigen würde, wenn ihre Bedürfnisse »erwachsen« wären. Also halten sie mit kindlichen Vorstellungen von Liebe und Romantik nach Partnern Ausschau. Sie kennen sich selbst nicht genug, um Partner für eine tiefe, dauerhafte Zweisamkeit zu wählen.

Eine kindliche Auffassung wird noch durch unzählige Vorurteile unserer Kultur gestützt. Wir werden auf Schritt und Tritt mit den Vorstellungen unserer Gesellschaft vom idealen Mann, der idealen Frau verfolgt – vor allem, was ihre äußere Erscheinung betrifft. Vom Verstand her mag uns klar sein, daß das Aussehen einer Person nur ungenügende Rückschlüsse auf ihre Eignung in einer Partnerschaft zuläßt. Aber wir lassen uns von den Normen unserer Gesellschaft beeinflussen. Männer haben mir erzählt, wie angenehm es ist, mit einer schönen Frau den Raum zu betreten. Es beweise, daß sie gut genug sind, um ihr zu imponieren. Frauen berichten von dem gleichen Gefühl, wenn sie in Begleitung eines gutaussehenden Mannes sind. Je höher der Partner in der Achtung der anderen steht, desto mehr fühlen die Menschen sich in ihrem eigenen Wert bestätigt. Sie kaschieren damit ihre Minderwertigkeitsgefühle.

Darüber hinaus ist die Vorstellung, daß man nur einen bestimmten Typ anziehend und für eine Partnerschaft geeignet findet, in ihrer Starrheit und Beschränkung symptomatisch für die Haltung eines Kindes. Es scheint sicherer, sich auf einen Typ festzulegen und dabei zu bleiben. Das ist aber keineswegs der beste Weg zur Zufriedenheit, vor allem wenn sich der von Ihnen ausgewählte Typ ständig als unpassend erweist.

Ich mußte kürzlich wieder daran denken, wie schnell man sich unzulänglich fühlen kann, wenn man sich an willkürlichen Maßstäben mißt. Eine Freundin von mir kam aus dem Urlaub zurück, und wir sprachen über ihre Erlebnisse. Meine Freundin ist ziemlich rundlich und kämpft schon ihr Leben lang mit ihrem Gewicht. Wie die meisten Frauen hatte sie gelernt, daß Schlankheit ein objektiver Maßstab weiblicher Schönheit sei. In ihrem Urlaub geschah jedoch etwas, das ihr die Augen öffnete. »Als ich in Obervolta war, wurde ich von Männern umschwärmt«, sagte sie. »Sie fanden mich wunderschön. Die ganze Zeit über fühle ich mich als Idealfrau, weil Menschen meines Körpertyps in Obervolta als sexuell begehrenswerter und weiblicher angesehen werden. Als ich dann aber an die Riviera fuhr, war ich prompt wieder unsichtbar. Die Männer schauten mich nicht an. Dort war Attraktivität mit Schlankheit gleichgesetzt.«

Die Gesellschaft liefert uns Richtlinien, wann wir uns gedemütigt zu fühlen haben. Es passiert so schnell, daß man sich unzulänglich fühlt, wenn die Maßstäbe willkürlich gewählt und unerreichbar sind. Aber hinter all der Scham und Frustration steckt das Gefühl, daß man es verdient hat, keinen Liebespartner zu haben.

Vor allem Frauen befinden sich in einem Zwiespalt, was das Alleinsein betrifft. Die vereinten Kräfte von Sozialisation und Biologie bedrängen sie mit der Botschaft, daß es ihre Bestimmung sei, Ehefrau und Mutter zu sein. Heutzutage wird ihnen signalisiert, daß sie größere Erfüllung finden, wenn sie sich von den alten Rollenmustern freimachen. Oft fühlen sie sich dann verwirrt, ja, verraten, weil sie nicht wissen, wie beide Rollen zu vereinen sind. Sie sind nicht glücklicher. Sie sind allein. Sie finden keine Erfüllung.

Die Menschen, die in meine Single-Workshops kommen, wollen keine Platitüden hören. Sie sind die abgedroschenen Phrasen leid, daß sie in Ordnung seien, daß sie keinen Partner brauchten, um sich wohl zu fühlen, daß sie auch so attraktiv und begehrenswert seien – und so weiter. Während das im Grunde alles richtig ist, stimmen diese Behauptungen nicht mit der allgegenwärtigen kulturellen Botschaft überein, der sie nicht entrinnen können: daß eine Frau ohne einen Mann unvollständig sei oder daß eine Person, die allein ist, nicht dazugehöre. Deshalb kann die psychologische Arbeit einer Therapie auch nichts ausrichten. Sie schließt nicht den Abgrund zwischen dem, was die Patienten fühlen, und dem, was sie um sich herum sehen. Im Erziehungsprozeß zum Erwachsenen fehlt ein Bindeglied, so daß für sie weiterhin nichts als Hilflosigkeit und Angst bleibt, die sie einfach nicht abschütteln können.

Eines der Probleme bei populären psychologischen und Selbsthilfe-Theorien ist ihre Aussage, daß Selbstachtung von innen her komme; zuerst gewinne man Selbstachtung und dann sei man in der Lage, sich anderen Menschen zuzuwenden. Dies verstärkt nur die schon vorhandenen Gefühle von Isolation. Ich glaube nicht, daß Selbstachtung erreicht wird, wenn man allein im stillen Kämmerlein hockt, denn sie läßt sich nicht einfach durch bloßen Willen herbeizitieren. Selbstachtung entsteht als Nebenprodukt beim erwachsenen Umgang mit anderen Menschen.

Einsamkeit löst kindliches Verhalten aus

Einsamkeit ist eines der unangenehmsten Gefühle. Daher ist es ein so starker Auslöser für kindliche Emotionen. Ein Kind erträgt Einsamkeit nicht; es braucht ständige Betreuung als Versicherung, daß alles gut ist. Wenn ein Kind zum Beispiel traurig ist, hat es keine Mittel, um damit fertig zu werden. Es kann seinen Verstand nicht einsetzen, um sich die Umstände zu erklären oder sich klarzumachen, daß die Traurigkeit nicht ewig anhalten wird. Es wird von seinen Gefühlen überwältigt. Kinder sind zu kleine Behältnisse für den Schmerz gigantischer, furchteinflößender Emotionen. Sie haben nicht genug »Selbst«, um die Dinge sachlich zu betrachten. Sie sind nicht in der Lage, die Dinge mit Blick auf die Zukunft zu sehen, weil ihnen jedes Verständnis für Zukunft fehlt.

Der Erwachsene hingegen verfügt über ein Gedächtnis und über Vergleichsmöglichkeiten. Er weiß, daß traurige Gefühle nicht anhalten und Krisen vorübergehen, weil er die Erfahrungen schon einmal gemacht hat. Ein Erwachsener mag todunglücklich sein, weil eine Liebe zu Ende ist, die Mutter gestorben oder etwas anderes Schreckliches geschehen ist. Aber die Erfahrung hat ihn gelehrt, daß die Intensität des Trauerns allmählich abnehmen und eventuell sogar ganz verschwinden wird. Es braucht seine Zeit.

Wenn die Menschen nicht gelernt haben, bei dem Gefühl von Einsamkeit nicht gleich in Panik zu geraten, als wäre ihr Schicksal besiegelt, löst es bei ihnen E. D. aus. Entweder leugnen sie die Berechtigung ihrer Gefühle oder sie klammern sich an Beziehungen, als hänge ihr Leben davon ab – egal, ob diese Beziehungen schädlich sind oder nicht.

Vor einigen Jahren begann ich einen Workshop für Menschen, die in obsessiven Beziehungen steckten, denn mir war aufgefallen, wie häufig dies vorkam. Diese Beziehungen waren unbefriedigend, destruktiv und lähmend, und dennoch hielten die Menschen krampfhaft an ihnen fest. Wenn eine Beziehung endete, konnten sich die Betroffenen emotional nicht damit abfinden, obwohl sie meistens zugaben, daß die Beziehung schon seit geraumer Zeit alles andere als gut war. Ich erkannte eine Verbindung zwischen der offensichtlichen Angst vor dem Alleinsein und der Neigung dazu, ungesunde Beziehungen anzufangen und nicht wieder aufgeben zu wollen. Die Erinnerung an das Gefühl, ungeliebt zu sein, war für diese Menschen so schmerzhaft, daß sie zu allem bereit waren, um es nicht noch einmal erleben zu müssen.

Maggie war dafür ein gutes Beispiel. Sie kam zum ersten Workshop, eine Frau von vierzig Jahren, die Sinnlichkeit und Intelligenz ausstrahlte. Es umgab sie eine dramatische Aura, so als kämpfe sie den Kampf ihres Lebens. »Ich bin eine ganz normale Frau«, erzählte sie der Gruppe. »Aber ich habe mich über ein Jahr mit einem Mann abgegeben, der keinen Sex mit mir haben wollte.«

Sie erzählte: »Bill und ich haben uns im Sommer vor einem Jahr auf einer Konferenz kennengelernt. Es hat sofort zwischen uns gefunkt. Bill hatte tolle, kreative Marketingideen. Ich war sonst nur von Hohlköpfen umgeben. Und persönlich hat es auch gefunkt. Es geschah ganz automatisch, daß wir uns auch nach der Arbeit sahen, und bald darauf haben wir miteinander geschlafen.« Ihre Augen leuchteten bei der Erinnerung daran.

»Der Sex mit Bill war unwahrscheinlich gut, und ich weiß, das klingt kitschig, aber ich glaube, er war so gut, weil wir auch auf anderer Ebene zusammenpaßten. Es war die beste Beziehung, die ich je hatte. Ich wußte, daß ich mich verliebt hatte, und dachte, bei Bill wäre es genauso. Wir paßten so perfekt zusammen. Ich hätte nie vermutet, daß er vielleicht nicht so fühlte. Zwei Monate, nachdem unsere Affäre begonnen hatte, sagte er, daß er mit mir keinen Sex mehr haben wollte.«

Maggie kämpfte jetzt mit den Tränen, und die anderen in der Gruppe wandten sich ihr mit Interesse und Mitleid zu.

»Ich war natürlich wie vor den Kopf gestoßen«, fuhr sie fort. »Ich wollte wissen, warum ... was ich tun konnte, um es wieder in Ordnung zu bringen. Bill teilte mir nur rundheraus mit, daß er mich nicht liebte und dachte, es wäre besser, wenn wir nur gute Freunde wären. Ich habe ihm das nicht abgenommen.«

Sie sah sich in der Gruppe um und fügte hinzu, als wolle sie sich rechtfertigen: »Ich machte mir keineswegs etwas vor. Es war nur so, daß Bills sonstiges Verhalten nicht zu dem paßte, was er sagte. Außer, daß wir keinen Sex mehr hatten, blieb alles beim alten. Er verließ mich nicht. Er ging nicht mit anderen Frauen aus. Er schien gerne mit mir zusammenzusein. Wir arbeiteten zusammen und spielten zusammen. Unsere Freunde behandelten uns wie ein Paar – ich bin mir sicher, die dachten alle, daß wir eine sexuelle Beziehung hatten. Wir fuhren zusammen in Urlaub. Über Weihnachten waren wir Skifahren, und letzten Frühling reisten wir nach Mexiko. Auf den ganzen Reisen haben wir im gleichen Bett geschlafen. Wir haben uns umarmt und aneinandergeschmiegt, sehr intim, eben nur ohne Sex.«

An dieser Stelle schaltete ich mich ein. »Also Bill sagte, daß er Sie nicht liebte, aber Sie dachten, er meint es nicht so?«

Maggie zuckte hilflos mit den Achseln. »Was sollte ich denn sonst denken? Für mich war er einer von den Männern, die große Angst packt, wenn es ernst wird, und ich gab ihm eben Zeit, damit fertig zu werden.«

»Haben Sie darüber gesprochen?« fragte ich.

Sie nickte wehmütig. »Ich bin immer mal wieder darauf zurückgekommen, nur um zu sehen, ob er soweit war. Ich versuchte, ihn nicht zu drängen. Manchmal konnte ich einfach nicht anders und platzte dann heraus: ›Ich liebe dich.‹ Bill wurde dann ganz kühl und sagte: ›Ich habe dir reinen Wein eingeschenkt, was meine Gefühle betrifft. Ich weiß nicht, was ich noch tun kann, um dir zu helfen.‹ Jedesmal war ich wieder am Boden zerstört. Was war los? Warum tat er mir das an? Allerdings, wenn ich wirklich mal ehrlich darüber nachdachte, wußte ich, was ich hätte tun sollen – ihn verlassen. Ich war nicht bereit, ewig bei einem Mann zu bleiben, der mit mir keinen Sex wollte und offensichtlich auch keine feste Bindung. Aber jedesmal, wenn ich mir vorstellte, ihn wirklich zu verlassen, überkam mich Panik.«

Maggie holte tief Atem und wischte sich über die Augen. »Na ja, es überrascht euch wahrscheinlich nicht, daß er mich vor einem Jahr verlassen hat. Er teilte mir einfach mit, daß er sich in eine andere Frau verliebt hatte und sie heiraten wollte. Ich weiß, es ist hoffnungslos – er wird mir nie gehören –, aber ich kann nicht aufhören, an ihn zu denken. Obwohl er jetzt verheiratet ist, träume ich davon, daß er plötzlich vor meiner Tür steht, sagt, daß er einen schrecklichen Fehler gemacht hat und in Wirklichkeit mich will. Ich fühle mich so traurig und allein, daß ich mir nicht vorstellen kann, jemals wieder da rauszukommen.« Sie wurde rot. »Manchmal rufe ich seinen Anrufbeantworter an, nur um seine Stimme zu hören, oder laufe durch seine Straße in der Hoffnung, einen Blick auf ihn zu erhaschen. Das ist wie ein Zwang, gegen den ich nichts machen kann.«

Maggies Geschichte war ein Paradebeispiel für obsessive Liebe. Die Angst davor, ohne das Objekt dieser Liebe auskommen zu müssen, war so überwältigend, daß sie weiterhin ihren Gedanken und Träumen nachhing, als schon lange keine Chance mehr auf Versöhnung bestand.

Eine Gruppenteilnehmerin sagte: »Warum lieben Sie ihn? Er

hat Sie sitzenlassen. Sie sind eine tolle Frau. Daran kann er nichts ändern, das müssen Sie sich klarmachen.«

Die anderen nickten zustimmend. Obwohl es ihnen ähnlich ergangen war, konnten sie die Sache bei Maggie objektivieren. Als es jemand anderem passierte, erkannten sie sofort, daß obsessive Liebe sinnlos war, da sie einem nichts als Schmerz einbrachte. Die Frauen in der Gruppe taten ihr Bestes, um Maggies Selbstvertrauen zu stärken, und wollten sie davon überzeugen, daß sie Bill zum Glücklichsein nicht brauchte. Aber so einfach war es nicht. Auf gewisse Weise hatte Maggie sich, wenn sie mit Bill zusammen war, erfüllt und glücklich gefühlt. Selbst als er den Sex mit ihr beendet hatte und ihr erklärte, daß er sie nicht liebte, fand sie soviel Gutes in ihrer Beziehung, daß sie sich an die Vorstellung klammerte, alles würde schon ins Lot kommen. Ihr Schreckensgedanke war jetzt, daß niemand ihr soviel Zufriedenheit geben konnte wie Bill, und der war weg.

Ich begann, Maggies Problem zu analysieren, indem ich mich auf das Positive konzentrierte. »Erzählen Sie uns, was an Bill so besonders war«, sagte ich. »Was war an dieser Beziehung anders als bei denen, die Sie vorher hatten?«

Ihr Gesicht wurde lebendig. »Bei Bill habe ich mich so vital gefühlt«, sagte sie. »Es gab soviel Leidenschaft. In meinen ganzen vorherigen Beziehungen – darunter eine fünfjährige Ehe – hatte ich mich nicht so gefühlt. So was war mir noch nie passiert. Und Bill hat mich sexuell so angezogen. Ich habe wohl gehofft und erwartet, daß wir wieder Sex haben würden. Zwischen uns gab es sonst soviel Intimität, da war das nur natürlich.«

»Ich verstehe«, nickte ich. »Es ist nur zu verständlich, daß Sie mit einem Mann zusammensein wollen, bei dem Sie sich so vital und leidenschaftlich fühlen.«

Sie sah mich überrascht an. »Komisch, daß Sie das sagen«,

meinte sie. »Meine Freunde halten mich für komplett verrückt oder selbstzerstörerisch.«

»Es ist nicht selbstzerstörerisch, das Gefühl von Erfüllung zu wollen, das Sie am Anfang Ihrer Beziehung mit Bill empfanden«, erklärte ich ihr. »Das Problem ist, Sie glauben, daß Sie diese Gefühle nur mit Bill haben können. Wir werden dafür sorgen, daß Ihnen das Gefühl von Vitalität und Erfüllung für Ihr ganzes Leben erhalten bleibt – auch ohne Bill.«

Ich war froh, daß Maggie in meine Gruppe gekommen war. Eine der Funktionen der Gruppe war es, Menschen erkennen zu lassen, daß das, was sie für ihr ureigenstes Problem hielten, viele andere auch betraf. Alle Anwesenden hatten Beziehungen gehabt wie Maggie. Jede von ihnen kannte das Gefühl, von einem Mann wie von einem Magneten angezogen zu werden. Auch wenn es immer schlimmer wurde, konnten sie nicht von ihm lassen und fühlten sich schließlich, als hätten sie den Verstand verloren.

Es war sehr aufschlußreich, daß die Antwort auf meine Frage, wie bald sie wußten, daß es mit einer bestimmten Beziehung nicht klappen würde, fast immer lautete. »Gleich am Anfang« oder »Sehr bald«.

Was ließ sie gegen ihre Intuition handeln und bei Männern bleiben, die ganz offensichtlich irgendwann die Verbindung lösen würden? Oft waren es die eigenen Sehnsüchte, denn die Frauen fühlten sich wohl in ihrer Haut, wenn sie eine enge Beziehung hatten. Ihnen gefiel das Gefühl der Nähe, aber vor allem mochten sie sich selbst in dieser Zeit – großzügig und voll Wärme. Aber wie Maggie nahmen sie an, daß diese Gefühle an einen bestimmten Menschen gebunden waren, und das löste kindliche Angstgefühle und Bedürfnisse aus.

Ich erklärte Maggie und den anderen in der Gruppe: »Sie brauchen sich nicht zu verurteilen, weil Sie sich Intimität wünschen, denn das ist eine wunderbare Eigenschaft. Sie wissen, daß zu Intimität Großzügigkeit gehört – ›weil ich mich gut fühle, bin ich auch gerne gut zu dir‹ –, und das ist eine wunderbare Einstellung. Wer möchte nicht diese tiefen menschlichen Emotionen haben?«

Ich wandte mich an Maggie. »Als Sie mit Bill zusammen waren, erlebten Sie all die positiven Seiten von Intimität. Aber Sie waren auch in Panik, weil Sie glaubten, wenn er weggeht, nimmt er das alles mit. Als er tatsächlich ging, verloren Sie die Hoffnung, weil Sie dachten, daß damit die einzige Chance, Leidenschaft und Vitalität zu erleben, verloren war. Es war, als sei Intimität ein wertvolles Juwel, das er Ihnen schenkte und plötzlich wieder entriß.«

Um Maggie und den anderen Gruppenteilnehmern zu zeigen, daß sie Intimität erfahren konnten ohne den Mann, von dem sie besessen waren, bat ich sie, intensiv an eine andere Beziehung in ihrem Leben zu denken. Liebesbeziehungen waren für sie so emotionsgeladen, daß sie Intimität nicht erleben konnten, ohne sich dabei abhängig zu fühlen. Damit sie erkannten, daß Intimität ohne das ganze Gefühlsdurcheinander möglich ist, mußten sie sie an weniger bedrohlichen Beziehungen üben. Ich bat sie, an andere Menschen in ihrem Leben zu denken, denen sie nahestanden – eine Freundin, Schwester, Nichte –, und zu beschreiben, wie sie sich in deren Gesellschaft fühlten. Bei den Beschreibungen dieser liebevollen Beziehungen hörte ich Wärme und Liebe heraus, und in den Gesichtern spiegelte sich keine Panik.

»Genau das können Sie mit einem Mann haben, denn so sind Sie – großzügig, großmütig«, sagte ich ihnen. »Sie müssen nur lernen, sich nicht in eine Abhängigkeit hineinziehen zu lassen, wenn Sie sich verlieben.«

Maggie erlebte das am eigenen Leib kurz nach dem Workshop, als sie zusammen mit zwei alten Collegefreundinnen verreiste. Inzwischen hatte sie schon ziemlich gut gelernt, sich positiv und nicht als Versager zu sehen. Dadurch fühlte sie die Wärme zwischen sich und ihren Freundinnen auf neue Weise – wieviel sie auf dem College gemeinsam erlebt hatten, wie sehr sie sich mochten. Maggie wünschte sich noch immer einen Mann in ihrem Leben, aber sie lernte langsam, daß ihre Obsession negative Gefühle hervorgerufen hatte, keine positiven wie bei ihren Freundinnen. Jetzt konnte sie beginnen, nach einem Mann Ausschau zu halten, ohne kindliche Bedürfnisse zu entwickeln. Eine neue Liebe mußte sie nicht wieder aus dem Gleichgewicht bringen.

Verlieren Sie nie Ihr Selbstwertgefühl

Wenn man einsam ist, fällt es schwer, zufrieden mit sich selbst zu sein. Eine Freundin beschrieb mir einmal einen Tiefpunkt in ihrem Leben, als sie sich völlig isoliert fühlte. Unter der Woche arbeitete sie viel, aber an den Wochenenden schien jeder schon etwas vorzuhaben. »Am letzten Wochenende hat das Telefon kein einziges Mal geklingelt«, sagte sie zum Beweis ihrer Isolation.

Ich wußte zufällig, daß diese Frau ein ausnehmend warmherziger, großzügiger Mensch mit vielen Freunden war. Aber sie hatte gerade eine langjährige Beziehung beendet und erlebte nun, wie unbehaglich und unsicher man sich in Übergangsphasen oft fühlt.

Einsamkeit kann die kindlichen, theatralischen Reaktionen derartig verstärken, daß man sich nur noch verletzt und vernachlässigt fühlt. Allzu schnell gibt man sich dem Gefühl hin, daß eigentlich niemandem etwas an einem liegt, daß die Freunde einen verlassen haben, daß einen niemand liebt oder versteht. Das Leben scheint ein einziges Drama zu sein, gewöhnliche Dinge scheinen außergewöhnliche Bedeutung anzunehmen. Wenn Sie einsam sind, kann zum Beispiel der Anblick eines Liebespaares auf der Straße quälende Gefühle von Isolation auslösen.

Emotionale Dyslexie setzt eine Reihe von automatischen Reaktionen auf das Verhalten anderer in Gang. Wenn Sie sich verletzt, ignoriert oder beleidigt fühlen, sollten Sie versuchen, für das Verhalten Ihrer Familie oder Freunde eine andere Erklärung zu finden. Nehmen Sie nicht sofort an, daß es deren Absicht war, Sie zu verletzen. Der Unterschied zwischen einem Kind und einem Erwachsenen besteht darin, daß Sie das Wissen und die Fähigkeit haben, über Schwarzweißerklärungen hinauszublicken.

Diese Beispiele kommen Ihnen vielleicht bekannt vor:

- Ihre Freundin verspricht, sich zu melden, tut es aber nicht.
- Ein Freund vergißt Ihren Geburtstag.
- Niemand kommt auf die Idee, Sie in den Ferien zu sich einzuladen.

Jede einzelne dieser Situationen kann kindliche Reaktionen auslösen. Die Versuchung, sich gekränkt zu fühlen, ist verständlich, denn wir wollen alle von Liebesbeweisen umgeben sein. Aber ehe Sie den Schluß ziehen, daß die Handlungen anderer mit Bedacht darauf abgestimmt sind, Sie zu kränken oder zu verletzen, sollten Sie sich fragen:

- Ist diese Freundin normalerweise liebevoll und aufmerksam?
- War es die Absicht dieser Person, mich zu kränken?
- Welche anderen möglichen Erklärungen gibt es?
- Hat dieser Vorfall einen Einfluß auf mich als Person?

Da emotionale Dyslexie dafür verantwortlich ist, daß wir instinktiv reagieren und glauben, durch das Verhalten anderer bedroht zu werden, haben die meisten Menschen nicht gelernt, andere Erklärungen in Erwägung zu ziehen. Wenn eine Freundin, die sonst immer aufmerksam und rücksichtsvoll ist, Sie nicht zu einer Party einlädt oder Ihren Geburtstag vergißt, ist es höchst unwahrscheinlich, daß sie plötzlich beschlossen hat, Sie zu kränken, oder nichts mehr für Sie empfindet. Wenn Sie das erst einmal akzeptiert haben, können Sie damit aufhören, sich gekränkt zu fühlen.

Selbstbestätigung passiert nicht in Isolation. Den meisten fällt es schwer, ihr Selbstwertgefühl ohne die Unterstützung anderer aufrechtzuerhalten. Der Mensch lebt und orientiert sich durch Kommunikation. Wir sind von Natur aus soziale Wesen. Aber manchmal lassen sich Menschen vom Gefühl der Einsamkeit überwältigen und schotten sich genau von dem Umfeld ab, das ihnen Kraft geben würde. Lassen Sie sich durch Einsamkeit nicht in die Isolation treiben, sondern sehen Sie die Einsamkeit als ein Zeichen dafür, daß Sie ein normaler, erwachsener Mensch sind, der die Unterstützung anderer braucht.

Lektion drei

Erinnern Sie sich an Ihren Wert, wenn Sie niedergeschlagen sind

Jeder Mensch fühlt sich manchmal einsam. Das ist nicht weiter schlimm, falls Sie viele enge Freunde haben, sich mit Ihrer Familie gut verstehen oder einen liebevollen Partner haben. Wenn Sie sich aber erwachsene Fertigkeiten angeeignet haben, wissen Sie, daß die Gefühle, die Einsamkeit oft begleiten (wie Eifersucht oder Beschämung), signalisieren, daß Sie in den kindlichen Zustand zurückfallen und man sie nicht allzu ernst nehmen sollte. Sie können das Versinken in die Hoffnungslosigkeit aufhalten. Als Erwachsener haben Sie die Macht, etwas gegen Ihre Einsamkeit zu tun. Sie können sie durch die Gefühle Warmherzigkeit, Großzügigkeit und Liebe, die ein Teil Ihres wirklichen Ichs sind, ersetzen.

Die größte Herausforderung stellt sich den Menschen, die sich ihr Selbstwertgefühl – das heißt, erwachsene Emotionen zum Ausdruck zu bringen – bewahren möchten, wenn doch alles in ihrem Leben dagegen spricht. In dieser Lektion lernen Sie, wie man in kritischen Situationen die automatische Selbstverunglimpfung durch eine positive Reaktion ersetzen kann. Die Lektion besteht aus drei Schritten:

1. *Innehalten*, wenn Sie Ihre E.-D.-Auslöser hören.
2. *Überprüfen* der positiven Dimension.
3. *Umgestalten* der Antwort zu einer von Würde getragenen Reaktion.

1. Schritt: Innehalten, wenn Sie Ihre E.-D.-Auslöser hören.

Zunächst möchte ich, daß Sie die Stichworte oder Phrasen herausfinden, die bei Ihnen auf E. D. hinweisen. Es wäre gut, wenn Sie alles aufschreiben. Das können Dinge sein, die andere gesagt haben, oder Ihre eigenen inneren Reaktionen. Sie werden merken, daß die Worte und Phrasen, die bei Ihnen eine kindliche Reaktion auslösen, immer mehr an Macht verlieren, je mehr Sie sich ihrer Wirkung bewußt sind. Dann werden Sie wissen, wann Sie sich auf den kindlichen Zustand zubewegen, und werden die erwachsenen Ersatzantworten finden können.

Mögliche Beispiele für negative Auslöser sind zum Beispiel die folgenden Sätze:

»Ich bin zu dick.«
»Ich kann nicht mithalten.«
»Ich bin ein Versager.«
»Ich mache aber auch alles falsch.«
»Es ist alles meine Schuld.«
»Niemand liebt mich.«
»Bei mir ist alles nur Fassade.«
»Wenn die Leute mein wahres Ich kennen würden ...«
»Ich bin zu schwach.«

Sie können weitere hinzufügen. Dies ist der innere Dialog, mit dem die Botschaft von Unzulänglichkeit sich tief in Ihre Psyche eingräbt. Je öfter Sie diese Botschaften vor sich hin sagen, desto mehr schwächen sie sich. Das ist die präkognitive Art eines Kindes, Unbehagen wahrzunehmen. Ungewollt verstärken Sie die Botschaften, indem Sie sie in eine erwachsene Ausdrucksweise kleiden. Aber wenn Sie sie als E. D. erkennen, können Sie das kognitive Gehirn einsetzen, um sich Ihre erwachsene Würde zu erhalten.

1. Suchen Sie jedes Ihrer E.-D.-Signale auf dem E.-D.-Index heraus. Zum Beispiel:
Egozentrik: »Es ist alles meine Schuld.«
Schwäche, Ohnmacht: »Ich mache aber auch alles falsch.«
Beschämung: »Wenn die Leute mein wahres Ich kennen würden …«
2. Schreiben Sie auf, wie die erwachsenen Ersatzantworten lauten würden. Zum Beispiel:

Es ist alles meine Schuld.« (Egozentrik)

»Im Moment fühle ich mich schlecht, weil mir etwas fehlt, was ich brauche. Das heißt aber noch lange nicht, daß ich schlecht bin.« (Einfühlungsvermögen)

»Ich mache aber auch alles falsch.« (Schwäche, Ohnmacht)

»Jeder macht mal einen Fehler, aber ich habe es in der Hand, das wieder auszubügeln. Ich kann andere um ihre Hilfe bitten.« (Stärke, Macht)

»Wenn die Leute mein wahres Ich kennen würden …« (Beschämung)

»Ich bin kein unwürdiger Mensch und verdiene es, geliebt zu werden.« (Selbstwertgefühl)

2. Schritt: Überprüfen der positiven Dimension.

Wie schon gesagt, ist es unmöglich, stärkende erwachsene Gefühle beizubehalten, wenn man es allein versucht. Aber da nicht immer eine Freundin zur Unterstützung bereitsteht, sollen Sie in diesem Teil der Lektion lernen, die unterstützenden Worte Ihrer Freundin zu hören, wann immer Sie einen negativen Auslöser spüren.

Sobald Sie Ihre E.-D.-Reaktionen aufgelistet haben, sollten Sie sich eine Situation ins Gedächtnis rufen, in der Sie diese Reaktion verspürten. So erinnern Sie sich vielleicht an das Gefühl der Zurückweisung, als ein Mann Sie nicht anrief, oder der Scham, als Sie zufällig mitbekamen, wie jemand über Ihre Gewichtszunahme sprach. Erinnern Sie sich an den inneren Dialog? Vielleicht dachten Sie: »Mich kann man nicht lieben« oder »Man findet mich widerlich«.

Jetzt möchte ich, daß Sie das Bild abwandeln. Tun Sie so, als beschriebe Ihnen eine liebe Freundin ebendiese Szene. Wählen Sie jemanden, den Sie gern haben und der in Ihren Augen ein guter, wertvoller Mensch ist. Fragen Sie sich, wie Sie darauf antworten würden, wenn diese Freundin ihre Gefühle von Erniedrigung beschriebe.

Höchstwahrscheinlich würden Sie etwas in die Richtung sagen: »Natürlich bist du enttäuscht. Er hat versprochen anzurufen und es nicht getan.« Oder: »Natürlich hast du dich unwohl gefühlt, als du jemand sagen hörtest, daß du dick bist.« Ich nenne dies die »Natürlich«-Antwort. Sie würden für eine Freundin, die mit einem solchen Problem konfrontiert ist, großes Verständnis haben, weil Sie wissen, daß die Freundin ein guter, wertvoller Mensch ist. Und diese Situation kann an Ihrer Einschätzung nichts ändern. Auf gar keinen Fall ist die Freundin dadurch ein schrecklicher Mensch geworden. Sie fühlen mit ihr.

Nun möchte ich Ihnen helfen, das gleiche Mitgefühl auch sich selbst entgegenzubringen. Wenn Sie eine Freundin nicht verurteilen würden, wie kommt es, daß Sie sich dann selbst als unwürdigen, verabscheuungswürdigen Menschen verurteilen?

Wählen Sie sich also eine existierende oder erfundene Person, der sie starke, liebende und unterstützende Eigenschaften zusprechen. Es könnte ein ehemaliger Lehrer sein, eine enge Freundin, ein Therapeut, Ihre Großmutter oder sogar jemand aus einem Buch oder Film. Tun Sie so, als beschrieben Sie dieser Person eine Enttäuschung, und hören Sie sich an, wie sie Ihnen eine mitfühlende »Natürlich«-Antwort gibt. Zum Beispiel:

»Natürlich bist du einsam, seit Fred weg ist.«
»Natürlich fühlt man sich schwach, wenn man krank ist.«
»Natürlich ist es schmerzlich mitanzuhören, wie jemand sagt, daß du dick bist.«

Diese »Natürlich«-Antworten geben Ihnen allmählich ein Gefühl der Würde zurück. Sie helfen Ihnen zu akzeptieren, daß schwierige Situationen Unbehagen hervorrufen – aber dieses Unbehagen stellt sich nicht ein, weil Sie wertlos sind. Es ist lediglich eine automatische Reaktion, die jeder hat. »Natürlich« bestätigt Ihre Gefühle und läßt Ihnen die Möglichkeit, anders zu reagieren.

Wenn es Ihnen schwerfällt, sich zu erinnern, wie sehr Sie geliebt werden, können Sie auch Ihr kognitives Gehirn einschalten, um positive Erinnerungen zu wecken. Blättern Sie Ihr Adreßbuch durch, schauen Sie die Namen an und erinnern Sie sich an die aufmunternden Dinge, die die Leute gesagt haben, wie zum Beispiel: »Ich rede so gern mit dir, wenn ich mich schlecht fühle, denn du sagst immer etwas, was mir hilft.« Oder: »Du bist ein guter Kumpel.« Oder: »Einen Abend mit dir zu verbringen, ist so anregend.«

Präkognitive Emotionen lassen einen vieles vergessen. Das Einschalten der Kognition hilft beim Erinnern.

3. Schritt: Umgestalten der Antwort zu einer würdevollen Reaktion.

Wenn Sie wie die meisten denken, ist Einsamkeit für Sie unvereinbar mit Würde. Sie denken nur an das, was in Ihrem Leben fehlt, und sagen: »Weil ich eine gute Beziehung brauche und keine habe, muß etwas bei mir nicht stimmen.«

Wie war das? Das Kind betrachtet unerfüllte Bedürfnisse als schlechte Bedürfnisse, und deshalb sieht es sich selbst als schlecht. Es glaubt, wenn seine Bedürfnisse gut wären, würden die allmächtigen Erwachsenen sie erfüllen. Ein Erwachsener mit E. D. denkt genauso.

Sie müssen, um Ihre Würde zu bewahren, Ihre Bedürfnisse vom erwachsenen Standpunkt aus sehen. In diesem Teil der Lektion sollen Sie eine »Bedürfnis-Collage« anfertigen. Finden Sie Bilder und Wörter, die die Dinge beschreiben, die Sie unbedingt in Ihrem Leben brauchen – eine befriedigende Arbeit, eine enge Beziehung, gute Freunde, Kinder, eine Chance, Ihre Stärken zu zeigen, und so weiter.

Jedes dieser Bedürfnisse spiegelt einen positiven Aspekt Ihrer Persönlichkeit wider. Wenn die Collage fertig ist, überlegen Sie, auf welche Weise jedes der Bedürfnisse gut ist. Stellen Sie sich zum Beispiel eine Freundin vor, die Ihnen sagt:

»Mit der eigenen Arbeit zufrieden zu sein, ist eine grundlegende Motivation des Menschen.«

»Jeder Erwachsene braucht Intimität. Dein Bedürfnis nach Intimität ist Ausdruck deines Erwachsenseins.«

Heben Sie die Collage so auf, daß Sie sie immer wieder sehen und daran erinnert werden, daß Ihre Bedürfnisse kein Zeichen von Schwäche, sondern eins von Stärke sind. Wenn Sie Ihre Bedürfnisse erkennen und bejahen, können Sie nach Wegen suchen, sie zu erfüllen.

Wenn Sie die Schwierigkeiten des Lebens als Ergebnis Ihrer eigenen Unzulänglichkeit sehen, sind alle Wege zu einer Veränderung verstellt. Nur wenn Sie in positiver, bejahender Weise auf Ihre erwachsenen Bedürfnisse reagieren, können Sie in der Erwachsenenwelt glücklich leben und alle Chancen, die sich Ihnen bieten, erkennen und ergreifen.

6 Können Sie Andersartigkeit akzeptieren?

– Haben Sie das Gefühl, daß die innige Nähe in Ihren Beziehungen schnell durch Meinungsverschiedenheiten gestört wird?
– Fühlen Sie sich nur wohl, wenn vollständige Übereinstimmung herrscht?
– Glauben Sie, daß Menschen in allem übereinstimmen müssen, um miteinander glücklich zu werden?

Die Menschen haben oft die irrige Vorstellung, daß Nähe mit Gleichheit zusammenhängt. Sie denken, wenn zwei Menschen zusammen sind, müßten sie automatisch an denselben Dingen Spaß haben, dieselben Reaktionen auf Familienereignisse zeigen, dieselben Freunde mögen, politisch gleich denken und so weiter. Diese Vorstellung basiert auf der unterbewußten Annahme: »Wenn du genauso bist wie ich, muß ich gut sein; wenn du anders bist, muß ich schlecht sein (oder du bist es).« Konflikte, die zwischen Menschen mit unterschiedlichen Stilen ganz normal sind, wachsen sich zu ernsthaften Beziehungsproblemen aus. Emotionale Dyslexie bringt die Menschen dazu, negative Urteile abzugeben, wenn sie nicht in der Lage sind, Andersartigkeit zu akzeptieren.
Das war das Problem bei Rachel und ihrem Mann Bob. Als Rachel zu mir kam, verkündete sie: »Bob bringt mich noch um den Verstand. Wir lieben uns und sind die meiste Zeit glücklich. Aber wir haben diese Streitereien um nichts und wieder nichts, und die regen mich auf. Bob ist ein richtiger Perfektionist. Ich bin ja nicht gerade eine Schlampe, aber bei Bob

kommt man sich vor wie beim Militär. Alles muß immer an seinem Platz sein. Meine Maxime ist, wenn etwas heute nicht fertig wird, wird es eben morgen fertiggemacht. Ich lasse ein nasses Handtuch nicht zusammengeknüllt auf dem Boden liegen, aber ich hänge es auch nicht in einem exakten Winkel auf.

Verstehen Sie«, fuhr sie weiter. »Ich möchte das hier nicht unnötig hochspielen. Es ist doch so, daß mir Bobs Ordnungsdrang gar nichts ausmachen würde, wenn er mir nicht dauernd damit kommen würde. Ich habe genug Streß im Büro, aber er ist ständig hinter mir her, und das macht mich fertig. Kürzlich habe ich zum Beispiel abends Eiskrem gegessen, als mir plötzlich einfiel, daß ich versprochen hatte, meine Freundin Lynn anzurufen. Ich stellte das Schälchen ins Spülbecken und erledigte den Anruf. Als ich zurückkam, waren das Schälchen und der Löffel abgewaschen, und Bob hatte eine Mordswut. Ich wollte nicht streiten, aber er reizte mich, indem er mir eine Standpauke hielt über meine schlampigen Gewohnheiten und warum ich mir nicht eine Minute Zeit nehmen könnte, um das Schälchen abzuwaschen … und so weiter und so fort. Ich ging in die Luft. Ich sagte: ›Findest du nicht, daß es wichtiger ist, eine Freundin anzurufen als einen Teller abzuwaschen?‹ Er sagte: ›Es wär' doch wirklich nicht zuviel verlangt … in fünf Sekunden hättest du ihn abgewaschen.‹ Er verstand überhaupt nicht, worum es mir ging, und mir war sein Standpunkt auch absolut schleierhaft. Es endete damit, daß ich ihn einen Fanatiker nannte und aus dem Zimmer stürmte. Der Abend war ruiniert. Selbst als ich am nächsten Tag versuchte, darüber zu sprechen, wie sehr er mir das Leben mit seinem zwanghaften Ordnungssinn schwermachte, blieb er stur. Für ihn gab es nur zwei Möglichkeiten, etwas zu tun: eine richtige und eine falsche. Basta. Ende der Diskussion. Entweder nach seiner Art oder gar nicht. Er sagte: ›Wenn dir wirklich etwas an mir läge, würdest du es tun.‹ Einerseits kann ich nicht fassen, daß wir uns über solche Kinkerlitzchen streiten. Andererseits fühle ich mich verletzt. Wenn Bob etwas bei mir mißbilligt, fühle ich mich sofort entsetzlich unsicher.«

Rachels Bericht von ihrer häuslichen Krise faszinierte mich, weil er ein gutes Beispiel dafür war, wie schwer es manchen Menschen fällt – besonders solchen, die einander als Partner gewählt haben –, die Unterschiede des anderen zu akzeptieren. Beide versuchten durch Rechthaberei ihr Gefühl der Unzulänglichkeit zu überspielen. Rachels Geschichte zeigte, wie gefährlich es sein kann, keine erwachsenen Fertigkeiten zu besitzen – wieviel Leid dann entsteht. Die Menschen sind eigentlich liebevoll, doch dann lösen ihre Unterschiede verrückte, zornige Reaktionen aus, und die Liebe verschwindet. Rachel regte sich weniger darüber auf, daß Bob immer wieder auf den dreckigen Teller zurückkam, als über das, was sie für die Zukunft voraussah. Ich hatte es schon tausendmal erlebt. Ich wußte, was sie dachte. »Wenn er schon bei Kleinigkeiten so ist, wie wird es erst dann, wenn wir eine richtige Krise haben?« Bob dachte wahrscheinlich das gleiche über Rachel.

Aber in Wirklichkeit waren Rachel und Bob nur zwei Menschen mit verschiedenen Lebensstilen, und keiner war besser als der andere. Ordnung und Sauberkeit sind für Bob sehr wichtig; in diesen Bereichen ist er ein Perfektionist. Dieselben Punkte bedeuten Rachel weitaus weniger; eine Freundin anzurufen hat größere Priorität als der Abwasch. Insgesamt haben sie eine gute, starke Beziehung, aber ihre unterschiedlichen Stile erzeugen eine Menge unnötiger Spannungen.

Ich sagte zu Rachel: »Sie finden, es ist dumm, sich zu ärgern und zurückgewiesen zu fühlen, nur weil Bob kritisiert hat, daß Sie einen Teller im Spülbecken haben stehen lassen; und Sie finden auch, daß Bob dumm ist, weil er so ein Aufhebens darum macht. Aber schauen wir das Ganze mal genauer an. Haben Sie mal darüber nachgedacht, warum Sie so reagieren?«

Sie überlegte einen Augenblick lang. »Ich denke, weil ich es so wunderbar finde, wenn wir uns nah sind. Ich bin so gerne mit Bob zusammen, und die meiste Zeit macht er mich sehr glücklich. Ich liebe Bob, und ich weiß, er liebt mich. Aber wenn er mich anbrüllt, weil ich einen Teller nicht abgewaschen oder das Bett nicht korrekt gemacht habe, sehe ich rot. Er bauscht alles so auf. Ich beginne mich dann zu fragen, ob wir überhaupt zusammenpassen. Wie sollen wir zusammenleben, wenn er mich nicht so akzeptieren kann, wie ich bin?«

»Haben Sie sich jemals gefragt, warum Bob auf Ordnung besteht?« fragte ich.

Sie zuckte die Achseln. »So ist er halt.«

»Überlegen Sie mal, Rachel«, sagte ich. »Es wäre ihm nicht so wichtig, wenn es nicht etwas Positives brächte. Ich glaube, als erstes müssen Sie herausfinden, warum es ihm so am Herzen liegt. Perfektionisten drücken damit ihr Wesen aus. Das Verhalten bedeutet Bob etwas. Er ist nicht darauf aus, Ihnen absichtlich weh zu tun. Er will nur, daß ein bestimmtes Bedürfnis erfüllt wird. Wenn Sie mehr darüber herausfinden, was er fühlt, sind Sie auf der richtigen Spur. Bringen Sie ihn dazu, Ihnen zu erzählen, was er empfindet, wenn im Haus Unordnung herrscht.«

Zwei Wochen später trafen wir uns wieder, und Rachel beschrieb ihre Unterhaltung mit Bob. »Ich fragte ihn rundheraus: ›Was empfindest du, wenn du von der Arbeit nach Hause kommst und das Haus unaufgeräumt ist?‹ Er starrte mich an, als sei ich verrückt geworden. Und er war entsetzlich mißtrauisch. Dies war inzwischen ein solches Reizthema für uns, daß er wohl dachte, das sei nur die Einleitung für einen neuen Krach. Ich überzeugte ihn, daß ich es ernst meinte, und er fing tatsächlich an, darüber zu reden. Er erzählte mir Sachen, die mir völlig neu waren.«

»Was denn zum Beispiel?« fragte ich.

»Er sagte, eine ordentliche Umgebung habe eine beruhigende Wirkung auf ihn. Er beschrieb es als körperliches Wohlbefinden. Unordnung bedeute für ihn Chaos. Beruflich habe er sehr viel Streß, und deshalb liebe er es, in ein ordentliches Zuhause zurückzukehren. Er sagte, er sei überrascht, daß ich nicht selbst darauf gekommen sei, denn seine Mutter sei doch eine wilde Hamsterin. Ihr Haus war immer bis an den Rand gefüllt mit Sachen, die sie von Flohmärkten heimbrachte.

Als Bob und ich uns darüber unterhielten, wie unwohl er sich als Junge fühlte, verstand ich zum ersten Mal, warum er immer und überall so ordentlich ist. Ganz offensichtlich hat er Angst, die Dinge könnten außer Kontrolle geraten und er müßte wieder in einer solchen Unordnung leben.« Rachel lächelte mich erleichtert an. »Es war ein gutes Gespräch, Helen. Ich glaube, er hat auch begriffen, daß ich ihm kein Messer in den Rücken ramme, wenn ich mal einen Teller nicht gleich abwasche.« Sie lachte. »Mit anderen Worten, ich tue es nicht absichtlich, um ihm weh zu tun. Ich erklärte ihm, daß ich dieselbe beruhigende Wirkung verspüre, wenn ich einen Anruf erwidere – in gewisser Weise mache ich in meinen Beziehungen Ordnung.«

Rachel und Bob entdeckten, daß sie beide das Bedürfnis nach Ruhe hatten. Sie erreichten das nur auf verschiedene Weise. Doch was konnten sie aus dieser Erkenntnis machen? Zur Lösung des Problems ist es nicht genug zu wissen, daß man verschiedene Bedürfnisse hat. Aber ich habe die Erfahrung gemacht, daß Menschen, die insgesamt mitfühlend sind, versuchen, ihr Verhalten zu ändern, wenn sie merken, daß ihre Handlungsweise auf andere eine negative Wirkung hat. Denn sie sind in der Lage, die positive Absicht des anderen zu erkennen. Genauso war es bei Rachel und Bob.

Als sie erst einmal gelernt hatten, ihren unterschiedlichen Stil anzuerkennen, ohne dies jeweils als richtig oder falsch einzustufen, öffneten sich ihnen neue Wege. Rachel konnte beschließen, als liebevolle Geste das Haus aufzuräumen – vergleichbar mit dem Mitbringen von Blumen –, weil sie wußte, daß es auf Bob eine beruhigende Wirkung hatte und ihn in gute Laune versetzte. Bob konnte seinerseits gemütlich am Eßtisch sitzen bleiben und sich unterhalten, weil er wußte, daß der Abwasch erledigt werden und die Unordnung nicht außer Kontrolle geraten würde. Diese erwachsenen Reaktionen unterbrachen die Kette ihrer automatischen E.-D.-Reaktionen – nämlich, sich gegenseitig zu beschuldigen oder sich unzulänglich zu fühlen, weil die andere Person andersartig war.

Das starre, verurteilende Kind

Andersartigkeit verursacht bei Menschen mit emotionaler Dyslexie großes Unbehagen. Oft lassen sie sich dann zu negativen Urteilen hinreißen. Die Stimme eines Kindes sagt: »Wenn du und ich nicht gleich sind, muß einer von uns besser und der andere schlechter sein.« Und deshalb wählen sie. Gewöhnlich ist die andere Person die schlechte.

Ein Kind lebt in einer kleinen, beschränkten Welt mit wenig Einflußnahme von außen. Das Unbekannte jagt ihm Angst ein. Ein Kind bricht zum Beispiel in Tränen aus oder starrt voller Schrecken eine Nonne im traditionellen Habit an, wenn es noch nie eine gesehen hat. Es versteckt sich hinter dem Rock seiner Mutter, wenn es eine behinderte Frau im Supermarkt sieht, und schaut sie aus sicherer Entfernung an. Das

Kind hat nicht die kognitiven Fähigkeiten zu wissen, daß etwas Unbekanntes nicht notwendigerweise etwas Bedrohliches ist.

Kinder werden in ihrer starren Haltung noch bestärkt durch Erwachsene mit emotionaler Dyslexie, die auch Angst vor Andersartigkeit haben. Wenn einem Kind beigebracht wird, daß jemand aufgrund seiner Rasse oder Religion eine Bedrohung darstellt oder daß eine bestimmte politische Richtung rechtschaffener ist als andere, sind das für das Kind unumstößliche Wahrheiten. Als Erwachsener hält es an diesen Überzeugungen fest, falls es nie gelernt hat, sich eine eigene Meinung über seine Umwelt zu bilden. Die meisten Erwachsenen empfinden ein tiefes Mißtrauen gegenüber denen, die nicht der vorgeschriebenen Norm entsprechen – sei es in bezug auf Rasse, Religion oder äußere Merkmale. In gewisser Weise versuchen die Menschen, ihr eigenes Gefühl der Beschämung zu überdecken, indem sie es auf andere schieben.

Wenn Sie wie die meisten sind, geben Sie jeden Tag automatische Werturteile ab, die nur darauf basieren, daß die Menschen, die Sie auf der Straße sehen, anders sind als Sie. Ein Mann im Rollstuhl ist hilflos oder krank. Eine übergewichtige Frau ist eine Schlampe. Falls Sie über erwachsene Fertigkeiten verfügen, achten Sie nicht auf Ihre erste, instinktive Reaktion und verfolgen den Gedanken nicht weiter. Ihre erste, mitleidsvolle Reaktion auf den Rollstuhlfahrer könnte zum Beispiel durch Interesse an seiner Situation ersetzt werden oder durch Respekt für seine Manövrierfähigkeiten unter diesen schwierigen Bedingungen. Wenn Sie jedoch nicht gelernt haben, daß Andersartigkeit zum Leben gehört und eine Erweiterung des Horizonts ermöglicht, werden solche Begegnungen nur Ihr Unbehagen und Ihre starre Meinung vertiefen.

Die Art, wie manche auf Homosexuelle reagieren, ist ein gutes Beispiel. Mit dem Aufkommen der Schwulenbewegung und der wachsenden Bedrohung durch Aids, hat sich die Homophobie weiter verbreitet. Viele Menschen überkommt bei der Konfrontation mit Homosexuellen sofort eine ganze Reihe von Reaktionen und Ängsten:

»Diese Person ist verabscheuungswürdig.«
»Wie kann sie nur so sein?«
»Es ist etwas Unrechtes.«
»Er ist gefährlich.«
»Er gehört nicht hierher.«
»Haltet ihn von den Kindern fern.«

Und so weiter. Diese Reaktionen reflektieren den kindlichen Zustand der Angst. Die Menschen fühlen sich von Homosexuellen bedroht und verteidigen sich, indem sie sagen: »Homosexualität ist nicht normal.« Die Vorstellung, daß nur die »Norm« (oder das Verhalten der Mehrheit) akzeptiert werden kann, entspringt jedoch der Starrheit, und diese wiederum basiert auf Angst.

Es gibt keine Unfehlbarkeit. Erwachsene wissen, daß sich das Leben nicht in Schwarz und Weiß einteilen läßt und daß Normen menschengemachte Konstrukte sind, die nicht von sich aus richtig oder falsch sind. Minderheiten sind nicht weniger menschlich und ihre Bedürfnisse nicht weniger gerechtfertigt, nur weil ihre Anzahl geringer ist. Und auch innerhalb einer Norm gibt es einen großen Spielraum. Während es sicherer scheinen mag, andere wegen ihres Standes, Aussehens, ihrer Rasse, Religion, Gesundheit oder anderer Kriterien zu verurteilen, wird unsere Welt dadurch in Wirklichkeit nicht sicherer, sondern gefährlicher. Es treibt einen Keil zwischen die Menschen und macht eine Konfrontation wahrscheinlicher.

Wir wollen den E.-D.-Index heranziehen und schauen, wie sich eine Begegnung mit Andersartigkeit für einen Erwachsenen mit emotionaler Dyslexie anfühlt:

Abhängigkeit: »Wie kannst du mich denn anerkennen, wenn wir verschieden sind?«

Verzerrung: »Wie kann ich wissen, ob du *meinen* Bedürfnissen nachkommst, wenn du *andere* Bedürfnisse hast?«

Angst: »Wenn nicht festgelegt ist, was richtig ist, gerät alles außer Kontrolle.«

Der echte Erwachsene kann Andersartigkeit sachlich und nüchtern betrachten. Wieder wollen wir uns am E.-D.-Index ansehen, wie die Antworten lauten:

gegenseitige Abhängigkeit: »Ich brauche deine Anerkennung nicht, um akzeptiert zu werden. Am meisten würde es mich freuen, wenn du mich so akzeptierst, wie ich bin.«

Bewußtsein: »Ich werde schon Wege finden, daß meine Bedürfnisse befriedigt werden; ich respektiere deine Bedürfnisse genauso.«

Selbstvertrauen: »Das Leben ist voll von Mehrdeutigkeit. Manchmal ist das unbequem, aber es ist nicht gefährlich.«

Mann gegen Frau

Die schwierigsten Auseinandersetzungen, die ich in meiner Praxis erlebe, finden zwischen Männern und Frauen statt, die einfach nicht verstehen, daß unterschiedliche Physiologien und Konditionierungen zu den Unterschieden zwischen den Geschlechtern beitragen.

Die meisten Frauen, die mit Beziehungsproblemen zu mir kommen, beschreiben die Männer in ihrem Leben mit den uralten Stereotypen: kühl, Angst vor fester Bindung, kritisch, zurechtweisend, diktatorisch und so weiter. Sie können nicht verstehen, warum Männer sich so verhalten – vor allem, wie ein Mann erst einfühlsam, liebevoll und leidenschaftlich sein kann und im nächsten Augenblick dickköpfig, kühl und distanziert.

Meine männlichen Patienten haben eine andere Sammlung uralter Stereotype, die sie auf die Frauen in ihrem Leben anwenden. Sie halten sie für flatterhaft, sprunghaft, weinerlich und zu anspruchsvoll. Ihr häufigster Appell lautet: »Was erwartet sie denn von mir?«

Ein typisches Beispiel für männliches/weibliches Verhalten sahen wir bei Rachel und Bob. Wenn Bob sich unwohl fühlte, wurde er kritisch, zurechtweisend und diktatorisch. Ihm fehlte die Fähigkeit, Rachel seine Gefühle verständlich zu machen, warum ein unordentliches Haus ihn aufregte. Rachel empfand Bobs Kritik als Demütigung und war verletzt. Sie fühlte sich angegriffen und sah Bobs Kritik, weil sie ihn so sehr liebte, gegen ihre Person gerichtet und nicht gegen die Unordnung, die sie verursacht hatte. Dies war der klassische Fall eines Mannes und einer Frau, die von emotionaler Dyslexie beherrscht werden; keiner von beiden konnte die Andersartigkeit des anderen respektieren. Sie suchten eine Lösung in der Auseinandersetzung – genau das Falsche. Ich habe viele Paare wie Rachel und Bob kennengelernt, deren Leben aus einem Wust von verletzten Gefühlen und Mißverständnissen besteht. Sie leben emotional gesehen wie Fremde nebeneinander, keiner sieht den Standpunkt des anderen, jeder fühlt sich unaufhörlich im Tiefsten getroffen durch die Handlungen des anderen.

Hier sind einige einfache Beispiele, wie unterschiedlich Männer und Frauen auf die gleiche Situation reagieren können. Beachten Sie, in welcher Weise ihre Reaktionen nur verschiedene Varianten von E. D. sind.

Situation	Auswirkung	Reaktion des anderen
Er amüsiert sich gut bei einer Verabredung.	Er zieht sich in sich zurück, um nicht bedürftig oder unmaskulin zu wirken.	Sie denkt, ihm liegt in Wirklichkeit nichts an ihr, und er habe nur mit ihr gespielt.
Sie amüsiert sich gut bei einer Verabredung.	Sie gibt sich schon Träumen über die Zukunft hin. Sie wartet auf seinen Anruf oder erfindet Gründe, um ihn anzurufen.	Er findet sie zu bedürftig oder aufdringlich.
Er möchte helfen.	Er sagt ihr, was sie tun muß, um ihr Problem zu lösen.	Sie fühlt sich nicht getröstet. Sie wollte Mitgefühl und keine Anweisungen.
Sie möchte helfen.	Sie zeigt Wärme und Mitgefühl.	Er fühlt sich wie ein Säugling behandelt, und es ist ihm peinlich.
Er ist angespannt.	Er fährt zu schnell und beschimpft die anderen Autofahrer.	Sie findet, er ist feindselig, und glaubt, daß es vielleicht gegen sie gerichtet ist.
Sie ist angespannt.	Sie weint.	Er wird gereizt und empfindet es als Last.
Er hat einen anstrengenden Arbeitstag hinter sich.	Er kommt nach Hause und stellt den Fernseher an, um abzuschalten. Er möchte sich nicht unterhalten.	Sie fühlt sich zurückgewiesen.
Sie hat einen anstrengenden Arbeitstag hinter sich.	Sie kommt nach Hause und möchte darüber sprechen, was passiert ist und wie sie sich fühlt.	Er kommt damit nicht zurecht und weiß nicht, wie er ihr helfen soll.

Situation	Auswirkung	Reaktion des anderen
Er ist beunruhigt über die schlechten Zensuren ihres Kindes.	Er sagt dem Kind, daß es sich dahinterklemmen und mehr anstrengen muß.	Sie möchte, daß das Kind untersucht und eingestuft wird. Sie gibt den inkompetenten Lehrern und dem miserablen Schulsystem die Schuld. Sie findet, daß er zu streng mit dem Kind ist.
Sie ist beunruhigt über die schlechten Zensuren ihres Kindes.	Sie nimmt das Kind in den Arm und bietet ihm an, bei den Hausaufgaben zu helfen.	Er findet, daß sie das Kind verhätschelt und überreagiert.

Männer wie Frauen haben mir erzählt, daß sie es für unmöglich halten, sich gegenseitig zu verstehen. Aber was sie als unterschiedliche Bedürfnisse ansehen, sind ganz einfach unterschiedliche Weisen, die gleichen Bedürfnisse auszudrücken – und oft verschiedene Arten einer kindlichen Reaktion. Eine Frau, die zum Beispiel glaubt, daß ihr Mann sie ignoriert, bricht möglicherweise in Tränen aus, während er auf dasselbe Gefühl der Unsicherheit reagiert, indem er nichts mehr sagt und sich zurückzieht.

Im Laufe der Jahre habe ich oft mit Paaren gearbeitet, deren konträre Reaktionen auf Krisen die Situation verschlimmerten. Eine Frau rief verzweifelt aus: »Ich komme mir vor, als wären wir von verschiedenen Planeten!« Als ich ihnen zeigte, warum ihre unterschiedlichen Reaktionen Versuche waren, dieselben positiven Ziele zu erreichen, war es ihnen möglich, ihre kindlichen Reaktionen, wie »Dir ist doch alles egal« oder »Du verstehst überhaupt nicht«, zu unterbinden.

Holly und Barry sind ein typischer Fall. Als Holly bei einem Besuch bei ihrem neuen Arzt erfuhr, daß sie eine Wucherung an den Eierstöcken hatte, war sie zu Recht bestürzt, vor allem da sie regelmäßig zu Routineuntersuchungen gegangen war und ihr alter Arzt die Wucherung nicht entdeckt hatte. Als sie zu Hause Barry davon erzählte, bekam er eine Riesenwut auf den bisherigen Arzt und hört nicht auf, über dessen Inkompetenz zu schimpfen. Holly war tief betroffen, daß Barry nicht versuchte, sie zu trösten. Hatte das mit dem Arzt nicht noch Zeit? Aber Barry, auf Verteidigung konditioniert, hatte nur den Wunsch, seine Frau vor einem schlechten Arzt zu beschützen.

Als Holly unter Tränen von Barrys Reaktion erzählte, sagte sie, sie habe das Gefühl gehabt, daß das mögliche Berufsvergehen des Arztes ihm wichtiger war als ihre Gefühle. Ich bot ihr eine andere Erklärung an. »Vielleicht half Barry auf die einzige Weise, die er kennt – indem er Sie zu beschützen versuchte«, sagte ich. »Es ist ein natürlicher Instinkt des Mannes, die Seinen zu beschützen. Seine Wut auf den Arzt geschah zu Ihrer Verteidigung. Es war das, was er in dem Moment tun konnte. Also hat er es getan. Sie brauchten eine andere Art von Hilfe. Manchmal müssen Sie einem Mann mitteilen, was Sie wollen. Sagen Sie beim nächsten Mal: ›Das ist mir ziemlich an die Nieren gegangen, und ich möchte, daß du mich in den Arm nimmst.‹«

Ein anderes Paar, Laurie und Sam, erlebte Ähnliches, als es erfuhr, daß der Sohn, ein Student, seine Freundin geschwängert hatte. Sam tobte vor Wut, und Laurie weinte leise vor sich hin.

Sie erzählte mir, daß sie ihren normalerweise so sanftmütigen Mann nicht wiedererkannte. »Er war so zornig«, sagte sie. »Das bricht von Zeit zu Zeit bei ihm durch, und es jagt mir Angst ein.«

»Männer kennen das nicht, sich einmal auszuweinen«, erklärte ich. »Durch das Weinen konnten Sie einiges von dem Streß in sich lösen. Aber Männer verarbeiten Streß nicht durch Weinen. Sie werden meistens wütend. Wenn wir Männern sagen, es sei falsch, bei Streß wütend zu werden, ist es so, als würden sie uns sagen, wir sollten nicht weinen.« Ich legte Laurie nahe, sich nicht vor Sams Wut zu fürchten (sie ging ja nie über einen kurzen Brüllanfall hinaus), sondern zu akzeptieren, auf welche Weise er seiner Frustration Ausdruck verlieh.

Ich fragte Laurie: »Würden Sie wirklich wollen, daß Sam genauso reagiert wie Sie, wenn Sie etwas aufregt? Wollen Sie, daß er in Tränen ausbricht?«

Sie mußte lachen bei dieser Vorstellung und zugeben, nein, das würde gar nicht zu ihm passen. Sie erkannte auch, daß seine Art, Frustration zu zeigen, gesund war und niemandem schadete.

Männer und Frauen können lernen, die beiderseitigen, andersartigen Reaktionen auf Schmerz zu sehen, ohne sie zu verurteilen. Sie können die dahinterstehende positive Botschaft lesen – »Er versucht nur zu helfen«; »Sie ist frustriert und muß sich abreagieren« –, ohne sich bedroht zu fühlen. Sie müssen die Unterschiedlichkeit der Geschlechter als etwas schätzenlernen, das eine Beziehung reicher und befriedigender macht.

Prinz oder Frosch?

Es ist verständlich, daß Männer und Frauen es mit ihren unterschiedlichen Philosophien im Zusammenleben nicht immer leicht haben. In den Regalen stapeln sich die Bücher über die Psychologie von Beziehungen – Bücher, die versuchen, die verborgenen (oft destruktiven) Impulse zu erklären, die für das rätselhafte Verhalten verantwortlich sind. Das Problem ist, daß viele dieser Bücher (oft von Frauen geschrieben) nur Ärger und Frustration wachsen lassen, weil sie die Männer als unreif, feindlich gesinnt, psychisch gestört oder schwach und unwürdig darstellen.

In diesen Büchern soll mit dem Mythos Schluß gemacht werden, daß die Männer allmächtig sind und die Frauen ihre Macht nur über eine Beziehung zu ihnen empfangen. Dabei entwerfen sie aber gerne Szenarien, die nichts von der Mehrdeutigkeit des wahren Erwachsenenlebens enthalten. Frauen, die sich mit schwachen, diktatorischen oder brutalen Männern abgeben, werden als »ko-abhängig« bezeichnet, womit wieder einmal ein pathologisches Modell benutzt wird, um das Fehlen von Fertigkeiten zu erklären. Frauen werden dazu ermutigt, sich von ihrer Ko-Abhängigkeit zu »heilen«, indem sie viele der Eigenschaften aufgeben, die sie einzigartig machen. So erhält eine warmherzige Frau das Etikett ko-abhängig, wenn sie hilft und für jeden da ist. Damit wird erreicht, daß viele Frauen verwirrt sind. Sie wissen nicht, wie sie ihre Liebe zum Ausdruck bringen und trotzdem stark bleiben können.

Wenn wir den Schwerpunkt vom Pathologischen auf emotionales Lernen verschieben, wird Männern und Frauen effektiver geholfen. Pathologische Erklärungen verfestigen nur das Gefühl der Übervorteilung, unter dem viele leiden.

Vor nicht langer Zeit arbeitete ich mit einer Frau zusammen, die sich selbst als ko-abhängig beschrieb. Fünfzehn Jahre zuvor war Harriet mit einem Alkoholiker verheiratet gewesen und einer Selbsthilfegruppe beigetreten, die ihr dabei helfen sollte, ihn zu verlassen. In der Gruppe wurde ihr gesagt, daß sie seine Sucht unterstützt hätte – daher das Etikett ko-abhängig. Ihr war auch gesagt worden, sie sei ko-abhängig, mit anderen Worten, »süchtig« nach Beziehungen mit den falschen Männern.

Als sie endlich zu mir kam, war Harriet schon in unzähligen Selbsthilfegruppen gewesen, die sich alle auf ihre sogenannte ko-abhängige Persönlichkeit konzentriert hatten. Diese wurde für alles als Entschuldigung herangezogen, was Harriet im Leben nicht erreicht hatte, und sie selbst sah in ihr den Grund für das Scheitern ihrer Beziehungen. Ich erkannte sofort, daß Harriet als Folge dieser pathologischen Erklärung inzwischen nicht mehr den Mut hatte, sie selbst zu sein. Ständig stellte sie ihre Instinkte in Frage; jedesmal, wenn sie Liebe verspürte, war sie sich nicht sicher, ob es wirklich Liebe war oder nur das alte »gefällige« Verhalten einer ko-abhängigen Person. Sie konnte im Grunde ihr Leben nicht auf die Reihe bekommen, ehe sie nicht gelernt hatte, zwischen Liebe oder dem Vergnügen, etwas für andere zu tun, und ihrer Ko-Abhängigkeit zu unterscheiden.

Als sie zu mir kam, war Harriet nervös und angespannt, weil sie gerade einen Mann kennengelernt hatte und fürchtete, wieder in ihre alten Muster zu verfallen. Sie wollte sich von ihrer warmherzigen, großzügigen Seite zeigen, aber sie wollte auch ihre Stärke ausdrücken. Sie fragte mich: »Wie erkenne ich den Unterschied?«

Ich wollte Harriet von der pathologischen Denkweise, die mit dem Wort ko-abhängig verbunden ist, befreien. Sie fühlte sich dadurch schwach und unheilbar. Statt dessen erklärte ich ihr die emotionale Dyslexie und begann, ihr Denken in neue Bahnen zu lenken.

Um ihr die Sorge wegen ihres Verhaltens zu nehmen, gab ich ihr den einfachen, in Lektion zwei beschriebenen Test: »Wenn Sie sich fragen, ob Ihr liebendes Verhalten aus Stärke oder Schwäche rührt, müssen Sie sich fragen: ›Tue ich dies aus Selbstvertrauen oder aus Angst?‹« Ein Teil unseres Gespräches drehte sich um Harriets Ehe; ihr wurde klar, daß ihr Verhalten oft von Angst motiviert war. »Wenn ich mich um Eddie kümmerte und sein Verhalten entschuldigte und ihn mit Samthandschuhen anfaßte, versuchte ich in Wirklichkeit, einen Wutanfall zu verhindern. Ich denke, ich handelte aus Angst, verwechselte das aber mit Liebe.«

Heutzutage stehen Männer und Frauen vor einem Überangebot an populären, pathologischen Psychologien, die das gesamte Verhalten in Funktionsstörungen unterteilen. Das Ergebnis ist, daß sich die Geschlechter feindseliger gegenüberstehen als je zuvor. Es gibt wenig Gelegenheit, Gemeinsamkeiten herauszuarbeiten oder auch nur, sich klarzumachen, daß Unterschiede etwas Gutes und Normales sind.

Ich will damit nicht sagen, daß jeder Gegensatz toleriert werden muß. Sie müssen die Situation abschätzen und entscheiden, ob die Unterschiede zwischen Ihnen durch die Qualität der Ehe insgesamt ausgeglichen werden. Manchmal ist der Hauptunterschied – sei es ein Grundwert oder der Lebensstil – einfach zu gewaltig.

Die meisten Männer und Frauen wollen meiner Erfahrung nach, daß ihre Beziehungen funktionieren, und sind bereit, die dafür nötigen Veränderungen auf sich zu nehmen. Aber oft fehlen ihnen erwachsene Fertigkeiten, um erkennen zu können, ob die Gegensätze nicht zu groß sind. Susan steckte in diesem Dilemma. Nachdem sie sich jahrelang immer wieder mit untreuen Männern eingelassen hatte, war sie hingerissen von ihrem neuen Bekannten Alan, der ihr wirklich zugetan schien. Sie war sehr aufgeregt, als er sie nach wenigen Monaten bat, zu ihm zu ziehen. Dies fühlte sich für sie wie »wahre Liebe« an. Sie versuchte, darüber hinwegzusehen, daß Alan immer gleich ein wertendes Urteil abgab, mit ihren Freunden und ihrem musikalischen Talent nicht zurechtkam und sich unwohl fühlte, wenn Sie ihn in Gegenwart anderer küßte oder umarmte. Susan dämpfte ihre Überschwenglichkeit, weil sie Alan nicht abschrecken wollte, aber tief im Innern fühlte sie sich nicht wohl dabei.

Als ich mit Susan arbeitete, sprach sie davon, daß es eine alte

Familientradition sei, Gefühle zu verbergen. In ihrer Kindheit lautete die ungeschriebene Regel: »Ich liebe dich, aber
nur, wenn du nicht an den Dingen rührst.« Susan hielt sich bei
Alan an diesen familiären Pakt. Im Austausch gegen seine
»Liebe« verstellte sie sich und gab im Grunde vor, anders zu
sein als in Wirklichkeit. Bei unserer Arbeit konzentrierte ich
mich auf Susans gute Absichten. Ich fragte sie, wie es am Anfang mit Alan war.

»Er war toll«, erinnerte sie sich. »Witzig, klug, süß. Er schien
mich wirklich zu mögen und gab mir das Gefühl, jemand Be-
sonderes zu sein.«

»Und wie ist er jetzt?«

»Nun, er interessiert sich weitaus weniger für meine Musik,
die ihn am Anfang noch sehr anzuziehen schien. Er findet
mich ein bißchen aggressiv. Wir sind viel unterschiedlicher,
als ich dachte.«

»Macht Ihnen das etwas aus?« fragte ich.

»Manchmal«, gab sie zu. »Aber ich kenne Alan. Ich weiß, wie
süß er sein kann. Ich glaube, irgendwann entspannt er sich,
und dann ist alles wieder okay.«

Als ich Susan so hörte, fragte ich mich, ob hier die Gegensätze
zu groß sein könnten, aber ich konnte verstehen, daß sie es
wenigstens versuchen wollte. Ihre Erinnerung an die frühen
Tage ihrer Beziehung war so stark, daß sie diese zurückholen
wollte. Nun stellte sie sich selbst in Frage statt Alans Kritik.
Ich sah, daß sie daran erinnert werden mußte, wie andere, die
sie mochten, sich ihr gegenüber verhielten. Ich ließ sie von ihren Beziehungen zu engen Freunden erzählen, die ihre Persönlichkeit und ihre Talente mochten.

»Was würden Ihre Freunde sagen, wenn Sie mit dem Musi-
zieren aufhören oder sie nicht mehr wie gewohnt umarmen
würden?« fragte ich sie.

Susan fand die bloße Vorstellung lächerlich. »Sie würden annehmen, daß etwas nicht stimmt«, sagte sie. »Sie fänden es gräßlich. Gerade diese Aspekte meiner Persönlichkeit mögen sie ja an mir.«

»Genau«, antwortete ich. »Wenn jemand sich vor dem Ausdruck Ihrer eigenen Persönlichkeit fürchtet, kann er daran wahrscheinlich nichts mehr ändern. Die Sicherheit, die Sie in einer erwachsenen Beziehung empfinden, sollte genau wie die Sicherheit sein, die Sie bei Ihren Freunden empfinden. Das sollte Ihre Richtschnur sein. Können Sie sich vorstellen, daß Alan so auf Sie reagiert wie Ihre Freunde?«

Susan kam selbst zu dem Schluß, daß sie und Alan sich trennen sollten. Weil sie sich erwachsene Fertigkeiten aneignete, war es ihr möglich, weder Alan noch sich selbst die Schuld zu geben. »Jeder von uns beiden wollte etwas anderes«, sagte sie. »Niemand ist schuld.«

Ein neues Gleichgewicht der Mächte

Wenn Sie andere wegen ihrer Andersartigkeit verurteilen, rauben Sie ihnen ihre Würde und vermindern dadurch Ihre eigene Stärke. Andere zu »be-schämen« verstärkt nur Ihre Angst, selbst beschämt zu werden. Als echter Erwachsener gehen Sie eine Beziehung mit dem Gefühl des Selbstwertes ein. Die andere Person braucht es Ihnen nicht erst zu vermitteln. Sie müssen nicht ständig davor Angst haben, daß der andere aufhört, Sie zu lieben. Zwei Menschen mit unterschiedlichen Stilen, die aber durch Liebe und Respekt vereint sind, können sich eine Umgebung schaffen, in der beide Erfüllung finden. Konflikte brauchen sie nicht in kindliche Verhaltensmuster zu treiben. Ihr Leben muß kein dauerndes Auf und Ab sein, sondern kann geprägt sein von Ausgeglichenheit und Sicherheit.

Lektion vier

Akzeptieren Sie Andersartigkeit, ohne zu verurteilen

Andersartigkeit zu akzeptieren muß nicht heißen, daß man völlig unkritisch bleibt. Sie können unterscheiden und sich heraussuchen, womit Sie zurechtkommen und womit nicht. Aber wenn Sie negative, aus Abhängigkeit, Verzerrung oder Angst entstandene Urteile fällen, nehmen Sie den anderen Menschen ihre Würde.

Verurteilende Wertungen werden immer von Kindern vorgenommen:

1. Im kindlichen Zustand der *Abhängigkeit* brauchen Sie eine Bestätigung Ihrer selbst. Wenn jemand anders ist, löst es bei Ihnen Scham aus: »Ich muß unzulänglich sein.«

2. Im kindlichen Zustand der *Verzerrung* löst Andersartigkeit eine egozentrische Reaktion aus: »Dein Verhalten sagt etwas über mich aus. Alles, was du tust, sagt etwas über mich aus.«

3. Im kindlichen Zustand der *Angst* wirkt Andersartigkeit bedrohlich. Das Kind glaubt, daß es nur sicher sein kann, wenn es mit Starrheit reagiert: »Meine Art ist die einzig richtige.«

Sobald Sie erkannt haben, daß Negativurteile immer die kindliche Sichtweise repräsentieren, können Sie lernen, wie man sie durch echte erwachsene Reaktionen ersetzt. Hier sind die drei Schritte dieser Lektion:

1. *Innehalten*, wenn Sie ein E.-D.-Urteil hören.
2. *Überprüfen* der positiven, erwachsenen Ersatzreaktion.
3. *Umgestalten* und Finden einer passenden Reaktion.

1. Schritt: Innehalten, wenn Sie ein E.-D.-Urteil hören.

Notieren Sie sich eine Woche lang alle Gelegenheiten, bei denen Sie einen Menschen negativ beurteilen. Das kann eine instinktive Reaktion bei jemandem sein, den Sie auf der Straße sehen, oder eine zornige Reaktion bei einem geliebten Menschen, ein Urteil über einen Politiker oder sogar eine Reaktion auf eine Figur in einem Film. Setzen Sie das kognitive Gehirn ein und beobachten Sie sich selbst. Schreiben Sie Ihre Urteile auf.

»Sie hat ja wirklich keine Selbstdisziplin.«
»Er ist wie ein kleines Kind. Warum kann er mir nicht mehr Unterstützung geben?«
»Der Präsident hat versprochen, unsere Wirtschaft auf Vordermann zu bringen, und hat in Wirklichkeit alles nur noch schlimmer gemacht.«
»Sie hat das Glück gepachtet.«

Sehen Sie am Ende der Woche Ihre Reaktionen durch. Suchen Sie sie auf dem E.-D.-Index heraus. Zum Beispiel:

»Sie hat ja wirklich keine Selbstdisziplin.« = *Scham:* »Übergewicht ist unwürdig.«

»Er ist wie ein kleines Kind. Warum kann er mir nicht mehr Unterstützung geben?« = *Egozentrik:* »Er will mir mit seiner Handlungsweise absichtlich weh tun.«

»Der Präsident hat versprochen, unsere Wirtschaft auf
Vordermann zu bringen, und
hat in Wirklichkeit alles nur
noch schlimmer gemacht.«
»Sie hat das Glück gepachtet.«

= *Illusionen:* »Probleme lassen sich wie durch ein Wunder aus der Welt schaffen.«

= *Eifersucht:* »Es gibt nicht
genug für alle. Wenn sie alles
hat, bleibt für mich nichts übrig.«

Suchen Sie jetzt die erwachsenen Ersatzantworten für jede
Ihrer Reaktionen auf dem E.-D.-Index heraus. Wenn Sie zum
Beispiel eine Ihrer Reaktionen als »Eifersucht« bezeichnet
haben, wäre sie durch »Zufriedenheit« zu ersetzen. Formen
Sie das Urteil mit Hilfe der erwachsenen Antwort um. Zum
Beispiel:

Scham
»Sie hat ja wirklich keine
Selbstdisziplin.«

Selbstwertgefühl
»Sie kämpft im Moment
zwar mit ihrem Gewicht,
aber das macht sie nicht
weniger sympathisch.«

Egozentrik
»Er ist wie ein kleines Kind.
Warum kann er mir nicht
mehr Unterstützung ge-
ben?«

Einfühlungsvermögen
»Er ist frustriert, weil die
Dinge nicht so laufen, wie er
es sich wünscht, aber sein
Zorn ist nicht gegen mich ge-
richtet.«

Illusionen
»Der Präsident hat versprochen, unsere Wirtschaft auf Vordermann zu bringen, und hat in Wirklichkeit alles nur noch schlimmer gemacht.«

Eifersucht
»Sie hat das Glück gepachtet.«

Realitätssinn
»Vielschichtige Probleme können nicht von heute auf morgen erledigt werden. Sie lösen sich nicht magisch in Luft auf.«

Zufriedenheit
»Auch wenn sie mehr Vorteile hat als ich, habe ich doch meine eigenen Stärken. Ihre Vorteile machen aus ihr keinen besseren Menschen.«

2. Schritt: Überprüfen der positiven, erwachsenen Ersatzreaktion.

Wenn Sie gelernt haben zu erkennen, wann Sie kindliche Urteile abgeben, können Sie sich dazu erziehen, keine verurteilenden Wörter mehr zu verwenden.

Unsere Sprache ist wichtig. Darin spiegeln sich unsere offensichtlichen und verborgenen Gefühle, wie wir über uns und andere denken, wider. Wenn Sie sich selbst und anderen einmal bewußt zuhören, stoßen Sie auf viele Beispiele von Wertungen und Urteilen. Selbst in den Nachrichten kommen sie immer wieder vor. Notieren Sie sich, wie oft ein Verhalten negativ beschrieben wird.

Eine wertende Sprache geht immer auf die Sichtweise des Kindes zurück, das die Welt als gefährlich, schlecht, verdächtig oder bedrohend empfindet. Den meisten Menschen ist nicht klar, wie oft dadurch die Realität verzerrt wird und kein Raum für positives Handeln bleibt.

Die Tatsache, daß wertende Sprache gewöhnlich in extremen Streßsituationen eingesetzt wird, ist der deutlichste Hinweis darauf, daß sie kindliche Emotionen ausdrückt.

Denken Sie zurück an eine Zeit, als Sie sich über eine andere Person aufregten und die Situation durch ein wertendes Urteil beschrieben. Ein typischer Schlagabtausch zwischen einem Mann und einer Frau könnte zum Beispiel damit enden, daß sie sagt: »Dir liegt doch nichts an mir. Du bist so ein gefühlloser Klotz«, während er die Hände ringt und sagt: »Mit dir kann man doch nicht reden. Du bist so was von selbstsüchtig.«

Genauso könnte bei einem typischen Streitgespräch zwischen Eltern und Kind die Mutter sagen: »Du bist faul und ungehorsam. Vor einer Stunde habe ich gesagt, du sollst dein Zimmer aufräumen, und du sitzt immer noch vor dem Fernseher.«

Machen Sie sich die verurteilenden Wörter bewußt: gefühllos, selbstsüchtig, faul, ungehorsam. Wahrscheinlich erinnern Sie sich an ganz ähnliche Erlebnisse. Schreiben Sie die wertenden Begriffe auf, mit denen Sie und eine andere Person sich bedacht haben. Und jetzt überlegen Sie, wie Sie die gleiche Aussage mit anderen Begriffen hätten vermitteln können. Vermeiden Sie wertende Sprache und drücken Sie einfach aus, was sie fühlen.

Hier ist ein Beispiel für den Unterschied, wobei die gleichen Personen wie oben mitspielen:

Verurteilend	*Nicht verurteilend*
»Dir liegt doch nichts an mir. Du bist so ein gefühlloser Klotz.«	»Ich habe das Gefühl, du hörst mir gar nicht zu.«

»Was willst du eigentlich von mir? Du bist so was von selbstsüchtig.«

»Ich verstehe nicht, warum du dich aufregst.«

»Du bist faul und ungehorsam.«

»Warum hast du dein Zimmer noch nicht aufgeräumt?«

Wenn Sie sich dabei ertappen, daß Sie in Gedanken ein Urteil fällen (achten Sie auf die Wörter, die Ihnen in den Sinn kommen), versuchen Sie, Ihr Anliegen ohne negative Andeutungen vorzubringen. Stellen Sie eine Frage (»Warum weinst du?«). Machen Sie sich das zugrunde liegende Gefühl bewußt (»Sie muß sehr verärgert sein«). Gehen Sie zunächst immer von einem positiven Beweggrund aus – auch bei sich selbst. Dadurch wird sich Ihre Sprache ändern, was wiederum zur Lösung Ihrer Probleme beiträgt. Vergessen Sie nie, daß eine wertende, verurteilende Sprache die Menschen abstößt – was ja nicht in Ihrem Sinne ist.

3. Schritt: Umgestalten und Finden einer passenden Reaktion.

Eine weitere, nützliche Übung heißt »A entspricht B«. Sie hilft Ihnen, einen andersartigen Stil zu akzeptieren. Hier wird auf erwachsene Weise Nähe und Verbundenheit vertieft und das kindliche Streben nach Symbiose ersetzt. Beschreiben Sie das Bedürfnis, das durch eine bestimmte Verhaltensweise befriedigt werden soll, und vergleichen Sie es mit etwas in Ihrem eigenen Leben. Das Ehepaar George und Irene ist ein gutes Beispiel dafür, wie der Vergleich »A entspricht B« funktioniert. Sie paßten überhaupt nicht zueinander und machten sich das Leben schwer. George kritisierte Irenes nachmittägliche Geschäftsbummel. Obwohl sie nicht viel Geld ausgab –

meistens kaufte sie wenig oder gar nichts –, fand er es frivol und albern, seine Zeit mit so etwas zu »verschwenden«. Ich wandte die Vergleichsmethode an.

Zunächst bat ich Irene zu beschreiben, warum ihr die Einkaufstouren soviel Vergnügen bereiteten. Sie sprach über das Gefühl von Freiheit, fern zu sein von jeglicher Verantwortung zu Hause oder bei der Arbeit; Einkaufen beschäftigte sie auf einer rein sinnlichen Ebene – wenn sie sich völlig in Farben und Materialien vertiefte, konnte sie abschalten.

Dann fragte ich George, ob es für ihn etwas gäbe, das ihm ähnliches Vergnügen bereitete. Ihm fielen die Football-Spiele ein, bei denen er vor dem Fernseher saß und alles um sich herum vergessen konnte. Er vertiefte sich so in ein Spiel, daß er fast das Gefühl hatte, selbst auf dem Spielfeld zu stehen. Er fügte hinzu, daß Irene sich oft beschwerte, wenn er sich stundenlang ein Spiel ansah.

Als Irene und George ihre Einkäufe mit seinem Football verglichen, entdeckten sie, daß beide Aktivitäten trotz ihrer Unterschiedlichkeit die gleichen positiven Gefühle erzeugten. Die Unterschiede waren mehr stilistischer als grundlegender Art. Sie hatten nichts mit gut oder schlecht zu tun.

Ein Kind mit seiner simplen, starren Sichtweise teilt die Vorlieben oder das Verhalten anderer Menschen in gute oder schlechte ein. Statt Möglichkeiten für Gemeinsamkeiten zu erarbeiten, errichtet diese Starrheit Grenzen und verschließt Türen.

Im vorigen Kapitel sahen Sie zwei Beispiele für »A entspricht B«:

1. Rachel und Bob empfanden es beide als wohltuend, wenn in ihrer Umgebung, ihrem Umfeld Ordnung herrschte. Bobs Ordnungsliebe im Haus entsprach Rachels Ordnen ihrer Beziehungen.

2. Laurie und Sam regten sich beide auf, als die Freundin ihres Sohnes schwanger wurde. Lauries Weinen entsprach Sams Brüllen.

Sehen Sie sich Ihre eigene Lage an. Gibt es bei Ihrem Partner, Ihren Freundinnen oder Ihrem Kind ein Verhalten oder ein Hobby, das Sie albern oder problematisch finden? Versuchen Sie herauszufinden, was diese Person dabei empfindet. Vielleicht entspannt diese Aktivität, ist anregend oder macht ganz einfach Vergnügen. Obwohl es Ihnen vollkommen schleierhaft sein kann, warum jemand daran seine Freude hat, können Sie wahrscheinlich das zugrundeliegende Gefühl verstehen und bei dem, was Sie tun, eine Entsprechung finden. Ihre Fähigkeit, das zu schaffen, wird Ihnen helfen, weniger verurteilend zu sein.

Als ein echter Erwachsener können Sie anerkennen, daß alle Menschen grundlegende Wünsche und Sehnsüchte haben. Auch wenn es Unterschiede gibt, überwiegen doch bei weitem die Gemeinsamkeiten.

---

7 Handeln Sie im Umgang mit Ihren Eltern erwachsen?

– Lassen Sie sich von dem, was Ihre Eltern sagen, zu stark beeinflussen?
– Fühlen Sie sich wie ein Kind, wenn Sie mit Ihren Eltern zusammen sind?
– Glauben Sie, daß Sie erst glücklich sein können, wenn alles, was zwischen Ihnen und Ihren Eltern vorgefallen ist, aufgearbeitet ist?

»Meine Eltern können einfach nicht akzeptieren, daß ich nicht verheiratet bin«, beklagte sich Roberta. »Sie geben mir das Gefühl, versagt zu haben.« Sie saß mir gegenüber, aus ihrem gequälten Gesicht sprachen Ärger und Frustration. »Was tun sie denn?« fragte ich.
Sie zog eine Grimasse. »Sie wollen nie etwas über mein wirkliches Leben hören – was bei der Arbeit so passiert, ob ich meinen Urlaub genossen habe, wie ich mich fühle. Es läuft immer nur auf das eine hinaus: ›Gehst du mit jemandem aus?‹ oder ›Vielleicht hat dich dieser nette Mann nicht angerufen, weil du ihn zu sehr gedrängt hast.‹ Bla, bla, bla. Sie stehen nicht hinter mir, so wie ich bin, eben ledig.«
Ich war neugierig darauf, Robertas Eltern kennenzulernen und herauszufinden, was da wirklich vorging. Ich schlug vor, sie zur nächsten Sitzung hinzuzubitten. »Aber sie werden wahrscheinlich gar nicht kommen wollen«, warnte sie mich. »Ich glaube nicht, daß mein Seelenzustand ihnen am Herzen liegt. Ihnen liegt nur daran, daß ich einen Mann finde.«
Zu Robertas Überraschung waren ihre Eltern hocherfreut

über die Einladung und kamen mit zur nächsten Sitzung. Edna und Walter waren Anfang Siebzig, lebhaft und intelligent und wollten gerne über ihre Tochter sprechen. Ich bemerkte gleich, daß sie Roberta anbeteten. Man konnte es daran erkennen, wie sie ihre Tochter ansahen, und als Walter von »meiner Tochter« redete, leuchteten seine Augen vor Stolz. All dies entging Roberta, die gereizt in einer Ecke des Büros saß und sich unwohl fühlte.

Ich bat Roberta, ihren Eltern zu erzählen, was sie mir erzählt hatte. Den Blick auf ihren Schoß gerichtet, sagte sie zögernd: »Ich habe das Gefühl, ihr akzeptiert mich nicht, weil ich nicht verheiratet bin. Das scheint das einzige zu sein, woran euch etwas liegt.«

Edna und Walter sahen sie erstaunt an. »Aber Liebes«, sagte Edna. »Natürlich lieben wir dich, so wie du bist. Es ist nur so, daß wir schon so lange glücklich miteinander sind – wir wünschen dir das gleiche Glück. Wir wollten dich doch nie verletzen.«

»Man kann auch auf andere Weise glücklich werden«, erwiderte Roberta. »Außerdem wißt ihr, daß ich gerne verheiratet wäre. Aber ihr laßt es immer so aussehen, als sei es meine Schuld, daß der Richtige noch nicht da war. Bei eurem ständigen Gefrage, da fühle ich mich unzulänglich.«

»Das tut mir leid«, sagte ihre Mutter mit aufrichtigem Bedauern. »Aber du hast immer gesagt, daß du gerne heiraten und Kinder haben würdest, und da wollte ich dir helfen. Und nach dem Herzanfall deines Vaters, nun ...« Sie verstummte.

»Was hat denn das damit zu tun?« fragte Roberta kopfschüttelnd. Sie warf mir einen Blick zu, als wolle sie sagen: »Sehen Sie, ich habe ja gesagt, daß sie es nicht verstehen würden.« Robertas Ledigsein war ganz offensichtlich ein Reizthema. Sie sah nur Kritik, obwohl ihre Eltern eindeutig dachten, sie zeigten nur ihre Liebe. Sie wußten nicht, wie sie mit Robertas

Enttäuschung über ihr Unverheiratetsein umgehen sollten, ohne sie vor den Kopf zu stoßen.

»Roberta«, sagte Walter, dem es sichtlich schwer fiel, seine Gefühle in Worte zu fassen, »ich möchte doch nur, daß jemand für dich sorgt.«

»Als ob ich nicht für mich selbst sorgen könnte!« antwortete sie.

»Nun, du hast schließlich schon in Geldschwierigkeiten gesteckt, und wir mußten dir da raushelfen«, erinnerte er sie.

»Dein Vater und ich wollen doch nur, daß du glücklich bist«, sagte Edna wie Millionen Mütter vor ihr.

Roberta war zornig, weil ihre Eltern, wie sie es sah, nicht hinter ihr standen. Es kommt häufig vor, daß jemand sich kritisiert fühlt oder langsam paranoid wird, wenn er unglücklich ist. Robertas Schmerz über ihr Alleinsein wurde durch die Reaktion der Eltern noch verschlimmert. Sie erkannte ihre guten Absichten nicht, weil sie hinter jeder Bemerkung eine Herabsetzung vermutete. Ich konnte jedoch sehen, daß Edna und Walter ihre Tochter wirklich liebten, sogar bewunderten. Sie wünschten ihr, daß sie endlich das fände, was sie sich nach ihren eigenen Worten ja auch wünschte.

Ich begegne häufig Familien, die sich in einer ähnlichen Situation festgefahren haben. Die Eltern wissen nicht, wie sie ihre Sorge ausdrücken können, ohne kritisch zu klingen. Die erwachsenen Kinder wissen nicht, wie sie es abstellen können, in ihren Eltern allmächtige Wesen zu sehen. Roberta gab Edna und Walter zuviel Macht darüber, ob sie sich gut oder schlecht fühlte.

Bevor die drei sich aus dieser Situation befreien konnten, waren zwei Dinge nötig: Zunächst mußten sie gegenseitig ihre gute Absicht anerkennen. Roberta fühlte sich von ihren Eltern abgelehnt, während diese sich von Roberta zurückgewiesen fühlten. Und doch liebten sie sich alle sehr. Als Roberta ihren Eltern an diesem Tag weiter zuhörte, wie sie von ihren Hoffnungen und Wünschen für sie erzählten, ließ ihr Ärger nach. Zum ersten Mal wurde ihr klar, wie sehr sie ihnen am Herzen lag. Sie hatten nur ihr Wohl im Sinn. »Ihre Eltern können nichts dagegen machen, daß sie sich sorgen«, erklärte ich ihr. »Das haben sie schließlich Ihr ganzes Leben lang getan. Sie können das nicht automatisch abstellen. Wenn Sie das Ganze einmal in Ruhe betrachten, werden Sie erkennen, daß Sie und Ihre Eltern sehr viel Gemeinsames verbindet. Sie, Roberta, wollen einen guten Mann finden und heiraten, und genau dasselbe wünschen sich Ihre Eltern. Schauen Sie auf die gute Absicht und nicht auf die Art, wie sie ausgedrückt wird.«

Es liegt in der Natur der Dinge, daß Kinder erwachsen werden und sich von ihren Eltern entfernen. Sie führen unterschiedliche Leben, weil sich ihnen ganz unterschiedliche Auswahlmöglichkeiten bieten. Die meisten Eltern akzeptieren – zumindest vom Kopf her –, daß es so sein muß. Aber häufig fällt sowohl Eltern als auch Kindern der Übergang schwer, und deshalb sind so viele Erwachsene noch darauf fixiert, die Anerkennung ihrer Eltern zu gewinnen.

Der elterliche Einfluß

Wir sind erst wirklich erwachsen, wenn wir nicht mehr wie Kinder auf unsere Eltern reagieren – und hierzu gibt es eine gute und eine schlechte Nachricht: Die schlechte Nachricht ist, daß Ihre Eltern wahrscheinlich nicht über die Fertigkeiten verfügten, Ihnen das beizubringen, was Sie zum Erwachsensein brauchen. Die gute Nachricht ist, daß Sie das Nötige auch woanders lernen können. Auch wenn Sie eine traumatische Kindheit hatten, müssen Sie nicht dorthin zurückkehren, um das »gute« Kind zu finden. Sie können Ihre guten Seiten in den zwischenmenschlichen Beziehungen, die Sie als Erwachsener erleben, entdecken und entwickeln.

Menschen, mit denen ich arbeite, sind oft nur zu bereit, darüber zu reden, in welcher Weise ihre Eltern sie enttäuscht, sich in ihr Leben eingemischt oder ihnen die Liebe entzogen haben. Sie glauben, daß dieses Bedürfnis nur durch ihre Eltern befriedigt werden kann.

Phyllis kam zu mir, nachdem sie jahrelang versucht hatte, die Probleme zu lösen, die zwischen ihr und ihrer Mutter bestanden. Das reichte von Kissenwerfen, Kreischerei über lange (oft anschuldigungsreiche) Gespräche bis hin zur Therapie »Das Kind in uns«. Es war anerkennenswert, wie sehr sie sich bemühten, aber nichts half, und Phyllis war mit ihrem Latein am Ende. »Meine Mutter und ich sind der Lösung unserer Probleme keinen Schritt nähergekommen«, sagte sie unglücklich.

Ich wußte, daß Phyllis nicht weiterkommen würde, wenn sie nicht erst ein wenig »erwachsene« Vorarbeit leistete und ihre eigene Stärke fand, damit sie ihre Eltern nicht mehr als vollkommen und allmächtig ansah. Sie fühlte sich durch das, was in ihrer Kindheit geschehen war, verletzt. Ich erinnerte sie daran, wie ihr die letzte Therapie geholfen hatte, die Schuld nicht bei sich selbst zu suchen. Aber nun mußte sie den nächsten Schritt tun und in ihrem jetzigen Leben »korrigierende« Beziehungen aufbauen. Ich ermutigte sie, an dem zu arbeiten, was sie im Moment störte – den Problemen mit ihrem Mann und ihren Kindern.

Phyllis war erstaunt. »Aber was ist mit meiner Mutter?« protestierte sie.

Ich erklärte Phyllis, daß die meisten Therapien nur begrenzt helfen, weil sie nichts von E. D. wissen. Die Menschen werden nur dazu angehalten, in ihre Vergangenheit zu gehen und

Kindheitsprobleme zu lösen, damit ihnen jetzt als Erwachsenen geholfen wird. Aber das funktioniert nicht. Die Menschen gehen immer wieder zurück, finden jedoch nicht, was sie suchen.

Ich sagte Phyllis: »Sie müssen nicht weiterhin leiden, nur weil Ihre Mutter Ihnen nicht das geben konnte, was Sie sich von ihr wünschten. Sie werden es nicht finden, indem Sie die Vergangenheit immer wieder durchspielen.«

Ich kann verstehen, warum die Menschen selbst als Erwachsene weiterhin in ihren Eltern die Quelle ihres eigenen Scheiterns sehen. Immerhin liefern die Eltern uns, wenn wir Kinder sind, die wichtigsten Vorbilder für die Art, wie Erwachsene zu sein haben. Wir hängen von ihnen und ihrer Liebe ab; sie lehren und führen uns. Wenn sie keine dieser Funktionen ausüben, denken wir, daß es aus bösem Willen geschah. Deshalb glauben viele Menschen, daß ihre Eltern ihnen absichtlich Schaden zugefügt haben.

Im Laufe der langen Jahre meiner Praxis ist mir aufgefallen, daß eine Therapie ihnen oft das Gefühl von Selbstbestätigung vermittelte und dabei half, ihr Gefühl von Wertlosigkeit abzulegen, ob sie sich nun von ihren Eltern geliebt fühlten oder nicht. Aber ich habe auch bemerkt, daß diese Menschen bei neuen Problemen, mit denen sie nicht fertig wurden, automatisch wieder die Schuld ihren Eltern gaben – wie zum Beispiel die Frau, die behauptete, daß ihre Unfähigkeit, eine feste Beziehung aufzubauen, in direktem Zusammenhang stünde mit der Tatsache, daß ihre Mutter gefühlskalt war.

Eine ganze Selbsthilfekultur ist auf der Grundlage der Schuldzuweisung an die Eltern errichtet worden. Der innere Dialog verläuft ungefähr so: »Mein Leben ist eine Katastrophe. Ich kann keine Beziehungen halten. Nichts klappt. Meine Eltern sollten mir doch beibringen, wie man es richtig macht. Als Eltern hatten sie diese Aufgabe, und sie haben sie vernachlässigt.«

Die meisten Therapien verstärken die immer noch vorhandene Erwartung, daß Eltern uns weiterhin beibringen müssen, wie man das Leben meistert. Wenn diese Therapien darauf bestehen, daß Erwachsene sich den Problemen, die sie mit ihren Eltern hatten, stellen müssen, sieht es so aus, als könne man dieses Wissen nirgendwo sonst finden. Deshalb gehen sie zurück, versuchen mit der Vergangenheit Frieden zu schließen, als würden dadurch auf magische Weise die Probleme gelöst, denen sie jetzt als Erwachsene gegenüberstehen.

Der Mythos von der elterlichen Allmacht

Wenn die Menschen von sich aus beginnen, erwachsene Fertigkeiten zu lernen, und sehen, wie sich ihr Leben verändert, dann sind sie in der Lage, den schmerzhaften, belastenden Groll gegen ihre Eltern abzulegen.

Kürzlich unterhielten sich in meiner Gruppe zwei Frauen über ihre Mütter. Mary, eine zornige junge Frau von Ende Zwanzig, klagte laut: »Wenn ich meine Mutter besuche, hört sie mir nie zu. Ich kann über sehr wichtige Dinge reden, und sie starrt einfach aus dem Fenster. Es macht mich rasend. Mit ihren Gedanken ist sie meilenweit weg. So geht es schon mein ganzes Leben. Meine ganze Kindheit und Jugend hindurch bis jetzt. Meine Mutter hat ihre eigene Welt, und ich bin unsichtbar.«

Joanne, eine ruhige, sehr sympathische Frau von Vierzig, antwortete: »Da kann ich gut mitfühlen. Meine Mutter war genauso. Ich glaube, sie war deprimiert. Mein Vater war sehr kritisch und dominierend. Meine Mutter kochte und putzte ununterbrochen, wie besessen. Ich erinnere mich, wie einsam ich war; ich wollte, daß sie mit mir spricht oder mir zuhört.«

Mary beobachtete Joanne genau, während diese sprach. »Da ist soviel Sanftheit in deiner Stimme«, sagte sie verblüfft. »Es hört sich an, als könntest du deiner Mutter vergeben. Ich kann das nicht.« Ihr Gesicht wurde hart und bestimmt.

»Nun, meine Mutter ist ziemlich alt inzwischen«, sagte Joanne nachdenklich. »Ich möchte, daß alles zwischen uns ins Lot gebracht ist, bevor sie stirbt.«

»Meine Mutter könnte heute sterben, und das würde an meinen Gefühlen überhaupt nichts ändern«, sagte Mary voll Ärger. »Ich war ihr immer völlig egal. Warum sollte mir jetzt etwas an ihr liegen?«

Ich fand es interessant, daß diese beiden Frauen, die objektiv gesehen die gleiche Erfahrung gemacht hatten, damit so unterschiedlich umgingen. Mary glaubte, daß ihr Zorn zu tief saß, um einfach vergessen zu werden. Dies zeigte, wie sehr sie sich verletzt fühlte, aber dadurch blieb sie ein Opfer. Joanne sah die Unvollkommenheit ihrer Mutter, konnte aber damit zurechtkommen. Ich glaubte zu wissen, wieso.

Joanne und ich hatten schon einige Zeit zusammen gearbeitet. Ursprünglich war sie wegen eines Beziehungsproblems zu mir gekommen. Sie war mit einem Mann verlobt, der sehr schwach und abhängig war. Die Anstrengung, ihn finanziell und emotional zu unterstützen, laugte sie aus. Ich half Joanne, sich erwachsene Fertigkeiten anzueignen, die sie brauchte, um sich aus dieser Verbindung zu lösen und ihre eigenen Ziele zu verfolgen, die sie hintangestellt hatte. Je mehr sich Joannes Leben zum Besseren wandte, desto weniger schob sie die Schuld auf ihre Mutter und desto mehr Mitgefühl konnte sie ihr entgegenbringen. Während es immer noch so war, daß ihre Mutter ihr nicht zuhören wollte, hatte Joanne doch nicht mehr das kindliche Bedürfnis nach völliger elterlicher Anerkennung. Sie empfand die Gefühlsarmut ihrer Mutter nicht mehr als Strafe.

Unsere Eltern sind nicht allmächtig, obwohl wir sie als Kinder so sehen. Ein Kind verfügt nicht über die Mittel, kognitiv zu erfassen, was im Leben eines Erwachsenen vorgeht. Hier ist ein einfaches Beispiel, das jedem bekannt vorkommen wird, der Kinder hat. Sie versprechen Ihrer siebenjährigen Tochter, daß Sie mit ihr am nächsten Tag im Park ein Picknick machen werden, aber als Sie morgens aufwachen, regnet es. Sie sagen: »Tut mir leid, Schatz, wir können heute unser Picknick nicht abhalten. Es regnet.« Ihre Tochter jammert laut: »Aber du hast es doch versprochen!« Sie ringen die Hände. Warum kann Ihre Tochter nicht einsehen, daß Sie an dem Regen nicht schuld sind? Sie hatten doch nicht vor, Ihr Versprechen nicht einzulösen – Sie hatten keinen Einfluß darauf. Aber Ihre Tochter ist sieben, und für sie ist es ganz einfach: Versprochen ist versprochen. Sie sind allmächtig. Es war Ihre Entscheidung, mit ihr kein Picknick zu machen – daß es regnet, zählt nicht. Basta.

Da die meisten Eltern unter emotionaler Dyslexie leiden, erkennen sie die zu erwartende Reaktion des Kindes nicht und werden deshalb wütend. Ich denke da an eine Freundin von mir, die sich über ihren sechsjährigen Sohn beklagte, der seit drei Tagen mit Grippe im Bett lag. Sie erzählte, wie kaputt sie abends war, nachdem sie ihn von vorne bis hinten bedient hatte, ihm das Essen brachte, ihm seine Medizin gab, Bücher und Spielsachen auf dem Bett verteilte, seine Sachen wusch und jedesmal in sein Zimmer eilte, wenn er rief. Am Ende des Tages wollte sie nur noch, daß er einschlief und ihr eine Minute Ruhe gönnte. Aber er bettelte um eine Gute-Nacht-Geschichte. »Heute nicht mehr«, teilte sie ihm mit. »Mami ist zu müde.« Er reagierte darauf, indem er sein Buch auf den Boden warf und schrie: »Du bist gemein!«

Als sie mir diese Geschichte erzählte, seufzte sie. »Ich hatte ein schlechtes Gewissen, weil ich ihm nicht mehr vorgelesen habe, und fühlte mich noch schlechter, weil er mich für gemein hielt. Ich ärgerte mich dermaßen, weil er überhaupt nicht anerkannte, daß ich den ganzen Tag nur hinter ihm hergerannt war und seine Wünsche erfüllt hatte. Er hätte erkennen müssen, wie müde ich war.«

Ich mußte lachen. »Er ist doch erst sechs«, sagte ich. »Mit sechs verstehen Kinder noch nicht, wie sich ihre Handlungsweise auf andere auswirkt, und ganz bestimmt kommt es ihnen nicht in den Sinn, daß ihre Mutter jemals müde wird oder andere Grenzen hat.«

Das Kind meiner Freundin verhielt sich ganz typisch für sein Alter. Das Problem ist, daß viele Leute ihre Vorstellungen von den Eltern auch als Erwachsene nicht revidieren. Da ihre Eltern allmächtig waren, als sie klein waren, geben sie ihnen immer noch zu viel Macht über ihr Leben, wenn sie erwachsen sind.

Sehen Sie Ihre Eltern in neuem Licht

Martin war ein energischer, kreativer Mann Mitte Dreißig und leitender Angestellter in einer großen Firma. Seine Freunde beneideten ihn um seine Erfolge, aber in der großen Firma fühlte er sich nicht wohl. Sein Traum war es immer gewesen, selbst Unternehmer zu werden mit einer eigenen Firma, doch sein Vater war strikt gegen diese Idee. »Er will mir nicht mal zuhören«, sagte Martin unglücklich. »Ich erzählte ihm von dieser tollen Idee, die ich hatte, und er sagte sofort: ›Nur über meine Leiche! Du verläßt gefälligst nicht deine gute Stellung, um dich in irgendein unausgegorenes Vorhaben zu stürzen.‹ Ende der Diskussion.« Martin war durch die

Antwort seines Vaters so entmutigt, daß er die Idee aufgab. »Aber ich hasse meinen Beruf. Mir ist, als ginge das Leben an mir vorbei.«

Bei Martin wandte ich die Methode des Revidierens an – die Eltern aus der Sicht eines echten Erwachsenen statt eines Kindes zu betrachten. Unter Anwendung des E.-D.-Index zeigte ich Martin, daß seine Reaktion auf den Vater noch aus der Zeit stammte, als er ein Junge war. Obwohl er sich für erwachsen hielt, spiegelte seine Reaktion nicht das Verhaltensmuster eines Erwachsenen wider. Er mußte lernen, seinem Vater gegenüber erwachsen zu werden.

»Als Sie sich vornahmen, Ihre Geschäftsidee Ihrem Vater vorzutragen, was dachten Sie da?« fragte ich.

Martin verdrehte die Augen. »Das ist leicht. Ich hatte schweißnasse Hände deswegen. Ich dachte: ›Es wird ihm nicht gefallen. Er wird denken, daß es eine Schnapsidee ist. Er wird denken, ich hätte nicht alle Tassen im Schrank.‹«

»Sich auf eine solche Reaktion einzustellen, muß schon Streß genug gewesen sein«, meinte ich.

Er lachte. »Kann man wohl sagen. Mein Vater hat sehr bestimmte Vorstellungen und kann, was eben noch wie eine tolle Idee schien, im Handumdrehen in Grund und Boden stampfen.«

Ich lenkte unser Gespräch in eine andere Richtung. »Wie, glauben Sie, sieht Ihr Vater seine eigene Laufbahn?« fragte ich.

Martin überlegte einen Moment. »Das ist komisch … er hat eigentlich nie darüber gesprochen. Aber ich nehme an, mit gemischten Gefühlen. Es ist für ihn nicht schlecht gelaufen – er hat hart gearbeitet. Wahrscheinlich wäre er gerne etwas weiter gekommen.«

»Vielleicht ist er deswegen so besorgt um Sie«, sagte ich. »Er möchte, daß Sie weiterkommen.«

Martin antwortete ablehnend: »Ich kann doch nicht die verlorenen Träume meines Vaters nachholen.«

»Nein«, stimmte ich ihm zu. »Aber als Erwachsener können Sie sich in ihn hineinversetzen. Dann können Sie ihn in einem anderen Licht sehen. Im Moment verhalten Sie sich Ihrem Vater gegenüber wie ein verängstigtes Kind. Sobald Sie seine Sorge nicht mehr als Kritik interpretieren, sind Sie ein Erwachsener.«

Nachdem Martin mehrere Wochen mit mir gearbeitet hatte, faßte er den Entschluß, seinem Vater die Geschäftsidee ein weiteres Mal vorzustellen. Da er seinen Vater nun aus der Erwachsenenperspektive sah, konnte er dessen Einwände direkt angehen – ihm versichern, daß er über finanzielle Unterstützung verfügte und alle Eventualitäten bedacht hatte. Bei diesem Gespräch bat Martin seinen Vater nicht um seine Zustimmung (die er als Erwachsener nicht brauchte), sondern um seine Hilfe – wie es für einen interdependenten Erwachsenen normal ist. Sein Vater war noch immer skeptisch, aber als er merkte, daß Martin das Ganze auch ohne seine Unterstützung durchziehen wollte, bot er seine Hilfe an. Martin kam es sogar so vor, als fühlte sich sein Vater geschmeichelt. »Er war doch nicht so besserwisserisch, wie ich erwartet hatte«, gab er zu.

Der Kampf zwischen Martin und seinem Vater war auch auf die Tatsache zurückzuführen, daß manchmal Eltern und ihre Kinder einfach nicht zusammenpassen. Eltern akzeptieren dies nur mit Mühe. Der alte Angeberspruch: »Mein Sohn ist ganz der Vater« beruht mehr auf Phantasie als auf Wirklichkeit. Es ist die emotional dyslektische Stimme, die verlangt, daß das Kind genauso sein muß wie man selbst, damit man sich bestätigt fühlen kann.

Wenn ein Sohn oder eine Tochter aus den Bahnen ausbricht, die die Eltern für sie ausgesucht haben, entsteht viel böses

Blut. Diese Entscheidung löst bei den Eltern das Gefühl aus, versagt zu haben. »Was ist denn falsch an dem, was wir gemacht haben?« Erwachsenen mit emotionaler Dyslexie fällt es schwer zu verstehen, daß Unterschiede die Familie nicht zerstören müssen. Sie können sie stärker machen.

Die Macht der Vergebung

Amy, fünfundzwanzig Jahre alt, arbeitete für ihren Vater in dessen Büro. Als sie zum ersten Mal zu mir kam, war ihr Gesicht starr vor Zorn und sie war ein reines Nervenbündel. Sie erzählte mir von ihrem Vater, den sie »brutal« nannte, und ihr Zorn wuchs noch. Ich hörte mir die Flut von Beweisen stumm an: Er war sehr streng zu Hause und äußerst anspruchsvoll bei der Arbeit. Daheim war er schon immer der Boß gewesen, aber bei der Arbeit war er abweisend, und Amy ertrug es nicht, daß er sie wie eine Fremde behandelte.

»Ich kann einfach nicht glauben, daß meine Mutter es so lange mit ihm ausgehalten hat«, sagte sie. »Sie sagt nie ein Wort – nimmt es einfach hin. Und jetzt arbeite ich auch noch für ihn und bin wieder unter seiner Fuchtel.«

Amy glaubte, daß ihr Vater völlige Herrschaft über sie ausübte, aber ich wollte ihr zeigen, daß sein Verhalten – Trinken, Herumschreien, Beschimpfungen – ein Zeichen für seine Unfähigkeit war, seine Bedürfnisse, Ängste und Enttäuschungen auf andere Weise zu äußern.

»Denken Sie, daß Ihr Vater glücklich ist?« fragte ich.

»Glücklich?« Ihr Blick deutete an, daß sie noch nie darüber nachgedacht hatte.

»Normalerweise, wenn Kinder Wutausbrüche haben, sind sie über irgend etwas unglücklich. Und Menschen, die unglücklich sind, haben in Wirklichkeit nicht viel Macht.« Ich bat

Amy, sich ihren Vater als kleinen Jungen vorzustellen, der einen Wutanfall hat. Sie schaute erst ein wenig erschrocken, lachte dann, und zum ersten Mal konnte ich hinter ihren Zorn blicken.

»Das ist schon komisch«, gab sie zu. »Er sieht wirklich so aus, wenn er wütend wird.«

»Er hat die Kontrolle verloren, er hat keine Macht mehr«, sagte ich. »Sie müssen sich den Unterschied klarmachen.«

Ich arbeitete über mehrere Wochen mit Amy, zeigte ihr anhand des E.-D.-Index den Unterschied zwischen Allmacht und dem Verlust von Kontrolle. Sie lernte, zwischen kindlichem und erwachsenem Reagieren zu unterscheiden, und befreite sich auf diese Weise von ihrem Zorn und ihrer Angst. Sie verlor einiges von ihrer Nervosität. Ihre Körpersprache wurde sanfter. Jetzt war sie soweit, ihren Vater als den Menschen zu sehen, der er war – nicht als den allmächtigen Vater, der ihr Leben beherrschte und dessen Anerkennung lebenswichtig war. Sie räumte ein, daß sie in ihrem Ärger nie gesehen hatte, auf welche Weise ihr Vater seine Liebe gezeigt hatte – wie er sich immer um sie gekümmert, ihr berufliche Tips gegeben und bei ihrer Karriere geholfen hatte. Und als sie sich erst bewußt gemacht hatte, daß er nicht ein gottähnliches, übelwollendes Wesen war, sondern ein sich quälender, unglücklicher Mann, der sie auf seine Weise (wenngleich unzulänglich) liebte, zürnte sie ihm nicht mehr. Was noch wichtiger war: Sie ließ es nicht mehr zu, daß ihre Gefühle gegenüber dem Vater ihr Leben kontrollierten.

Ich erlebte mit, wie Amy sich im Laufe der Zeit aus einer angespannten, emotional verschlossenen Frau zu einem selbstsicheren, warmherzigen Menschen entwickelte. Sie sah sogar attraktiver aus. Ohne die Bürde ihres Zorns leuchtete ihr Gesicht, ihre Schultern richteten sich auf. Sie war nicht mehr die Frau, die damals zum ersten Mal meine Praxis betreten hatte.

Mehrere Monate nach Beendigung unserer Sitzungen erhielt ich einen überraschenden Anruf von Amys Vater. Er klang am Telefon ziemlich unwirsch, aber ich konnte hören, daß er verlegen war. »Ich muß Sie sehen«, sagte er. »Ich muß Ihnen dafür danken, daß Sie mir meine Tochter zurückgegeben haben.«

Lektion fünf

Vergeben Sie Ihren Eltern ihre früheren Fehler

Da Sie jetzt erwachsen sind, können Sie aufhören, Ihre Eltern als Quelle jeglicher Anerkennung und allen Lernens zu sehen.

Dazu gehört zu akzeptieren, daß sie auch nur Menschen sind, denen die Fehler, die Ihnen noch immer das Leben schwermachen, zu vergeben sind.

Der erwachsene Umgang mit Ihren Eltern – das heißt, ihnen zu vergeben – ist eine grundlegende Fertigkeit, die Sie von den stärksten E.-D.-Auslösern befreien wird. Das sind die drei Schritte dieser Lektion:

1. *Innehalten*, wenn Sie zornig oder ärgerlich sind.
2. *Überprüfen*, wo die guten Seiten Ihrer Eltern liegen.
3. *Umgestalten* der Art und Weise, wie Sie Ihre Eltern sehen.

1. Schritt: Innehalten, wenn Sie zornig oder ärgerlich sind.

Den Eltern zu vergeben ist gar nicht schwer. Das Geheimnis liegt darin, sie aus der Perspektive des Erwachsenen zu sehen, das heißt, das kognitive Gehirn einzusetzen, um den kindlichen Zustand zu vermeiden. Denken Sie einmal darüber nach:

- Sie können Ihren Eltern nicht vergeben, wenn Sie glauben, daß diese dafür verantwortlich sind, ob Sie sich gut oder schlecht fühlen. Oder wenn Sie glauben, daß Ihre Eltern es in der Hand haben, ob Sie sich anerkannt fühlen. Das ist die Reaktion eines *abhängigen* Kindes.
- Sie können Ihren Eltern nicht vergeben, wenn Sie immer noch erwarten, daß diese Ihr Leben ins Lot bringen werden. Das ist eine *verzerrte* kindliche Reaktion.
- Sie können Ihren Eltern nicht vergeben, wenn Sie glauben, daß diese Ihnen immer noch wehtun oder Dinge wegnehmen können, die Sie brauchen. Das ist die Reaktion eines *verängstigten* Kindes.

Gehen Sie anhand des E.-D.-Index die Dinge durch, die Ihre Eltern gesagt oder getan haben und die bei Ihnen präkognitive, kindliche Gefühle ausgelöst haben. Halten Sie inne und überlegen Sie, wie die Reaktion aussähe, wenn sie nicht einer kindlichen Kurzschlußreaktion entspränge. Zum Beispiel:

Kindliches Gefühl	*Erwachsene Reaktion*
»Sie ist so kritisch.«	»Sie kann ihre Sorge nur auf diese Art ausdrücken, aber ich kann die gute, wohlmeinende Absicht heraushören.«

Bei diesem Beispiel entsprang die kindliche Kurzschlußreaktion dem Zustand der Abhängigkeit – weil Sie die elterliche Anerkennung brauchten und Kritik als einen Angriff auf Ihre Würde sahen. Die erwachsene, interdependente Reaktion geht von der eigenen Würde aus und läßt Sie Kritik entgegennehmen, ohne daß Sie sich angegriffen fühlen.

2. Schritt: Überprüfen, wo die guten Seiten Ihrer Eltern liegen.

Eltern haben, wenn es um ihre Kinder geht, das, was ich ein »Intensitätsgen« nenne. Sie sind so erfüllt von Liebe und Sorge, daß sie manchmal davon überzufließen scheinen. Sie sorgen sich ohne Unterlaß wegen Wichtigem und Nichtigem, suchen bei ihren Kindern nach Anzeichen von Problemen. Für ein Kind, das der liebevollen Beobachtung durch seine Eltern unterworfen ist, kann das beruhigend, aber auch bedrückend sein.

Mit zunehmendem Alter fangen Kinder an, auf ihrer Unabhängigkeit zu bestehen. Wenn eine Mutter sagt: »Du darfst auf keinen Fall jemals allein die Straße überqueren«, wird das Kind an nichts anderes mehr denken, als die Straße zu überqueren, um dadurch seine Unabhängigkeit zu beweisen.

Wenn Kinder älter werden und mehr Unabhängigkeit wollen, sorgen sich die Eltern noch mehr. Sind die Kinder dann im Teenageralter – und behaupten nun mit Nachdruck ihre eigene Identität –, drehen manche Eltern durch, besonders wenn sie selbst unter emotionaler Dyslexie leiden. Sie übertragen ihre eigenen Ängste auf ihre Kinder und betrachten die Welt als einen Ort, an dem es von Gefahren nur so wimmelt.

Manche Eltern läßt die Sorge niemals los, selbst wenn die Kinder inzwischen erwachsen sind und eigene Kinder haben. Aber den meisten Menschen fällt es schwer, diese Sorge als etwas Gutes und nicht nur als Einmischung oder Kritik zu sehen. Diese Lektion beginnt damit, daß wir uns einige nur zu bekannte Konfliktszenen zwischen Eltern und erwachsenem Kind anhören und jeweils die positive Absicht dahinter suchen.

Mutter: »Hast du schon den Arzt angerufen?«
Absicht: Ich sorge mich um sie. Ich möchte nicht, daß sie krank wird.
Erwachsenes Kind: »Ich glaube, ich bin alt genug, um auf mich aufzupassen. Hör auf, dauernd hinter mir her zu sein.«
Absicht: Ich möchte, daß sie mich als selbständig und kompetent anerkennt.

Vater: »Laß doch meinen Automechaniker das Auto ansehen, bevor du es kaufst.«
Absicht: Ich vertraue meinem Automechaniker, und wenn er sagt, der Wagen ist in Ordnung, brauche ich mich um die Sicherheit meines Sohnes nicht zu sorgen.
Erwachsenes Kind: »Das mache ich schon selbst.«
Absicht: Ich bin sehr wohl in der Lage, allein ein Auto zu kaufen.

Mutter: »Diese Frisur paßt nicht zu deinem Gesicht.«
Absicht: Ich will nur helfen.
Erwachsenes Kind: »Du hast immer etwas auszusetzen.«
Absicht: Ich möchte, daß sie mich so akzeptiert, wie ich bin.

Jedesmal kommt die Botschaft anders an, als sie gemeint war. Die Eltern sprechen aus Sorge. Die Kinder verstehen es als Kritik. Da die meisten nichts über emotionale Dyslexie wissen, verstehen sie nicht, daß es Eltern und Kindern genau wie allen anderen Menschen schwerfällt, ihre durchaus gute Absicht auszudrücken. Nur mit klugen Emotionen können Sie lernen, diese »Güte«, diese guten Seiten Ihrer Eltern und Ihre eigenen zu erkennen.
Denken Sie jetzt an einen ähnlichen Konflikt zwischen Ihnen und Ihren Eltern. Schreiben Sie einen Dialog wie oben. Su-

chen Sie die gute Absicht hinter der Aussage Ihrer Eltern und
hinter Ihrer eigenen Antwort.

3. Schritt: Umgestalten der Art und Weise,
wie Sie Ihre Eltern sehen.

Wenn Sie sich immer noch mit alten Problemen aus der Kindheit herumschlagen, stecken Sie höchstwahrscheinlich noch
im kindlichen Zustand fest. Sie müssen lernen, Ihre Eltern
aus einer erwachsenen Perspektive zu sehen.
Stellen Sie sich gemäß dem E.-D.-Index folgende Fragen
über Ihre Eltern:

Gegenseitige Abhängigkeit: Können Ihre Eltern Ihnen in irgendeiner Weise helfen? Können Sie sie um Hilfe bitten,
ohne sich abhängig zu fühlen? Können Sie Ihre Beziehung
zu Ihren Eltern beschreiben, ohne ihnen oder sich die
Schuld zu geben für Dinge, die schiefgelaufen sind? Brauchen Sie für Ihr Selbstwertgefühl die Anerkennung Ihrer
Eltern? Können Sie Ihre Eltern als Personen anerkennen,
auch wenn Sie nicht alles an ihnen gutheißen?
Bewußtsein: Welche Lebensziele hatten Ihre Eltern sich gesteckt? Was wollten sie, abgesehen von ihrer Rolle als Eltern, erreichen? Haben sie Enttäuschungen erlebt? Können
Sie sich an Beispiele für ihre guten Absichten erinnern?
Können Sie jetzt als Erwachsene die Dinge in einem größe-
ren Zusammenhang sehen? Als Kind kam es Ihnen vielleicht so vor, als drehte sich bei Ihren Eltern alles nur um
Sie. Was gab es denn noch im Leben Ihrer Eltern? Beschreiben Sie die finanzielle Seite und Ihr Familienleben allgemein, als wären Sie ein Außenstehender. Können Sie erkennen, daß Ihre Eltern niemals allmächtig waren – daß es

Ihnen nur als Kind so vorkam? Vermutlich konnten sie Ihnen nicht das beibringen, was Sie brauchten, weil sie es selbst nicht wußten.

Selbstvertrauen: Können Sie sehen, daß Ihre Eltern jetzt nicht mehr gefährlich sind? Können Sie sich von der Angst befreien, daß Ihre Eltern negativ auf Ihr Leben einwirken könnten?

Die Methode des Überprüfens kann zu ganz erstaunlichen Erfolgen führen – sogar bei Menschen, in deren Familie Gewalt an der Tagesordnung war. Rick, ein junger Mann, dessen Vater ihn häufig verprügelte, ist ein eindrucksvolles Beispiel dafür, daß erwachsene Fertigkeiten einen Menschen davon befreien können, als Erwachsener immer noch Opfer zu sein. Als Rick zu mir kam, war er voller Zorn. Er wollte sich an seinem Vater rächen. »Er hatte nicht das Recht, mich zu schlagen«, rief er. »Was für ein Vater ist das? Ich wollte ihm klarmachen, wie sehr er mich verletzt hat, aber er ist vorher gestorben. Ich habe ihn gehaßt. Ich werde nie vergessen, was er mir angetan hat – geschweige denn, ihm verzeihen.«

Rick war verbissen in seiner Wut, und obwohl er zugeben mußte, daß sie sein Leben beeinträchtigte, konnte er sie nicht hinter sich lassen. »Ich habe alles Mögliche an Therapien versucht«, sagte er. »Aber sie haben nur den Beweis geliefert, daß mein Vater ein richtiges Schwein war.«

Wenn Rick von seiner mit Gewalt durchzogenen Kindheit erzählte, konnte ich sehen, wie er sich in den verängstigten kleinen Jungen zurückverwandelte. Er tat mir sehr leid wegen all der Mißhandlungen, aber langsam lockte ich aus Rick den Erwachsenen heraus – den Mann, der in seinem Vater nicht das Monster, sondern den schwachen, gedemütigten Menschen sah. Seine Beschreibungen klangen nun anders, er sprach vom Vater als einer »tragischen Figur«, jemand, der mit seinem Leben unzufrieden gewesen war. »Er machte alles falsch«, sagte Rick bedrückt. »Seine Arbeit, seine Ehe, wie er als Vater war. Er war ein Versager. Und leider war ich sein Opfer.«

Bei Rick lag mir nicht an der Aufarbeitung seiner Beziehung zum Vater, sondern daran, ihm erwachsene Fertigkeiten beizubringen. In früheren Therapien stand die Beziehung im Vordergrund, aber ohne diese Fertigkeiten konnten sie nichts ausrichten. Nachdem Rick ungefähr acht Monate bei mir war, rief er mich eines Tages an und erzählte mir von einer aufregenden Erleuchtung, die er an diesem Morgen gehabt hatte. »Ich rasierte mich gerade«, sagte er erschüttert, »als ich plötzlich in den Spiegel sah, und da war das Gesicht meines Vaters. Mir war nie bewußt gewesen, wie sehr ich ihm ähnele! Es haute mich um. Ich stand ungefähr fünf Minuten wie angewurzelt da und … na ja, ich mochte das Gesicht. Ich … [seine Stimme versagte ihm] ich mochte das Gesicht. Das Gesicht meines Vaters.« Diese Entdeckung ging ihm so nah, daß er nicht weitersprechen konnte.

Das war der große Durchbruch für Rick. Einen kurzen Augenblick lang hatte er im Gesicht seines Vaters, das nun sein Gesicht war, etwas gesehen, was ihm gefiel. Endlich war er soweit, seine Kindheit hinter sich zu lassen.

Wenn Sie aufhören, sich bei Ihren Eltern wie ein Kind zu fühlen, haben Sie einen wichtigen Schritt zum wahren Erwachsensein gemacht. Das hat nicht nur Auswirkungen auf die Beziehung zu Ihren Eltern, sondern auch auf Ihre anderen Beziehungen.

8 Sind Ihre Kinder frei von E. D.?

- Herrscht in Ihrem Heim ständig Kampf und Streit?
- Fallen Sie als Eltern wieder in kindliches Verhalten zurück?
- Fragen Sie sich manchmal, ob Sie ein guter Vater, eine gute
  Mutter sind?

Wenn Sie viel mit Kindern zu tun haben, ist es nicht immer einfach, ruhig zu bleiben und die Fassung zu bewahren, wenn die Kleinen quengeln, weinen, frech werden oder sonstwie unausstehlich sind. Die meisten Eltern plagen Schuldgefühle, wenn sie ihr Kind angebrüllt haben, egal wie unmöglich es sich benommen hat, denn dann fühlen sie sich selbst wie ein Kind. Selbstverständlich ist es für Eltern normal, manchmal über ihre Kinder verärgert, verwirrt oder frustriert zu sein. Doch wenn diese Gefühle kindliche Verhaltensmuster auslösen, wird die eigentliche Rolle der Eltern verhindert – zu lieben und anzuleiten. Wenn Sie lernen, positiv mit Kindern umzugehen, hilft Ihnen das, ob Sie nun eigene Kinder haben oder nicht.

Die meisten von uns wurden von Eltern mit emotionaler Dyslexie großgezogen, die sie an uns weitergegeben haben. Wenn wir uns als Kinder anhören mußten, daß wir ungezogen, faul oder hoffnungslose Fälle seien, glaubten wir das. Für Kinder sind die Eltern schließlich allmächtige Menschen, und alles, was sie sagen, stimmt. Daher lösen unsere emotionalen Erinnerungen bei uns schlechte Gefühle aus. Solange Kinder nicht anders erzogen werden, lassen sich diese negativen Botschaften im Erwachsenenalter nicht in positive verwandeln. Eine wichtige Aufgabe für Eltern ist es, ihren Kindern Ersatzverhalten beizubringen, während diese ihre kognitiven Fertigkeiten erwerben. Genau das versuche ich bei den Kindern in meinem Leben. Hier ist ein Beispiel.

Der zehnjährige Sohn meiner Freundin war kaum zu bändigen. Wenn er sich über etwas aufregte, konnte er unausstehlich sein und alle zur Verzweiflung bringen.

Sein größtes Problem war, daß er, wenn er über etwas enttäuscht war, anfing, laut zu schreien. Ich bemerkte, daß die Erwachsenen gewöhnlich entweder zurückbrüllten oder ihn auf sein Zimmer schickten.

Ich befaßte mich lange mit dem Jungen. Es war offensichtlich, daß er seine Wutanfälle genauso wenig genoß wie die anderen Leute. Ein Teil von ihm sah ein, wie ineffektiv diese Anfälle waren, denn sie führten normalerweise dazu, daß er bestraft wurde, statt das Gewollte zu erhalten. Aber er schien nicht zu wissen, wie er damit aufhören sollte.

Eines Tages besuchte er mich und wollte etwas Süßes essen. Als ich nein sagte, weil es kurz vor dem Abendessen war, fing er an zu schreien. Ich ignorierte ostentativ seinen Anfall und beschloß, anders an ihn heranzukommen. Später am Abend hatte er sich beruhigt, und ich setzte mich zu ihm.

»Als du heute die Süßigkeiten nicht bekamst, hast du angefangen zu schreien, aber das hat dir auch nicht geholfen, oder?« fragte ich.

Er schüttelte den Kopf und starrte auf seine Füße.

»Du hast die Süßigkeiten nicht bekommen, oder?«

»Nein.«

»Was passiert sonst, wenn du schreist?«

Er zuckte die Achseln. »Ach, meine Eltern brüllen mich an und schicken mich in mein Zimmer.«

»Ah ja. Wenn du schreist, wirst du also bestraft und kriegst nicht mal das, was du wolltest. Mensch, das mit dem Kreischen funktioniert wohl nicht so ganz, oder?«

Er blickte mich an und sagte »Nein ...« Dann fügte er klein-laut hinzu: »Ich will ja gar nicht schreien, aber ich weiß nicht immer, wann es kommt.«

Genau, dachte ich. Dieses Kind hatte unbewußt in Worte gefaßt, wie Kinder sich die meiste Zeit über fühlen – als hätten sie keine Kontrolle über das, was mit ihnen passiert, und über ihre übertriebenen Reaktionen. Er war genauso frustriert wie alle anderen, weil er sein Schreien nicht unter Kontrolle hatte.

Da er ein helles Bürschchen war, beschloß ich, eine Art Experiment mit ihm zu versuchen. »Wir machen es so«, schlug ich ihm vor. »Wenn ich finde, daß du dich zu sehr über etwas aufregst, sage ich ›S‹. Das ist dann unser geheimes Codewort, und es bedeutet ›Stop‹. Niemand sonst kennt es. Wenn ich ›S‹ sage, ist das das Zeichen für dich, mit dem aufzuhören, was du gerade tust, und bis zehn zu zählen. Danach kannst du sagen, was du gerade denkst.«

Er war Feuer und Flamme. Für ihn war es ein Spiel – ein Spiel, bei dem er lernen konnte, mehr Kontrolle über sich zu erlangen.

Als ich am nächsten Tag das Abendessen vorbereitete, kam er in die Küche. »Können wir das mit dem ›S‹ üben?« fragte er mich. Er war überhaupt nicht erregt über irgend etwas, so daß ich zunächst nicht verstand, warum er üben wollte. Dann wurde mir klar, daß er schon herausgefunden hatte, wie wichtig es war, die Reaktion auf das ›S‹ zu üben, wenn er noch ruhig war, damit er es schon drauf hatte, wenn er unter Streß stand. Mit dem Üben bahnte er einen Pfad in sein kognitives Hirn.

Ich war gerührt, wie sehr er wünschte, sich mehr in der Hand zu haben und zu lernen, wie man ohne Geschrei auf Streß reagiert. Ich schaute in dieses hoffnungsvoll auf mich gerichtete Gesicht und dachte darüber nach, wie schnell wir Erwachsenen manche Kinder als ungezogen oder schlecht bezeichnen, nur weil ihr Verhalten uns ärgert. Hier vor mir stand ein Paradebeispiel dafür, wie das Bemühen, die positive Absicht eines Kindes herauszufinden, dessen Bereitwilligkeit zur Besserung weckt. Der Junge war hochmotiviert, und wir übten, bis er, ohne die Lippen zu bewegen, bis zehn zählen konnte. Er bat mich sogar, es seinen Eltern beizubringen, und auch sie benutzten das ›S‹. Schon bald erkannte er von sich aus die Anzeichen. Er »stoppte« sich selbst, und sein gesamtes Auftreten änderte sich. Dies ist ein Beispiel für emotionales Lernen.

Bekanntlich zeigen zehnjährige Jungen ihre Gefühle nicht gern, aber in jenem Jahr suchte er eine Geburtstagskarte für mich aus, auf der zwei Menschen sich küssen. Diese Karte rührte mich zu Tränen. Es war ein wunderbares Gefühl zu wissen, daß ich das Leben dieses Kindes entscheidend beeinflußt hatte, indem ich mich auf seine guten Seiten konzentrierte.

Dem »schlechten« Kind helfen, sich zu ändern

Fast am schwierigsten ist es für Erwachsene, mit anzusehen, wie ihr Kind in ein chronisches Muster unehrlichen Verhaltens verfällt – zum Beispiel keine Hausaufgaben macht und deshalb lügt oder Süßigkeiten im Laden stiehlt. Wenn Eltern mit einem solchen Verhalten konfrontiert werden, verfallen sie oft in kindliche Reaktionen verschiedenster Art:

- »Was mache ich als Mutter/Vater falsch?« (Scham, die von einem Gefühl der Hilflosigkeit herrührt, weil das Kind ein Problem hat und dies ein schlechtes Licht auf die elterliche Kompetenz wirft.)

- »Wie konnte mein Kind mir das antun?« (Egozentrik, die von dem verzerrten Gefühl herrührt, daß alles, was Ihr Kind tut, mit Ihnen zu tun hat.)
- »Er kann aber auch nichts richtig machen.« (Starrheit, die von der Angst herrührt, daß Ihr Kind im Leben scheitern wird.)

Sie sind wütend oder erschrocken, weil ihr Kind unehrlich ist, und das ist eine normale Reaktion. Eltern wissen, daß sie verantwortlich dafür sind, ihre Kinder davor zu bewahren, ein schwieriges Verhalten zu entwickeln. Aber die Verantwortung in Verbindung mit emotionaler Dyslexie kann sie schier erdrücken und ihre Fähigkeit, ihren Kindern verschiedene Arten des Umgangs mit Angst oder Demütigung beizubringen, beeinträchtigen.

Oft regen Eltern sich so sehr über dieses Verhalten auf, daß sie überreagieren und nicht merken, wie sehr auch das Kind mitgenommen ist. Dabei findet sich in dem Unbehagen des Kindes über sein eigenes Verhalten der eigentliche Schlüssel zur Veränderung. Niemand ist gerne unaufrichtig. Denken Sie einmal zurück an eine Situation, in der Sie unehrlich waren oder gelogen haben (fast jeder hat das getan!), und rufen Sie sich das Gefühl in Erinnerung. Wahrscheinlich kamen Sie sich mies vor. Niemand steht gerne als Lügner da, und Kinder mögen das Gefühl genauso wenig wie Erwachsene. Man fühlt sich unwohl. Ein Kind würde nie absichtlich etwas tun, das ihm Unbehagen verursacht, ohne daß es einen Grund dafür gibt. Die Aufgabe des Erwachsenen ist es nun, diesen Grund herauszufinden und dort mit der Hilfe anzusetzen.

Ich arbeitete einmal mit einer Frau zusammen, deren zwölfjähriger Sohn log, nachdem er in einem Test eine Sechs geschrieben hatte. Sie fand den Test zerknüllt unten in seiner

Tasche. Wütend marschierte sie in sein Zimmer. »Warum hast du mich angelogen?« brüllte sie. »Du hast gesagt, du hast in diesem Test eine Zwei, und was ist das hier? Eine Sechs. Was ist denn mit dir los?«

Sie gab mir gegenüber später zu, daß sie sich sehr schämte, weil sie ihren Sohn, der in einer Zimmerecke kauerte und unglücklich dreinschaute, angeschrien hatte. »Ich war so sauer«, sagte sie, »und ich fand es schrecklich, wie ich mich aufführte. Auf der anderen Seite wußte ich nicht, wie ich das Ganze anders hätte anpacken können. Er hat mich belogen und dazu noch den Test verhauen. Es wäre falsch gewesen, ihn zu hätscheln oder die Sache zu ignorieren.«

Ich fragte sie: »Warum hat er wohl gelogen?«

»Na, offensichtlich, um keinen Ärger zu bekommen.«

»Genau«, sagte ich. »Er hat Sie angelogen, weil er Angst hatte, und nicht, weil er ein schlechter Junge ist. Wenn Sie ihn als verängstigtes und nicht als schlechtes Kind sehen, werden Sie ganz anders reagieren.«

Ich beschrieb ihr, wie sie hätte reagieren können. »Sie wußten, daß er den Test vor Ihnen versteckte, weil er Angst davor hatte, wie Sie reagieren würden. Vergessen Sie nicht, daß Ihre Absicht als Mutter es ist, ihm zu helfen, in der Schule besser zu werden, und nicht, ihn zu bestrafen. Was wäre, wenn Sie zu ihm gesagt hätten: ›Du mußt ganz schön Angst davor gehabt haben, daß ich das mit dem Test herausfinde. Dachtest du, dein Lehrer könnte mich anrufen?‹ Jetzt haben Sie eine Brücke zwischen sich geschlagen. Er weiß, Sie verstehen, wie er sich fühlt; also braucht er Sie vielleicht gar nicht zu täuschen. Dann bereden Sie mit ihm, warum er den Test verhauen hat – er hat den Stoff nicht verstanden, ist abends zu lange aufgeblieben, hat nicht gelernt, hat sich über irgend etwas Sorgen gemacht und war abgelenkt. Wenn Sie in ihm nur das schlechte Kind sehen, lassen Sie keine Möglichkeiten offen, daß er sein Verhalten ändert. Wenn Sie ihm bei der Suche nach einer Lösung helfen, erhalten Sie ein besseres Ergebnis.«

Diese Methode war auch bei einer Freundin erfolgreich, die entdeckte, daß ihre Tochter heimlich zum Laden ging, um sich mit dem Kleingeld, das vom Einkaufen übrig war, Schokolade zu kaufen. Statt ärgerlich zu werden, fragte meine Freundin ihre Tochter, wie sie sich fühlte, wenn sie sich davonschlich, um Schokolade zu kaufen. Das Mädchen sagte, sie fühlte sich zunächst erwachsen, weil sie in den Laden gehen und das kaufen konnte, was sie wollte. Wenn sie dann aber nach Hause kam, hatte sie ein schlechtes Gewissen. Sie fügte hinzu, ihre Mutter verstünde nicht, wie es sei, als Kind in New York zu wohnen und nirgendwohin allein gehen zu dürfen. »Ich muß immer mit dir zusammensein«, beschwerte sie sich.

Meine Freundin wollte ihre Tochter nicht allein hinauslassen, weil es in der Großstadt für ein Kind gefährlich werden kann. Gleichzeitig verstand sie das Bedürfnis ihrer Tochter nach mehr Unabhängigkeit und wollte sie ihr geben, ohne daß die Tochter Geld stibitzen und ein schlechtes Gewissen haben mußte. Schokolade im Laden zu kaufen war für das Mädchen ein Symbol für Freiheit geworden. Meine Freundin gab ihrer Tochter nun mehr Freiraum, erhöhte das Taschengeld und ließ sie tagsüber Freundinnen besuchen. Ihre Tochter hörte auf, sich aus dem Portemonnaie der Mutter Geld für Süßigkeiten zu nehmen, weil das nicht mehr nötig war. Auch hier war es so, daß meine Freundin und ihre Tochter das Problem lösen konnten, indem sie die positive Absicht – das Verlangen nach mehr Freiheit – erkannten. Wenn Kinder spüren, daß Sie ihre Bedürfnisse achten, statt sie für schlecht zu halten, fühlen sie sich geliebt und sind eher bereit, an der Lösung von Problemen mitzuwirken.

Wenn Sie hinter dem problematischen Verhalten eines Kindes erst einmal eine positive Motivation vermuten, ist dies sowohl für Sie als auch für das Kind eine Erleichterung. Statt als Zuchtmeister zu fungieren – was kein Vater, keine Mutter gerne tut –, haben Sie die Chance, Ihrem Kind beizubringen, wie man Probleme löst und wie dabei noch die Selbstachtung gestärkt wird.

Bei mir war einmal eine Frau, die während ihrer ganzen Kindheit zu leiden hatte, weil sie eine Lernstörung hatte, die nie diagnostiziert worden war. Von ihren Eltern hörte sie ständig: »Was ist nur los mit dir? Du bist doch klug – wie kannst du da solche Noten nach Hause bringen?« Jeder nahm an, daß sie sich einfach nicht genug anstrengte. Das war die einzige Erklärung. Ihre Eltern waren nicht böswillig; sie hatten einfach keine andere Erklärung für die schlechten Zensuren. Sie glaubten, wenn ein kluges Kind schlecht in der Schule ist, dann hat es nicht genug gelernt. Diese Frau wuchs mit der Vorstellung auf, sie sei faul, nur weil sie das so oft gehört hatte. Als sie im Erwachsenenalter erfuhr, daß sie eine Lernstörung hatte, schien eine riesige Last von ihr abzufallen. Sie mußte nicht mehr als schlecht oder faul gelten. Sie brauchte nur eine andere Art von Hilfe.

Als sie mir von den Qualen erzählte, die sie als Kind erlitten hatte, war sie voller Zorn auf ihre Eltern. »Sie haben meine Selbstachtung zerstört. Wie konnten sie nur? Was für miese Eltern!«

Ich ließ sie ihrem Ärger Luft machen. Es half ihr, sich von dem Gefühl zu befreien, daß es irgendwie ihre Schuld war. Dann half ich ihr dabei zu erkennen, daß ihre Eltern keine schlechten Menschen waren, genauso wenig wie sie ein schlechtes Kind gewesen war. Sie wußten nicht, daß ihre Tochter eine Lernstörung hatte; damals war über dieses Problem noch nicht soviel bekannt wie heute. Und weil die Eltern selbst unter emotionaler Dyslexie litten, gab es keine andere Erklärung für die schlechten Zensuren ihrer an sich klugen Tochter, als daß sie faul war. Mit der Zeit lernte diese Frau, ihren Eltern zu vergeben, denn ihr wurde klar, daß diese es nicht besser wissen konnten.

Die meisten von uns wurden von Eltern erzogen, die uns liebten und sich in bestmöglicher Weise um uns sorgten. Wenn wir verstehen, daß sie unter Umständen nicht über die dazu nötigen erwachsenen Fertigkeiten verfügten, können wir damit aufhören, ihnen ihre Fehler vorzuwerfen.

Kinder, die von Kindern erzogen werden

Weil wir unsere Kinder lieben, ruhen all unsere Erwartungen auf ihnen. Ein Teil davon ist berechtigt. Eltern wollen natürlich, daß ihre Kinder etwas lernen, das Rüstzeug erhalten, mit dem sie es in der Welt zu etwas bringen können. Aber wenn wir bei ihrer Erziehung unsere eigenen kindlichen Denkweisen – und die dazugehörenden übertriebenen, gefühlsbetonten Reaktionen – hineinspielen lassen, können wir ihnen nur bedingt dabei helfen, zu richtigen Erwachsenen heranzuwachsen.

Wir wollen einmal untersuchen, auf welche Weise Eltern auf die normalen Situationen bei der Erziehung von Kindern reagieren können – erst aus der Sicht emotionaler Dyslexie, dann aus der Sicht eines echten Erwachsenen. Wie Sie aus den vorhergehenden Lektionen wissen, gelingt Ihnen der Übergang von der einen zur anderen Sichtweise durch Einschalten Ihres kognitiven Denkens.

Ihr Kind steht schlecht in der Schule:

Erwachsene mit E. D.	Echte Erwachsene
Sie befürchten, daß aus Ihrem Kind nie etwas wird. Sie sehen es schon als Gammler herumhängen. Sie drohen mit Strafe, falls es noch einmal eine schlechte Note nach Hause bringt.	Sie machen sich Sorgen, daß etwas das Lernen Ihres Kindes beeinträchtigen könnte, und versuchen herauszufinden, was es ist. Sie wissen, daß man Probleme bereinigen kann, und bitten in aller Ruhe andere um ihre Mithilfe bei der Lösungssuche.

Ihr Sohn prügelt sich auf dem Spielplatz.

Erwachsene mit E. D.	Echte Erwachsene
Sie überreagieren und rügen ihn für die Wahl seiner Freunde. Sie sorgen sich, daß Ihr Kind verprügelt oder selbst zum Rüpel wird.	Sie wissen, daß kleine Jungen auf dem Spielplatz manchmal ziemlich wild sind, um so ihre überschüssige Energie loszuwerden, und daß das normalerweise ungefährlich ist. Sie lassen den Jungen erklären, was passiert ist, und schlagen ihm andere Wege vor, auf einen Konflikt zu reagieren, als eine Schlägerei anzufangen.

Müttern fällt die Einsicht manchmal schwer, daß kleine Jungen sich aggressiv verhalten, um Dampf abzulassen. Es liegt in deren Natur, sich auf diese Weise auszudrücken. Mütter befürchten dann, daß ihre Söhne zu Gewalt neigen oder destruktives Verhalten lernen. Aber wie wir das bei erwachsenen Männern durchgesprochen haben, ist aggressives Verhalten teilweise hormonell bedingt. Es ist Aufgabe der Eltern, diese Aggressivität in positive Bahnen zu lenken – und nicht zu versuchen, den Jungen ihr Jungensein auszutreiben. Denn das ist unmöglich. Ich erinnere mich an eine Freundin, die in ihrem Haus keine Spielzeugwaffen duldete. Ihr Junge ging in den Garten und schnitzte sich aus einem Ast eine Waffe. Ich will damit nicht sagen, daß Waffen und Gewalt richtig sind. Aber Eltern müssen verstehen, daß sie einem Kind nicht beim Lernen helfen, wenn sie sagen: »Das, was du möchtest, ist etwas Schlechtes.« Paradoxerweise führt übergroße Angst vor dieser Aggressivität dazu, daß die Jungen schlecht von sich denken, was sie dann noch aggressiver werden läßt.

Ihr Kind ist frech und gehorcht Ihnen nicht.

Erwachsene mit E. D.	*Echte Erwachsene*
Sie sehen rot und greifen das Kind an. Sie brüllen: »Hüte deine Zunge« oder »So redest du gefälligst nicht mit mir«. Oder Sie ignorieren sein Verhalten, weil Sie Angst vor einer Auseinandersetzung haben.	Sie wissen, daß es die Aufgabe von Eltern ist, ihrem Kind beizubringen, welches Verhalten nicht akzeptiert werden kann, und dabei mit gutem Beispiel voranzugehen. Sie wissen auch, daß das leichter geht, wenn Sie keine E. D. haben. Sie versuchen, die gute Absicht hinter der Aufsässigkeit Ihres Kindes zu entdecken und dadurch auf sein Verhalten einzuwirken.

Ihre Tochter hat dick Make-up aufgetragen.

Erwachsene mit E. D.

Echte Erwachsene

Sie fürchten, daß Ihre Tochter zu schnell erwachsen werden könnte. Der Gedanke stößt Sie ab. Sie schnauzen sie an: »Du siehst aus wie eine Schlampe! So lasse ich dich auf keinen Fall aus dem Haus!« Sie ziehen sie ins Badezimmer, wo sie sich das Make-up wieder abwischen muß.

Sie suchen die positive Absicht hinter dem Wunsch, Make-up zu tragen. Sie will hübsch aussehen, erwachsen sein, wie die anderen in ihrer Gruppe sein. Sie können das verstehen, weil Sie wissen, wie schwierig es ist, erwachsen zu werden. Sie lassen sie vielleicht trotzdem das Make-up abwischen, aber dahinter steht Mitgefühl und nicht Abscheu. Sie versuchen, ihr verständlich zu machen, daß ihr Verhalten und ihr Aussehen nicht ohne Wirkung bleiben.

Jede Generation von Eltern und Kindern muß sich neu mit dem Thema Aussehen auseinandersetzen. Teenager bekräftigen ihre Unabhängigkeit, indem sie einen Stil wählen, der dem Geschmack der Eltern zuwiderläuft. Das ist so sicher wie das Amen in der Kirche. Sie sind vielleicht entsetzt, wenn Ihre Tochter sich den halben Kopf kahlschert oder Ihr Sohn sich ein Ohr durchstechen läßt, aber sie müssen sich nur daran erinnern, daß Sie einmal in gleicher Weise gehandelt haben. Kinder sind in so vielen Dingen von Erwachsenen abhängig; beim Aussehen können sie ihre Eigenständigkeit beweisen. Wie ein Mann mir einmal kopfschüttelnd erzählte:

»Als ich jung war, ließ ich mein Haar lang wachsen und trieb meine Eltern damit zur Verzweiflung. Sie fanden es furchtbar. Jetzt hat mein Sohn seinen Kopf kahlgeschoren, und ich habe genauso reagiert wie meine Eltern. Nachdem ich mich beruhigt hatte, konnte ich die Ironie der Situation erkennen.«

Ihr Kind stiehlt im Laden Schokolade.

Erwachsene mit E. D.	*Echte Erwachsene*
Sie fühlen sich gedemütigt, weil Ihr Kind stiehlt. Sie zeigen Abscheu und Wut: »Wie konntest du mir das antun? Schäm dich!«	Sie machen Ihrem Kind verständlich, daß sein Handeln negativ sein kann, auch wenn seine Absicht positiv war. Sie fragen das Kind, warum es gestohlen hat, und versuchen, die positive Absicht herauszufinden. Durch Ihr Vorbild zeigen Sie dem Kind, daß sein Verhalten Folgen hat. Sie können zum Beispiel mit ihm vereinbaren, daß es im Haushalt mithilft, um das zu verdienen und zurückzuzahlen, was die Schokolade gekostet hat.

Ihrem Sohn ist es peinlich, mit Ihnen zusammen gesehen zu werden.

Erwachsene mit E. D.	*Echte Erwachsene*
Sie sind gekränkt. Sie sagen: »Was ist los mit dir? Liebst du mich nicht mehr? Warum ist dir so wichtig, was deine Freunde denken?«	Sie verstehen das Bedürfnis des Kindes nach Autonomie – älter und unabhängiger zu scheinen. Sie wissen auch, daß Jungen Angst davor haben, als Muttersöhnchen angesehen zu werden. Ihnen ist klar, daß sein Verhalten nicht gegen Sie persönlich gerichtet ist.

Ihr Teenager ist verschlossen und redet einfach nicht mit Ihnen.

Erwachsene mit E. D.	*Echte Erwachsene*
Sie haben Angst, daß sie etwas Wichtiges vor Ihnen verbergen könnte, und geraten in Panik. Sie haben das Gefühl, ausgeschlossen und zurückgewiesen zu werden. Sie nehmen es Ihrer Tochter übel, daß sie sich von Ihnen abwendet.	Sie führen sich ihr Verhalten allgemein vor Augen und überlegen, ob wirklich Anlaß zu Sorge wegen Drogen oder anderer ernster Dinge besteht. Ihnen ist bewußt, daß Teenager ihre Privatsphäre brauchen und sich nicht mehr soviel mitteilen. Das ist normal. Sie erhalten auch Unterstützung von anderen Eltern, denn die abweisende und kritische Haltung von Teenagern kann verletzend sein.

Eltern von Teenagern haben manchmal das Gefühl, es nicht recht machen zu können. Sie wissen, daß ein Teenager das Verlangen und das Bedürfnis nach Unabhängigkeit hat, sind sich aber auch all der Gefahren bewußt, die auf ihr Kind lauern. Sie möchten beschützen, müssen ihr Kind sich aber auch abnabeln lassen – das scheint nicht vereinbar. Darum kann das Leben mit Teenagern manchmal zu einem Kampf ausarten. Eltern müssen den Unterschied erkennen zwischen gefährlichem Verhalten – wie Drogen- oder Alkoholkonsum – und einfach unausstehlichem Verhalten. Eine abweisende, kritische Haltung oder ein Angriff auf Ihre Wertvorstellungen gehören zu dem normalen Vorgang des Abnabelns. Dieses Verhalten schmerzt und kränkt, aber als Erwachsener können Sie es sachlich und nüchtern betrachten und sich sogar daran erinnern, daß Sie sich als Teenager genauso verhalten haben.

Fast im gesamten Leben Ihres Teenagers waren Sie die allmächtige Person. Nun muß er seine eigene Macht finden – etwas, das aus ihm selbst kommt und nicht von Ihnen. Weil er aber nicht selbstsicher genug ist, behauptet er sich, indem er Sie kritisiert. Dann sagt er zum Beispiel: »So wie du will ich nie leben« oder »Meine Wertvorstellungen sind besser als deine«.

Dies ist für Eltern eine schreckliche Zeit, denn nachdem sie doch soviel Liebe und Unterstützung gegeben haben, erhalten sie jetzt nur einen Schlag ins Gesicht. Sie denken: »Das habe ich nicht verdient. Warum tut er mir das an?« Wenn Eltern sich einmal von dem automatischen Reflex »Er will mir damit wehtun« freimachen, können sie sehen, daß die Kritik des Teenagers nicht gegen sie gerichtet ist. Er tut es für sich, um eine Identität zu finden, die sich von Ihrer unterscheidet. Wenn Ihr Kind ins Teenageralter gekommen ist, weiß es, daß es Sie bald verlassen muß. Das macht ihm angst. Deshalb bläht ein Teenager sich mit künstlicher Tapferkeit auf und teilt Ihnen mit, daß er alles besser weiß als Sie. Als Erwachsene haben Sie die Fähigkeit, das Unbehagen hinter seinen verletzenden Worten und seiner abweisenden Haltung herauszuhören, die Teil eines normalen Prozesses sind und kein absichtlich rachsüchtiges Verhalten.

Wenn die Umstände verlangen, daß Sie eine feste Haltung einnehmen und das ablehnen, was Ihr Kind möchte, können Sie fest sein, ohne es zu demütigen. Ich will hier keineswegs Nachgiebigkeit propagieren. Wenn Sie jedoch verstehen, was Ihr Kind empfindet, können Sie liebevoller reagieren, selbst wenn Sie strenge Entscheidungen treffen müssen. Ihre Tochter könnte zum Beispiel die Tatsache, daß Sie ihr verbieten, zu einem nächtlichen Konzert zu gehen, als Zeichen sehen, daß Sie ihr nicht vertrauen. Sie hört die Botschaft: »Du glaubst, ich stelle irgend etwas an.« Als Eltern können Sie die Verantwortung für die Sicherheit Ihrer Tochter übernehmen, ohne damit eine Wertung zu verbinden. Sie sagen: »Ich weiß, daß du meine Entscheidung falsch findest, und es tut mir leid. Aber ich mache mir Sorgen um dich. Ich vertraue dir, aber ich weiß, daß es Menschen gibt, denen man nicht vertrauen kann, und es ist meine Aufgabe, dich vor ihnen zu beschützen.«

Ihr Sohn möchte nicht auf die Universität gehen.

Erwachsene mit E. D.

Sie sind entsetzt. Sie sagen ihm, daß Sie schon wüßten, was das Beste sei, und er gefälligst das tun solle, was Sie ihm sagen. Sie befürchten, daß nie etwas aus ihm wird.

Echte Erwachsene

Sie fragen ihn, was er tun möchte. Finden Sie heraus, wo seine Interessen liegen, und überlegen Sie, was man damit machen kann. Stellen Sie auch fest, ob er ein Studium ablehnt, weil er Angst

hat oder weil er wirklich
wünscht, etwas anderes zu
tun. Wenn es Angst ist, können Sie ihm helfen, das Ganze in einem positiveren Licht
zu sehen.

Ich kenne ein Ehepaar, das sich mit seinem Sohn über diesen
Punkt auseinandersetzen mußte. Er war hochintelligent, hatte nur gute Noten in der Schule, was die Eltern mit Stolz er-
füllte. Als er ihnen ein halbes Jahr vor Abschluß der High-
School mitteilte, daß er nicht auf die Uni wolle, waren sie wie
vor den Kopf gestoßen. Sie hatten beide einen Studienab-
schluß und legten viel Wert auf eine Hochschulbildung. Es
war ihnen nie in den Sinn gekommen, daß ihr Sohn nicht auf
die Uni gehen würde.
Zornerfüllte Wochen der Tränen und des Drängens folgten.
Die Mutter versuchte, ihn umzustimmen. Sein Vater zog sich
zurück und wollte nicht darüber reden. Als sie schließlich mit
ihrem Problem zu mir kamen, hatten sie sich festgefahren.
Der Standpunkt der Eltern war klar: »Wenn Ted nicht auf die
Uni geht, kann er es im Leben zu nichts bringen und muß ir-
gendwelche niederen, schlechtbezahlten Jobs annehmen.
Wir haben ihn doch nicht aufgezogen, damit er als Koch in einem Schnellimbiß landet.«
Ich wußte, diese Eltern liebten ihren Sohn und wollten nur
sein Bestes. Aber ihre emotionale Dyslexie verhinderte, daß
sie das Ganze objektiv betrachteten. Sie fällten ein starres Urteil: Falls Ted nicht auf die Uni ging, wäre sein Leben verpfuscht. Eine andere Möglichkeit gab es nicht. Sie sahen nur
das Hier und Jetzt: Wenn Ted jetzt nicht auf die Uni ging, war
sein ganzes Leben ruiniert. Er würde nie wieder eine Chance
erhalten.

Sie waren sich ihrer Sache so sicher, daß sie Ted eigentlich noch nie richtig zugehört hatten. Was fühlte er? Was war seine positive Absicht bei der Weigerung, auf die Uni zu gehen?

In einer Sitzung mit Ted allein begann ich, diesem Punkt nachzugehen. Ich eröffnete sie nicht mit der Frage: »Warum willst du nicht auf die Uni?« Das hätte wie eine Anschuldigung geklungen und ihn gleich in eine Abwehrhaltung gedrängt. Statt dessen fragte ich ihn nach seinen Interessen und den Dingen, die er gerne tat. Lebhaft erzählte er mir von seiner Liebe zur Naturwissenschaft, besonders der Fotografie. »Es gibt so vieles, was ich gerne mache«, sagte er. »Ich weiß ganz einfach nicht, was ich werden möchte.«

Ich fragte ihn, warum er das schon jetzt entscheiden müsse, und er verdrehte die Augen. »Sie wissen doch, wie das ist. Jeder quetscht einen aus, was man als Hauptfach wählen wird und was man mit seinem Leben anfangen will. Meine Eltern sind in ihrem Beruf sehr erfolgreich, und ich weiß, daß sie viel von mir erwarten. Aber ich weiß einfach nicht, was ich werden möchte. Ich habe Angst davor, sie zu enttäuschen. Was ist, falls ich die Uni gräßlich finde? Was ist, falls ich mich nicht entscheiden kann, was ich tun möchte?«

In diesem Gespräch stellte sich heraus, daß Ted Angst hatte vor der Uni, weil sie einen großen Schritt in Richtung Erwachsensein darstellte. Da er noch jung war, konnte er es nicht richtig einordnen. Ihm war nicht klar, daß durch das, was ihm in seinem ersten Studienjahr widerfuhr, keineswegs der Rest seines Lebens festgelegt war. Ohne es zu wollen, hatten seine Lehrer und seine Eltern ihm das Gefühl gegeben, daß jede Entscheidung, die er jetzt traf, über Leben und Tod entschied. Kein Wunder, daß er Angst hatte!

Ich versuchte, Ted und seinen Eltern zu einer gelasseneren Einschätzung der Situation zu verhelfen. Ich legte den Eltern dar, daß es nicht das Ende der Welt bedeutete, wenn Ted be-schloß, ein oder zwei Jahre etwas anderes zu tun und erst dann auf die Uni zu gehen.

Ich ermutigte sie dazu, die Möglichkeiten miteinander zu ver-gleichen. Ich legte ihnen auch nahe, ihrem Sohn zu versi-chern, daß er keine Angst davor haben mußte zu scheitern. Selbst wenn er auf die Uni ginge und im ersten Jahr mit Schwierigkeiten zu kämpfen hätte, konnte er etwas daraus lernen.

Ted sagte ich dasselbe: »Das Schöne bei der Universität ist, daß man dort andere Menschen kennenlernt und viele ver-schiedene Meinungen hört. Sie könnten völlig unerwartete Wege entdecken, die Ihre Interessen befriedigen. Was ist denn das Schlimmste, was Ihnen passieren kann?«

»Ich könnte durchfallen«, erwiderte er. »Ich fände es furcht-bar, wenn meine Eltern viel Geld zahlen und ich sie dann ent-täusche, indem ich durchfalle.«

»Ich kann Ihre Sorgen verstehen«, sagte ich. »Es ist beängsti-gend, sich auf eine völlig fremde Situation einzulassen und nicht zu wissen, ob man es schafft oder nicht. In Ihren Gedan-ken sind Sie schon viel weiter und stellen alle möglichen Ver-mutungen an über die schrecklichen Dinge, die passieren könnten. Sie haben sich wahrscheinlich genauso gefühlt, als Sie auf die High-School kamen.«

Er mußte lachen. »O ja. Das erste Jahr war grauenvoll.«

»Aber Sie haben Freunde gefunden und mitgemacht, und al-les wurde gut.«

»Das stimmt«, nickte er. »So habe ich noch nie darüber nach-gedacht.«

»Sie können Ihre Erinnerungen an vergangene Erfahrungen dazu benutzen, die Angst vor der Zukunft zu bekämpfen«, er-klärte ich ihm. »Sie wissen auch, daß Sie bei dem kleinsten Anzeichen von Schwierigkeiten zu Ihren Eltern oder zu mir kommen können, und wir helfen Ihnen dann. Niemand erwartet, daß Sie alles alleine schaffen.«

Nachdem Ted sich hatte überzeugen lassen, daß die Uni nichts Gefährliches ist – daß er mit Offenheit und Entdeckerfreude an die Sache herangehen konnte –, verlor die Vorstellung für ihn an Bedrohlichkeit. Sie war ein weiterer Schritt im Lernprozeß des Lebens und kein Unternehmen auf Leben und Tod.

Sie als Eltern müssen auch daran denken, daß Sie und Ihre Kinder, wie im vorigen Kapitel beschrieben, manchmal überhaupt nicht zusammenpassen. Sie sehen einen Universitätsabschluß als eine Garantie für eine glückliche Zukunft an, während Ihr Kind sein Glück eher darin sieht, Restaurantkoch zu sein. Oder Sie können nicht verstehen, warum Ihre Tochter keine Kinder haben möchte; sie sieht ihre Zukunft eben anders als Sie. Sie können nicht davon ausgehen, daß Ihre Kinder Zufriedenheit, Glück und Erfolg finden, indem sie Ihren Fußstapfen folgen.

Die Welt Ihres Kindes erweitern

Eltern machen oft den Fehler anzunehmen, daß ihre Kinder das Leben im Grunde genauso sehen und einordnen wie Erwachsene. Die emotionale Welt eines Kindes ist jedoch völlig anders. Beobachten Sie zum Beispiel einmal, wie eine Dreijährige sich verhält, wenn ihre Eltern ein neues Baby nach Hause bringen. Sie reagiert vielleicht zornig oder aggressiv, hat Angst, in der Gunst ihrer Eltern durch diesen fremden Eindringling abgelöst zu werden. Liebevolle Eltern versuchen oft, die Ängste des Kindes offen anzugehen – und sagen: »Wir lieben dich so sehr, daß wir noch ein Baby haben wollten.« Sie glauben, dadurch trösten zu können, aber einem dreijährigen Kind fehlt die Vernunftbegabung, das zu erkennen. Eine Kinderpsychologin beschrieb es einmal so: »Das ist, als teilten Sie Ihrer Frau mit: Ich liebe dich so sehr, daß ich noch eine Frau haben wollte.«

Das Schwierigste für ein Kind ist es, in einer Welt zu interagieren, die sich vollkommen seiner Kontrolle entzieht. Es hat nirgendwo Einfluß auf das, was passiert. Seine Eltern können ein weiteres Baby haben, entscheiden, was es zum Essen gibt, in ein neues Haus umziehen und sagen, ob sie mit ihm in den Zirkus gehen oder nicht – das Kind ist letztendlich hilflos. Wenn Sie auf die Gefühle hören, die sich hinter dem Wutausbruch eines Kindes verbergen, erkennen Sie, daß ein Kind, das »Nein!« schreit oder ärgerlich sagt: »Du hast mir gar nichts zu sagen«, verzweifelt versucht, Kontrolle zu erlangen. Erwachsene können sich auch Bemerkungen verkneifen, die völlig lächerlich klingen, wenn man die Welt eines Kindes versteht. Überlegen Sie mal, wie oft Sie Dinge gesagt oder von anderen Eltern gehört haben wie »Stell dich nicht an wie ein kleines Kind« (aber das Kind ist noch ein »kleines Kind«, zumindest emotional). Oder »Benutz deinen Kopf« (ein Kind hat jedoch nicht die erforderlichen kognitiven Fertigkeiten). Oder »Sei nicht so kindisch« (von alleine kann es nicht erwachsen werden). Diese Botschaften verwirren Kinder, die im wesentlichen über keine Mittel verfügen, um das zu tun, was von ihnen verlangt wird.

Sie können Ihrem Kind dabei helfen, emotional zu reifen, indem Sie zunächst einmal seine guten Seiten herausstellen und ihm dann Ersatzreaktionen beibringen, mit denen es seine Gefühle ausdrücken kann. In der folgenden Lektion zeige ich Ihnen die Fertigkeiten, die man braucht, um sich im Umgang mit seinen Kindern als echter Erwachsener zu erweisen und ihnen damit ihrerseits beim Erwachsenwerden zu helfen. Wenn Sie als Erwachsener ein Vorbild sind, vermitteln Sie Ihren Kindern zum jetzigen Zeitpunkt ein größeres Gefühl der Sicherheit. Sie vermitteln ihnen auch die positive Botschaft, daß sie sich im Laufe der Zeit ebenfalls dieses reife Verhalten aneignen können.

Lektion sechs

Lernen Sie, im Umgang mit Ihren Kindern erwachsen zu sein

Der Hauptunterschied zwischen einem Erwachsenen und einem Kind ist der, daß ein Erwachsener über die Fähigkeit zu kognitivem Denken verfügt, mit Hilfe dessen er sich in der Welt orientieren und seine Probleme lösen kann. Wenn Sie im Umgang mit Ihrem Kind selbst in kindliches Verhalten verfallen, wird Ihr Haushalt ein einziges Chaos darstellen – ein ständiger Kampf mit den Kindern, die darum buhlen, daß ihre Bedürfnisse befriedigt werden.

Als Erwachsener können Sie vermeiden, aus Abhängigkeit, Verzerrung oder Angst heraus zu reagieren. Darüber hinaus können Sie Ihren Kindern beibringen, ihre Probleme kognitiv zu lösen. Dieser Schritt fehlte in Ihrem Leben. Da Ihre Eltern selbst E. D. hatten, wurde Ihnen nie beigebracht, wie man seine Reaktion in Streßsituationen umformt. Wenn Sie Ihren Kindern diese Fertigkeit beibringen, verlernen sie sie auch als Erwachsene nicht mehr. Streß wird bei ihnen dann nicht automatisch präkognitive Emotionen auslösen, denn sie können sie durch erwachsene Antworten ersetzen.

Eltern haben zwei Aufgaben – zu lieben und anzuleiten. Diese Aufgaben liegen den drei Schritten dieser Lektion zugrunde:

1. *Innehalten*, bevor Sie im Zorn reagieren.
2. *Überprüfen*, warum Ihr Kind kindisch reagiert.
3. *Umgestalten* des Verhaltens Ihres Kindes.

1. Schritt: Innehalten, bevor Sie im Zorn reagieren.

Ich spreche oft mit Eltern, die sich im Grunde selbst noch wie Kinder fühlen, weil provozierendes Verhalten ihrer Kinder – Herumbrüllen im Supermarkt, Quengeln, eine freche Klappe – bei ihnen präkognitive Emotionen auslöst. Ihnen platzt der Kragen, sie bestrafen das Kind und haben später ein schlechtes Gewissen.

Sie sagen mir dann sorgenvoll: »Ich weiß, daß gute Eltern so nicht reagieren, aber ich kann einfach nichts dagegen tun.«

Zunächst versichere ich ihnen, daß sie keine schlechten Eltern sind. Hier spricht nur die emotionale Dyslexie. Jeden packt einmal der Zorn, und Eltern können so fixiert sein auf ihre Kinder, daß sie nicht anders zu reagieren wissen. Es geht hier nicht darum, ob sie verärgert oder sogar zornig sind, sondern darum, wie sie ihren Ärger ausdrücken.

Manchmal kann man dem Ansturm starker Gefühle nichts entgegenstellen, aber die Heftigkeit sollte für Sie ein deutliches Warnsignal sein: Sie sollten innehalten, bevor Sie ganz in den kindlichen Zustand verfallen. Eine kurze Auszeit hilft Ihnen, Ihr kognitives Denken einzuschalten, und schließlich lernt auch Ihr Kind, dies zu tun.

Nehmen wir ein Beispiel, das den Vorteil einer Auszeit demonstriert und das alle Eltern verstehen können. Ihre sechsjährige Tochter möchte in den Park gehen und dort schaukeln. Sie sind gerade von der Arbeit nach Hause gekommen und dementsprechend müde. Sie wollen nur noch die Füße hochlegen und nichts tun.

Kind: »Komm wir gehen, komm!«
Mutter: »Nicht jetzt, Schätzchen. Mami ist müde.«
Kind: »Och, bitte, bitte. Ich möchte draußen spielen.«

(Die Mutter denkt: Kann sie nicht hören? Ich habe doch gesagt, daß ich müde bin.)

Mutter: »Ich habe gesagt, heute nicht. Vielleicht morgen.«
Kind: »Ich will aber jetzt gehen. Geh jetzt mit mir!« (Es fängt an zu weinen.)

(Das Kind denkt: Sie ist gemein. Wenn sie eine liebe Mami wäre, würde sie mit mir in den Park gehen. Das Kind begreift nicht, was es bedeutet, daß Mami müde ist.)

Mutter: »Nein! Sei nicht so selbstsüchtig! Geh mir aus den Augen und verschwinde in dein Zimmer!«
Kind: »Du bist gemein! Ich hasse dich!« (Läuft weinend aus dem Zimmer.)

(Mutter läßt sich in einen Sessel fallen, ärgert sich und hat gleichzeitig ein schlechtes Gewissen.)

Hier ging die Mutter davon aus, daß die Tochter die kognitive Fähigkeit besaß, die Müdigkeit ihrer Mutter zu verstehen. Sie können aber von Kindern kein erwachsenes Vernunftdenken erwarten. Kinder sind im wesentlichen egozentrisch. Sie glauben, daß Sie ihren Bedürfnissen nicht nachkommen, weil Sie dies nicht wollen; sie verstehen es so, als seien ihre Bedürfnisse schlecht.
Es hätte viel geholfen, wenn die Mutter innegehalten hätte, bevor der Zorn zu groß wurde, und versucht hätte, die positive Absicht des Kindes herauszufinden. Als ihre Tochter zu weinen anfing, war das ein Warnzeichen. An diesem Punkt hätte sie sagen können: »Na, du steckst heute ja voller Energie. Warum schlägst du nicht ein paar Purzelbäume, während Mami sich hinsetzt und dir zuschaut.«

Wenn Sie die positive Absicht Ihres Kindes sehen, können Sie die ganze Aufregung verhindern. Das heißt nicht, daß Sie und Ihre Kinder nie aneinandergeraten werden. Sie können Ihrem Kind sogar zu verstehen geben, daß es okay ist, sich zu ärgern. Aber vermitteln Sie ihm auch, daß seine Worte einfacher zu verstehen sind, wenn es nicht frech ist oder schreit.

2. Schritt: Überprüfen, warum Ihr Kind kindisch reagiert.

Sie können Ihr Kind nur aus dem erwachsenen Zustand heraus lieben, wo gegenseitige Abhängigkeit, Bewußtsein und Selbstvertrauen herrschen. Als erstes müssen Sie üben, das Handeln Ihres Kindes vom erwachsenen Standpunkt aus zu beobachten. Ordnen Sie die Reaktionen Ihres Kindes auf dem E.-D.-Index ein. Denken Sie daran, daß sich ein Kind wirklich im kindlichen Zustand befindet! Dann fällt es Ihnen leichter, Mitgefühl zu zeigen, selbst wenn Ihr Kind sich danebenbenimmt. Das wiederum hilft Ihnen, selbst im Erwachsenenzustand zu bleiben.

Schreiben Sie eine Woche lang alle Vorfälle auf, bei denen Sie sich über Ihr Kind ärgern. Zum Beispiel:

Vorfall: Er ist mit matschigen Schuhen ins Haus gekommen.
Reaktion: Es ist ihm egal, daß ich gerade den Boden gewischt habe.

Vorfall: Sie war frech.
Reaktion: Sie hat meine Gefühle verletzt.

Suchen Sie jetzt im E.-D.-Index Ersatzreaktionen, mit denen Sie zeigen, daß Sie die Bedürfnisse des Kindes verstanden haben. Ein Hinweis: Sie sollten negative Wertungen vermeiden. Zum Beispiel:

Vorfall: Er ist mit matschigen Schuhen ins Haus gekommen.
Positive Absicht: Matsch macht Spaß.
Erwachsene Reaktion: Erklären Sie ihm, daß Matsch zwar Spaß macht, aber draußen bleiben muß. Im Haus macht er weitaus weniger Spaß, weil Mutti ihn aufwischen muß. Lassen Sie Ihr Kind beim Aufwischen helfen. Auf diese Weise vermeiden Sie eine negative Wertung und bringen dem Kind bei, daß sein Handeln Folgen hat.

Vorfall: Sie war frech.
Positive Absicht: Sie wollte mit ihren Freundinnen hinausgehen, aber Sie haben es ihr verboten.
Erwachsene Reaktion: Machen Sie sich klar, daß die Reaktion des Kindes ein Zeichen dafür ist, daß sie sich ärgert oder unter Streß steht. Suchen Sie nach der Absicht hinter den verletzenden Worten. Zeigen Sie Mitgefühl statt eines wertenden Urteils, zum Beispiel: »Ich weiß, du möchtest mit deinen Freundinnen zusammensein und bist mir böse, weil ich dich hier brauche.« Auf diese Weise lassen Sie das Kind wissen, daß seine Worte unangebracht waren, und zeigen ihm gleichzeitig Ihr Verständnis.

Ich will hier keine lasche Erziehung propagieren. Als Erwachsene müssen Sie Verhaltensregeln festlegen. Aber wenn Sie erwachsen handeln, können Sie in positiver Weise auf Ihre Kinder einwirken und Probleme angehen, bevor sie unlösbar geworden sind. Üben Sie diesen Schritt jedesmal, wenn Ihr Kind etwas sagt oder tut, was bei Ihnen kindliche Emotionen auslöst.

3. Schritt: Umgestalten des Verhaltens Ihres Kindes.

Es gibt keine schlechten Kinder. Genauso wie Erwachsene Gutes tun wollen, auch wenn sie ineffektiv vorgehen, streben Kinder immer danach, ihr Bestes zu geben. Das Problem ist nur, daß ein Kind von seinen Gefühlen schnell überwältigt wird, weil ihm die kognitiven Fertigkeiten fehlen. Wenn Sie sich die kindliche Seite auf dem E.-D.-Index ansehen, finden Sie die Beschreibung der Welt, wie ein Kind sie erlebt:

1. *Abhängigkeit:* Es kann nicht für sich selbst sorgen. Es kann nicht von sich aus Selbstachtung aufbauen. Sein Tun und Handeln wird von anderen bestimmt.
2. *Verzerrung:* Ihr gesamtes Handeln scheint auf das Kind ausgerichtet zu sein. Wenn etwas schiefläuft, glaubt es, das sei seine Schuld.
3. *Angst:* Es ist sehr verletzlich; daher erscheint ihm das Leben gefährlich.

Sie verstärken die präkognitiven Gefühle eines Kindes noch, wenn Sie ihm sagen, es sei schlecht oder nichts wert, wenn Sie ihm nicht zeigen, daß andere Menschen auch Bedürfnisse haben, oder wenn Sie sich selbst wie ein Kind benehmen – und ihm so die Sicherheit rauben, von einem Erwachsenen geführt und geleitet zu werden.

Üben Sie mit Hilfe des E.-D.-Index, das Verhalten Ihres Kindes auf positive Weise umzugestalten. Sie können Ihrem Kind schon in frühen Jahren helfen, mit dem Erlernen erwachsener Fertigkeiten zu beginnen.

Manchmal ist es am effektivsten, wenn man die Empfindungen eines Kindes in einer Krisensituation bestätigt. Am meisten ärgert und ängstigt es Kinder, wenn niemand ihre Bedürfnisse beachtet. Zum Beispiel:

218

Situation: Ihr Kind ärgert sich, weil es nicht so viele Kekse wie seine Schwester erhalten hat. Es kommt schluchzend zu Ihnen: »Sally hat drei gekriegt und ich nur zwei. Das ist ungerecht!«

Der kindlich reagierende Erwachsene antwortet: »Das Leben ist nun mal ungerecht. Laß mich doch mit so einer albernen Sache in Ruhe.«

Der Erwachsene antwortet: »Ich weiß, daß es ungerecht scheint, wenn Sally drei Kekse bekommt und du nur zwei. Es tut mir leid, daß du dich deswegen grämst. Komm her – komm in meine Arme. Vielleicht können wir mit deinen Rennautos spielen.«

In diesem Beispiel bestätigt der Erwachsene die Empfindungen des Kindes, die auf *Egozentrik* basieren. Gleichzeitig bringt er dem Kind *Einfühlungsvermögen* bei, indem er es um seine Mithilfe bittet.

Situation: Es ist Schlafenszeit, und Ihr Kind bittet und bettelt, doch noch etwas länger aufbleiben zu dürfen.

Der kindlich reagierende Erwachsene antwortet: »Wenn du mich noch ein einziges Mal bittest, schicke ich dich ohne Gutenachtgeschichte ins Bett.«

Der Erwachsene antwortet: »Das klingt ja, als wäre es toll, länger aufzubleiben. Das ist komisch, denn ich wünsche mir manchmal, früher ins Bett zu gehen. Ich mach dir einen Vorschlag. Am Samstag darfst du bis halb zehn aufbleiben.«

In diesem Beispiel versteht der Erwachsene, daß seine Tochter die *Illusion* hat, es müßte toll sein, länger aufzubleiben. Er bestätigt die *Illusionen* seiner Tochter, während er gleichzeitig spielerisch auf die *Realität* hinweist.

Sie als Erwachsene können bei Auseinandersetzungen mit Ihren Kindern Ihr kognitives Gehirn einsetzen. Sie können sich von Ihrer emotionalen Dyslexie befreien und ein Vorbild für erwachsenes Verhalten sein. Damit helfen Sie Ihrem Kind auch dabei, sich diese Fertigkeiten anzueignen und ein echter Erwachsener zu werden. Ein schöneres Geschenk können Sie ihm nicht machen!

9 Können Sie sich durchsetzen?

– Machen Sie sich Gedanken darüber, daß Sie nicht so attraktiv, interessant oder talentiert sind wie andere Menschen?
– Glauben Sie, daß andere Sie für bedürftig oder schwach halten, wenn Sie sie um Hilfe bitten?
– Erwarten Sie, gedemütigt oder zurückgewiesen zu werden?

Craig kam zu mir, weil er seine Arbeit verloren hatte und Schwierigkeiten bei den Vorstellungsgesprächen für eine neue Stelle hatte. Obwohl seine Entlassung nichts mit seinen Fähigkeiten zu tun hatte (seine gesamte Abteilung wurde bei der Umstrukturierung der Firma aufgelöst), plagten ihn Selbstzweifel. Der durch die Entlassung hervorgerufene Streß hatte präkognitive Reaktionen wie Abhängigkeit, Verzerrung und Angst ausgelöst. Er konnte sich nicht von der Vorstellung befreien, daß er hier ganz persönlich gescheitert war – daß er hätte anders handeln und seine Arbeit behalten können. Er war daran gewöhnt, stark, unabhängig und voller Selbstwertgefühl zu sein. Er war nicht daran gewöhnt, um Hilfe zu bitten oder verletzlich zu sein. »Ich bin nicht mehr ich selbst«, erzählte er mir. »Ich kann nicht schlafen. Ich wache schweißgebadet auf. Ich habe schon früher Vorstellungsgespräche gehabt, aber so war es noch nie.« Craig empfand es so, als sei er nicht mehr er selbst. Wo war der selbstbewußte Mann von früher? In gewissem Sinne war er nicht mehr er selbst, weil seine präkognitiven Emotionen ihm nichts ließen, worauf er sich verlassen konnte.

Wir sprachen über seine früheren Erfahrungen und dabei stellte sich heraus, daß Craig mehrmals die Arbeitsstelle gewechselt hatte, aber immer aus eigenem Antrieb. Er hatte sich aus einer sicheren Lage heraus um andere Jobs bemüht. Er *mußte* nichts Neues finden, sondern er *wollte* es – um mehr Geld zu verdienen oder eine interessantere Arbeit zu haben. Ein paarmal wurde er sogar angesprochen, obwohl er gar nichts suchte. »Früher haben mir Vorstellungsgespräche sogar Spaß gemacht«, sagte er bitter. »Ich stellte mich gern vor den Leuten dar und beantwortete ihre Fragen. Aber jetzt überkommt mich Panik, wenn ich nur daran denke.«

Craig stand vor einem Rätsel. Wo war bei diesem selbstbewußten, kompetenten Geschäftsmann plötzlich die Unsicherheit und Angst hergekommen? Konnte er sein Selbstvertrauen zurückgewinnen? Mein Ziel war es, Craig zu zeigen, daß er auch unter Streß erwachsen bleiben konnte – daß Erwachsene manchmal Angst haben und Hilfe benötigen, aber sie deswegen keineswegs Schwächlinge sind. Craig kämpfte jedoch nicht nur gegen persönliche, sondern auch gegen kulturelle Dämonen an. Bei Männern sind Gefühle dieser Art sehr verbreitet, wenn sie ihre Arbeit, aus welchen Gründen auch immer, verloren haben. Am eindringlichsten wird das in Studs Terkels Buch *Der große Krach* geschildert. Terkel war erstaunt, wie viele Männer, die er in der Wirtschaftskrise über ihre Arbeitslosigkeit interviewte, sich selbst die Schuld gaben. Eigentlich war offensichtlich, daß man ihnen nicht die Schuld an der größten wirtschaftlichen Katastrophe des Jahrhunderts geben konnte. Aber sie gaben sich persönlich die Schuld für gewisse Umstände, auf die sie gar keinen Einfluß hatten.

Ich erinnerte Craig daran, daß früher immer er es gewesen war, der sich für eine Veränderung entschieden hatte. Nun lag es nicht mehr bei ihm, und daher ging es ihm wie einem Kind, das nichts zu sagen hat. »Weil Sie sich durch den Streß geschwächt fühlen, löst er bei Ihnen eine Reihe von Erinnerungen an die Kindheit aus, als Sie tatsächlich schwach waren«, erklärte ich ihm. »Durch den Streß bei dem Gedanken an eine unsichere Zukunft ist Ihr erwachsenes Ich in den Hintergrund gedrängt worden, und das ist unter den gegebenen Umständen normal. Sie müssen es aber wieder hervorholen. Wenn Sie Streß auf erwachsene Weise erleben, können Sie besorgt sein, ohne den Fehler bei sich zu suchen.«

Ich bat Craig, sich an frühere Vorstellungsgespräche zu erinnern. »Treten Sie in Gedanken mal zurück und beobachten Sie sich selbst bei diesen Gesprächen, so als schauten Sie einen Film an. Was sehen Sie?«

Er schloß die Augen und dachte eine Weile nach. »Ich sehe einen sympathischen Mann, klug, völlig gelöst. Er lächelt den Mann hinter dem Schreibtisch an.« Craig öffnete die Augen. »So war ich mal. Selbst wenn ich die Stelle dann nicht bekam, wußte ich doch immer, daß ich einen guten Eindruck gemacht hatte. Damals wurde mir oft gesagt: ›Oh, ich habe schon viel Gutes von Ihnen gehört.‹«

Mir fiel auf, daß Craigs Gesichtsausdruck bei diesen Rückerinnerungen zum ersten Mal, seit er meine Praxis betreten hatte, etwas lebendiger wurde. Ich sah auf einmal einen anderen Menschen, nicht mehr den geschlagenen, verängstigten Mann vom Anfang. Ich als Beobachterin konnte nun sehen, warum Craig früher solchen Erfolg gehabt hatte.

»Dieser Mensch sind Sie immer noch«, sagte ich. »Objektiv gesehen hat sich nichts geändert. Aber Sie müssen sich eines klarmachen: Wenn Sie wie die meisten Männer sind, haben Sie wahrscheinlich Ihr Leben lang gedacht, daß Sie Ihr Selbstwertgefühl nur durch beruflichen Erfolg nähren. Zum ersten Mal sind Sie jetzt davon abgeschnitten und reagieren deshalb automatisch mit einem Gefühl der Scham. Sie glauben, Sie können den Kopf nicht mehr hochhalten, weil Sie im Moment keinen Erfolg haben.«

Ich versicherte ihm, daß ich keine übermenschliche Reaktion erwartete. »In Wirklichkeit brauchen Sie in einer Streßsituation wahrscheinlich mehr Hilfe, damit Ihre Ängste nicht Ihr Realitätsbewußtsein trüben. Wenn Sie sich durch die Entlassung ein Gefühl der Scham einreden, machen Sie alles noch schlimmer. Wir müssen Ihnen helfen, der kluge, selbstsichere Mann zu bleiben, den Sie mir in Ihrem ›Film‹ beschrieben haben. Denn wie Sie in der Vergangenheit gesehen haben, ist das der Mann, den man einstellen möchte und der Sie eigentlich gerne wären. Wenn Sie die Arbeitssuche mit einem Gefühl der Scham oder Bedürftigkeit angehen, werden Sie es bei Vorstellungsgesprächen sehr schwer haben.«

Das schien Craig einzusehen, und ein Hoffnungsschimmer trat in seine Augen. Als nächstes mußte er sich seine Fertigkeiten wieder ins Gedächtnis rufen. Angst hatte seine Erinnerungen daran verdrängt, wie gut er in seinem Beruf war, und ich wußte aus eigener Erfahrung und aus neuesten Untersuchungen, daß sich diejenigen, die mit vergleichbaren Erfahrungen am besten zurechtkamen, immer auf ihre Fertigkeiten konzentrierten und weniger auf ihre frühere Stellung oder ihr Image. Ich mußte Craig dazu bringen, an seine Fähigkeiten zu denken – ein Gleichgewicht zu finden zwischen seiner erfolgreichen Vergangenheit und der jetzigen Realität, seiner Arbeitslosigkeit. Ich bat ihn, vor unserer nächsten Sitzung eine Hausaufgabe zu erledigen. »Schreiben Sie die Gründe auf, wegen denen Sie für Ihre früheren Stellungen ausgewählt wurden. Was für ein Feedback hatten Sie? Wo lagen Ihre Stärken bei der Arbeit? Beschränken Sie sich vorerst auf diese objektiven Fakten.«

Er war bereit dazu und kam in der nächsten Woche mit seinen Listen zurück in die Praxis. Wir gingen sie zusammen durch, und ich zeigte ihm, wie er das Bild von sich als beruflich kompetentem Erwachsenen immer vor Augen behalten konnte. Als nächstes kam Craigs Zusammenspiel mit seinen Mitmenschen. Ich wies ihn darauf hin, daß ein Erwachsener sich in gegenseitigen Abhängigkeiten bewegt und nicht unabhängig ist. An wen konnte er sich in Streßsituationen wenden? Woher konnte er Hilfe bekommen?

In den nächsten Wochen arbeiteten wir für Craig einen Plan aus, wie er das verängstigte Kind in sich unterdrücken und im Erwachsenenzustand bleiben konnte, während er sich um eine neue Stelle bemühte. Es fiel ihm nicht leicht, und seine Vorstellungsgespräche liefen mal mehr, mal weniger gut, aber er schaffte es. Es ist tatsächlich so, daß Erwachsene sich in nahezu jeder Krise bewähren können. Womit sie nicht zurechtkommen, ist das Gefühl, daß ihre Schwäche sie in den Augen anderer so verdammenswert macht, daß sie die Krise alleine durchstehen müssen – daß niemand anders sie mit ihnen teilen möchte. Nicht die Krise wird unerträglich, sondern die Isolation.

Machtlosigkeit löst Scham aus

Die meisten Menschen haben sich in ihrem Leben schon einmal machtlos gefühlt. Oft löst dieses Gefühl der Machtlosigkeit die kindliche, abhängige Reaktion der Scham oder Beschämung aus. Wir wissen, daß dies eine kindliche Reaktion ist, weil Erwachsene nie Beschämung empfinden. Erwachsene fühlen Bedauern oder Verlangen oder Enttäuschung, alles normale, menschliche Reaktionen, wenn bestimmte Bedürfnisse nicht befriedigt werden. Es war zum Beispiel völlig normal, daß Craig sich wegen seiner Entlassung ängstigte. Als diese Angst jedoch Scham auslöste, befand er sich nicht mehr im Erwachsenenzustand. Scham und Erwachsensein schließen sich aus.

Mir ist bewußt, daß dieser Standpunkt einigen gegenwärtig sehr populären Theorien widerspricht – vor allem den Arbeiten von John Bradshaw, dessen Schriften und Vorträge über Scham bei Erwachsenen von Millionen von Menschen begeistert aufgenommen wurden. Bradshaw geht davon aus, daß alle Erwachsenen Gefühle der Scham haben; er bezeichnet sie als »toxisch« und »nicht-toxisch«. Toxische Scham ist das Gefühl, das Ihnen Ihre (funktionsgestörten) Eltern vermittelten und bei dem Sie sich selbst verabscheuen. Nicht-toxische Scham entstehe unweigerlich, wenn man etwas falsch gemacht habe. Jedermann habe diese Gefühle. Bradshaw begann damit, Menschen zu helfen, indem er ihnen verständlich machte, daß funktionsgestörte Eltern ihren Kindern ein schweres Erbe in Form von Schamgefühlen hinterlassen.

Ich glaube jedoch, daß *sämtliche* Scham bei Erwachsenen toxisch ist, da es sie unsicher macht. Und bei Kindern läßt sie sich gar nicht vermeiden, ob diese nun in »funktionsgestörten« Familien aufwachsen oder nicht, da Scham aus der Abhängigkeit heraus entsteht und Kinder nun mal abhängig sind.

Natürlich kann das Gefühl der Scham bei einem Kind schlimmer sein, wenn seine Eltern es heruntermachen und demütigen. Aber jeder, der mit Kindern zu tun hat, weiß, daß sie schnell verlegen werden. Sie versuchen, Macht zu erlangen, schaffen es aber nicht. Denken Sie an das einfache Beispiel eines Kindes, das seiner Mutter eine Zeichnung zeigt, die es in der Schule angefertigt hat. Die Mutter findet das Bild richtig süß und lacht. Das Kind reißt es ihr tief getroffen aus der Hand und sagt vorwurfsvoll: »Du lachst mich aus.« Die Mutter beteuert: »Nein, ich habe gelacht, weil ich das Bild richtig süß finde.« Aber das Kind kann nicht zwischen dem Vergnügen der Mutter und Spott unterscheiden. Es legt das Bild weg und zeigt es niemandem mehr.

Diese Reaktion ist ganz normal für ein Kind. Es kann die Dinge nicht so sehen, wie sie sind, daß zum Beispiel das Lachen der Mutter aus Liebe geschah. Wenn die Mutter ihr Kind natürlich dauernd heruntermachen würde, wäre dessen Gefühl der Scham noch größer. Wenn die Mutter gesagt hätte: »Das soll ein Haus sein? Das ist ja eine schreckliche Zeichnung!«, hätte das Kind sich sofort gedemütigt gefühlt. Mir kommt es jedoch darauf an zu zeigen, daß Kinder im Zustand der Abhängigkeit leben und mit Scham reagieren, selbst wenn die Erwachsenen um sie herum liebe- und verständnisvoll sind.

Bradshaw setzt voraus, daß die meisten Menschen in funktionsgestörten Familien aufwachsen, und die Scham, die sie empfinden, eine Folge der negativen Erfahrungen in der Kindheit ist. Ich behaupte, daß ein Erwachsener, ob er nun aus einer funktionsgestörten Familie stammt oder nicht, nur Scham fühlt, wenn er nicht gelernt hat, die kindliche Abhängigkeit durch erwachsene gegenseitige Abhängigkeit zu ersetzen.

Bei meiner Arbeit ist mir aufgefallen, daß die Menschen immer versuchen, besser zu werden. In der Welt des Kindes zu leben, raubt ihnen ihre Lebensenergie. Sie möchten echte Erwachsene sein. Das ist für uns Menschen genauso wichtig wie das Atmen. Ich vergleiche das mit einer Pflanze, die dem Licht zustrebt. Wenn Sie eine Pflanze aus der Sonne nehmen, dreht sie sich herum, weil sie instinktiv das lebenswichtige Licht sucht. Menschen sind genauso. Sie streben immer nach dem Guten. Das Problem liegt nicht in ihren Absichten, die positiv sind, sondern in der Art, wie sie gelernt haben, diese Absichten umzusetzen.

Ein Kind fühlt sich hilflos

Der Grund, warum Abhängigkeit Scham hervorruft, liegt darin, daß ein Kind seine Bedürfnisse, wenn sie nicht befriedigt werden, für schlecht hält. Da es seine Eltern als allmächtig ansieht, glaubt es, daß sie ihm absichtlich nicht geben, was es möchte oder braucht. Und das muß bedeuten, daß seine Bedürfnisse schlecht sind. Ein Kind kann kein Selbstwertgefühl entwickeln, wenn die allmächtigen Erwachsenen es nicht ständig bestätigen.

Das entdeckte ich ursprünglich, als mir auffiel, daß meine Patienten ihre schmerzlichen Kindheitserfahrungen immer damit erklärten, sie selbst seien schuld an den Problemen in ihren Familien. Sie drückten das dann so aus: »Meine Eltern haben sich die ganze Zeit gestritten, weil wir Kinder ihnen auf die Nerven gingen.« Oder: »Vielleicht wären meine Eltern zusammengeblieben, wenn ich brav gewesen wäre.« Oder: »Meine Schwester wurde krank, gleich nachdem ich sie auf dem Spielplatz gestoßen hatte.« In einer bewegenden Geschichte berichtete ein Mann, daß er nahezu sein ganzes Leben überzeugt war, den Tod seines Vaters verursacht zu haben, weil dieser Krebs bekam, kurz nachdem er seinen Sohn in die Luft gehoben und sich dabei das Kreuz verrenkt hatte. »Ich war schuld daran, daß mein Vater sich am Rücken verletzte, und niemand hat mir jemals gesagt, daß Krebs so nicht entstehen kann. Also dachte ich, es wäre so«, erzählte mir der Mann. »Ich konnte den Gedanken kaum ertragen.«

Kindern fehlen die kognitiven Fertigkeiten, um zu verstehen, daß nicht alles um sie herum direkt mit ihnen zu tun hat. Sie können zum Beispiel nicht erfassen, daß Depressionen eine Krankheit sind oder daß ihre Eltern Probleme haben, die die Kinder nicht betreffen. Wenn also etwas passiert, fühlen sie sich verantwortlich und schämen sich. Diese These wird von

Kinderpsychologen gestützt, die mit Zunahme der Scheidungen herausfanden, daß Kinder oft glaubten, etwas getan zu haben, was zu der Scheidung führte. Sie dachten, daß ihr Schmerz eine Strafe für ihre Missetaten war. Wegen ihrer emotionalen Dyslexie ziehen die Menschen die gleichen Schlüsse im Erwachsenenalter – daß alles ihre Schuld sei.

Erwachsene können sich, vor allem wenn ihnen die entsprechenden Fertigkeiten fehlen, hilflos fühlen, wenn andere das Sagen haben und sie nichts ausrichten können. Die meisten Menschen versuchen, das Gefühl der Hilflosigkeit dadurch in den Griff zu bekommen, daß sie etwas tun. Also arbeiten sie zuviel, machen zuviel Sport oder sind zu gefällig, um ihren Selbstwert bestätigt zu sehen. Es ist der Wunsch nach Wohlbefinden, sich selbst als liebenswert und gut zu sehen, der die Menschen veranlaßt zu glauben, daß ihre Probleme verschwinden, wenn sie dünner oder reicher oder netter oder fleißiger sind.

Da die meisten Kinder nicht lernen, ihr Gefühl von Scham umzuinterpretieren, nehmen sie dieses tiefsitzende Minderwertigkeitsgefühl mit ins Erwachsenenalter. Selbst Menschen, die jahrelang in Therapie waren, können die guten Gefühle, die sie dort entwickelt haben, nicht aufrechterhalten, wenn etwas Schlimmes passiert. Eine unglückliche Liebesgeschichte, übermäßige Gewichtszunahme, ein alterndes Gesicht oder ein Fehler bei der Arbeit – und schon sind die alten Gefühle der Demütigung und Erniedrigung wieder da. Der Grund liegt darin, daß die Betroffenen Erwachsensein mit Perfektsein gleichsetzen. Diese falschen, aber hartnäckigen Gefühle von Unzulänglichkeit sind so schmerzhaft, daß ein Kind beim Heranwachsen versucht, sich von ihnen zu befreien. Es sieht, was in unserer Gesellschaft als gut und schlecht gilt, und versucht, nur noch »gut« zu sein.

Paradoxerweise finden sich die ausgeprägtesten kindlichen

Reaktionen genau bei den Menschen, die, oberflächlich gesehen, die höchsten Machtpositionen einnehmen – die hohe Führungskraft, die wunderschöne, von vielen Männern begehrte Frau oder der Hollywoodstar. Ihre Macht ist zerbrechlich, da sie von einer zufälligen, idealen Kombination von Umständen abhängt.

Echte erwachsene Macht stützt sich nicht auf äußere Umstände. Aber bei den meisten Menschen löst Streß emotionale Dyslexie aus, und sie wissen nicht, wie sie ihre Reaktionen umformen können. Das läßt sich am besten an der Erfahrung ablesen, die in unserer Gesellschaft mit dem Älterwerden gemacht wird. Altern ist ein normaler und unvermeidlicher Vorgang. Man wird nicht Fünfzig, weil man etwas verbrochen hat. So ist nun einmal das Leben. Und doch kommen immer wieder Menschen zu mir, die sich gedemütigt fühlen, weil sie älter werden. Bei Frauen gelten traditionellerweise die Wechseljahre als der Anfang vom Ende. In einer Kultur, die Jugend und Schönheit glorifiziert, fühlt sich die ältere Frau fehl am Platz. Über sein Alter zu lügen ist ein Zeichen von Scham. Dem liegt das Gefühl zugrunde: »So wie ich bin, werde ich nicht akzeptiert.«

Mit dem Älterwerden wächst ebenfalls das kindliche Gefühl der Verletzbarkeit, denn Alter bedeutet den Verlust körperlicher und geistiger Stärke. Wovor haben ältere Menschen am meisten Angst? Daß sie so hilflos werden wie Kinder, daß sie ihre Bedürfnisse nicht mehr selbst erfüllen können und daß sämtliche Leistungen, die sie in ihrem bisherigen Leben erbracht haben, vergessen sind.

Bei Krankheit überkommt uns ein Gefühl der Ohnmacht – was wiederum eine kindliche Reaktion auslöst. Eine Freundin von mir, Joanne, hatte Brustkrebs, und sie konnte sich nicht von dem Gedanken freimachen, daß es ihre Schuld war. Darüber hinaus fühlte sie sich schuldig, weil sie geängstigt und unglücklich war; sie fand, sie müßte stärker sein. Aber sie steckte in ihrem Gefühl der Ohnmacht fest.

Nachdem Joannes Krebs diagnostiziert worden war, beschloß ich, ihr dabei zu helfen, ihre Kognition einzuschalten, um ihr zu mehr Stärke zu verhelfen. Ich besprach eine Kassette für sie, auf der ich zunächst die zu erwartenden kindlichen Reaktionen beschrieb, die ihre Krankheit bei ihr hervorrufen würde. Auf diese Weise konnte sie zur Beobachterin werden und ihren Streß von außen sehen:

»Du wirst denken, daß du schuld an dem Krebs bist, und dich fragen, wie du ihn hättest verhindern können.

Du wirst die Hilfe von Ärzten und Freunden brauchen und dich deswegen schämen. Du hast Angst, daß sie deine Krankheit leid bekommen und dich zurückweisen.

Du wirst dich gedemütigt und unzulänglich fühlen, keine ›richtige‹ Frau mehr zu sein, weil du eine Brust verloren hast. Du wirst andere Frauen beneiden, weil sie gut aussehen und noch beide Brüste haben.

Auch wenn der Verlust einer Brust traumatisch ist, darfst du dich nicht von deinen Gefühlen der Scham und Hilflosigkeit gefangennehmen lassen. Wenn du dich gedemütigt fühlst, eifersüchtig bist oder dich schämst, weil du auf die Hilfe und Unterstützung anderer angewiesen bist, dann sieh diese Reaktionen als Signal dafür an, daß du dich in kindlichen Verhaltensmustern bewegst. Denk daran:

›Leute werden krank, weil sie menschlich sind, und Menschen können Leid nicht immer vermeiden, so sehr sie sich auch bemühen. Du hast dich immer sehr verantwortungsbewußt um deine Gesundheit gekümmert. Es ist nicht deine Schuld, daß du Brustkrebs hast.

Wenn man krank ist, fühlt man sich eben schwach. Du hast zum Glück einen guten Arzt und gute Freunde, denen du am Herzen liegst und die dir helfen wollen. Du kannst sie um Hilfe bitten, ohne dich schwach oder abhängig zu fühlen. Bisher bist du für deine Freunde dagewesen, wenn sie dich brauchten, und du hast sie doch auch nicht für schrecklich gehalten, weil sie es allein nicht geschafft haben. Ja, es war sogar ein schönes Gefühl für dich, gebraucht zu werden.

Du hast einen guten Ehemann, der dich nicht verabscheut, weil du nur noch eine Brust hast. Er hat sich nicht von dir abgewendet. Er liebt dich und will nur, daß es dir besser geht, damit ihr weiterhin glücklich zusammenleben könnt.

Natürlich überkommt dich Neid, wenn du Frauen siehst, die noch beide Brüste haben, aber du weißt, daß deine Weiblichkeit nicht an deine Brust gebunden war. Du bist sehr wohl noch feminin, attraktiv und interessant.

Manchmal sind Eifersucht oder Panikgefühle ein Hinweis darauf, daß du nicht genug getrauert hast. Du wirst dich öfter mal mies fühlen und mußt dich dann wieder aufrappeln. Das gehört zum Heilungsprozeß und hat nichts mit Schwäche zu tun.‹«

Joanne sagte mir, daß sie sich die Kassette oft anhörte – besonders dann, wenn sie in den kindlichen Zustand zurückzufallen drohte. »Dadurch blieb ich auf dem Boden der Tatsachen«, sagte sie. »Du hast ja nichts gesagt, was ich nicht schon wußte, aber durch die Kassette, auf der das Positive wieder und wieder hervorgehoben wurde, habe ich es wirklich akzeptiert.« Mit der Zeit brauchte Joanne die Kassette immer seltener, weil sie die Botschaft verinnerlicht hatte und sie selbst abrufen konnte.

Es sind jedoch nicht nur traumatische Erlebnisse, die das Gefühl der Ohnmacht hervorrufen. Einer meiner Patienten wurde ärgerlich, sobald er bei sich ein Zeichen von Schwäche entdeckte. Als sein Geschäft einmal schlecht lief, ließ er seinen Ärger an seiner Familie aus, indem er alles und jeden kritisierte. Als seine Frau einen Asthmaanfall hatte, konnte er ihr nicht helfen und schrie sie deshalb an, warum sie nicht vorsichtiger sei. Emotionale Dyslexie löste die Reaktion aus: »Es muß meine Schuld sein. Ich muß es in Ordnung bringen.« Als er das nicht konnte, wuchs sein Ärger.

Sie können das Gefühl der Ohnmacht aufhalten, indem Sie trotz widriger Umstände erwachsen bleiben. Erwachsene wissen genau, daß ihre Macht nicht davon abhängt, welchen Beruf sie ausüben, wie sie aussehen, wieviel Geld sie haben oder wo sie wohnen. Sie können diese Wahrheit verinnerlichen und aufhören, sich für Dinge zu bestrafen, die keine Gültigkeit haben. Und Sie können lernen, das Verhalten von anderen, das Ihnen früher so einschüchternd vorkam, nur als Anzeichen dafür zu sehen, daß diese Menschen in Wirklichkeit sehr schwach sind.

Wie können Sie zwischen der echten Macht eines Erwachsenen und der falschen, kindlichen Macht unterscheiden? Es gibt einige Hinweise. Je mehr Sie von den folgenden Verhaltensweisen sehen, desto deutlicher wird, daß diese Menschen nicht über wahre, erwachsene Macht verfügen:

- Wenn jemand versucht, Sie zu erniedrigen oder in Verlegenheit zu bringen – selbst wenn es durch die Blume geschieht. Zum Beispiel: »Ich sage das nur zu deinem Besten.«
- Wenn jemand Ihnen Informationen gibt, die Ihnen nicht wirklich helfen, sondern Sie nur unsicher oder verlegen machen, so wie: »Sue findet, du bist ein Snob.«
- Wenn jemand Ihnen Moralpredigten hält, als hätte er die Wahrheit für sich gepachtet, und Ihre Wert- und Moralvorstellungen oder Ihre Intelligenz in Frage stellt, wie zum Beispiel: »So etwas würde nur ein Idiot sagen.«
- Wenn jemand Sie an negative Erlebnisse oder schlechtes Verhalten erinnert, wo Sie sich doch gerade gut fühlen,

233

wie zum Beispiel: »Du siehst jetzt ja toll aus, aber du weißt schon, daß du im Winter immer zunimmst.«

- Wenn jemand übertreibt oder lügt, um die wahren Umstände zu vertuschen – oder wenn jemand alles verdreht, damit Sie schlecht aussehen oder er selbst gut dasteht.
- Wenn jemand immer anderen die Schuld gibt und nie vor der eigenen Haustür kehrt.
- Wenn jemand süchtiges oder zwanghaftes Verhalten an den Tag legt – nicht nur, indem er trinkt oder zuviel ißt, sondern auch, indem er sich überarbeitet oder davon besessen ist, an Macht und Geld zu gelangen.

Am häufigsten wird das Gefühl der Hilflosigkeit am Arbeitsplatz ausgelöst. Zum einen ist Geldverdienen äußerst wichtig für unser Wohlbefinden, zum anderen werden wir nach unserem Beruf beurteilt. Viele Menschen klagen, daß sie, wenn sie es nicht mehr ertragen – wenn ihre wahren Bedürfnisse zur Lebenserhaltung und ihre Würde überall in Frage gestellt werden –, es nicht verhindern können, sich wie Kinder zu verhalten. Sie fühlen, daß sie nichts ausrichten können. Das war auch Eileens Problem.

Eileen, die sehr erfolgreich bei einer großen Zeitschrift arbeitete, litt schrecklich unter ihrem Chef. In den sechs Monaten, seit er auf diese Stelle befördert worden war, machte er ihr das Leben zur Hölle. Sie hätte gekündigt, wenn sie anderswo eine vergleichbare Stelle gefunden hätte. Nachdem sie monatelang unter diesem unmöglichen Mann gelitten und keine andere, gute Stelle gefunden hatte, kam sie zu mir, ob ich ihr vielleicht helfen könnte.

»Er verachtet mich«, sagte sie. »Je mehr Erfolg ich habe, desto schlimmer wird er.« Sie erzählte, daß ihr Chef jedesmal negativ reagierte, wenn sie eine neue Provision erhalten hatte. »Er putzt mich in einer Sitzung vor allen Leuten herunter; er untergräbt meine Autorität bei denen, die unter mir arbeiten. Jetzt hat er sogar angefangen, meinen Prozentanteil bei Provisionen zu drücken, damit ich weniger verdiene«, sagte sie. »Es ist vollkommen verrückt. Es scheint so sinnlos. Er müßte doch wollen, daß ich gut bin, weil das ein gutes Licht auf ihn wirft. Aber er versucht nur, mich kaputtzumachen. Wegen ihm kann ich meine Arbeit nicht mehr tun. Aber ich kann auch nicht weg. Ich habe mich mal diskret umgehört, und es gibt auf meiner Ebene keine freien Stellen, bei denen ich einen so guten Schnitt machen würde wie jetzt. Ich müßte mich mit ungefähr 50 Prozent zufriedengeben. Also wird dieser Alptraum für mich weitergehen.«

Das Verhalten von Eileens Chef zeigte mir ganz deutlich, daß er sich durch ihren Erfolg bedroht fühlte. Er versuchte, die Oberhand zu behalten, damit er neben ihren Erfolgen nicht schlecht aussah. In Eileens Augen hatte er sehr viel Macht, und ganz unbestritten verfügte er auch objektiv über eine gewisse Macht. Er konnte Eileens Provisionen drücken und Einfluß auf ihre Position in der Firma ausüben. Aber im Grunde verhielt sich dieser Mann nicht wie jemand, der Macht hat. Er benahm sich wie ein Kind, das so große Angst davor hat, schlecht auszusehen, daß es ohne ersichtlichen Grund angreift – der Schulhofrowdy, der kleinere Kinder tyrannisiert.

Ich wollte Eileen helfen, diesen Mann in anderem Licht zu sehen, damit sie sich ihm nicht mehr ausgeliefert fühlte, ihr helfen, ihre Stärke in einer Situation wiederzufinden, in der sie sich machtlos fühlte. Zunächst mußte sie ihr kognitives Gehirn einschalten, um sich über ihre Ziele klarzuwerden. Sie befand sich in einem Dilemma: Sie wollte keine neue Stellung suchen und mußte sich daher in ihrer jetzigen arrangieren.

Ich fragte Eileen, warum ihr Chef sich wohl so verhielt. Sie war sich nicht sicher. »Vielleicht bin ich zu aggressiv. Ich hänge mich voll rein, wenn ich etwas haben will.«

»Sie verkaufen Platz für Anzeigen«, erinnerte ich sie. »Muß man da nicht aggressiv sein, wenn man Erfolg haben will?«

»Ja. Aber trotzdem, wenn ich mich ein bißchen zurückhielte, käme ich vielleicht besser mit meinem Chef aus.«

»Sind Sie die einzige im ganzen Büro, die er so behandelt?«

»Bei mir ist es schlimmer, weil er mein direkter Vorgesetzter ist, aber er ist auch sonst kein besonders angenehmer Mensch. Wenn jemand anders in Sitzungen eine Idee vorbringt, zählt er eine ganze Latte von Gründen auf, warum sie abzulehnen ist. Und er sucht sich immer jemand anderen, dem er die Schuld geben kann, wenn etwas schiefläuft. Er brüllt dauernd seine Sekretärin an. So in der Art.«

»Also hat es nicht nur mit Ihnen zu tun«, sagte ich. »Es ist etwas völlig anderes, ob Sie denken, er behandelt Sie auf diese Weise, weil Sie etwas getan haben, oder ob Sie glauben, daß sein Verhalten bei ihm selbst begründet liegt.«

Eileen schaute mich unsicher an. »Das ist mir schon klar, aber letztendlich ändert das nichts. Er ist der Chef und kann tun und lassen, was er will. Das obere Management steht voll hinter ihm. Er hat was auf dem Kasten und kann bei seiner Arbeit immer Erfolge verbuchen. Trotz der Art, wie er mich behandelt, ist er ein ziemlicher Überflieger.«

Ich wollte Eileen helfen, ihren Chef in einem anderen Licht zu sehen. »Er hat gewisse Macht«, erklärte ich ihr. »Aber sein Verhalten Ihnen gegenüber ist kein Zeichen von Macht. Überlegen Sie mal. Würden Sie andere so behandeln, wie er Sie behandelt, wenn Sie sich sicher und wohl in Ihrer Haut fühlten?«

Sie sah mich interessiert an. »Nein. Ich bin gewöhnlich offener und großzügiger, wenn ich mich gut fühle.«

»Richtig. Starke, selbstsichere Menschen müssen andere

nicht erniedrigen. Wenn Ihr Chef das mit Ihnen macht oder Ihre Provisionen drückt, verhält er sich wie ein rachsüchtiges, verängstigtes Kind. In seinem Innern ist er mit sich selbst unzufrieden.«

»Soll ich jetzt also noch verständnisvoll reagieren?« fragte Eileen sarkastisch. »Der Ärmste, er ist ja so unsicher, deshalb kann er mich ruhig zur Schnecke machen?«

»Nein«, lachte ich. »Darum geht es nicht. Aber je mehr Sie wissen, was mit ihm los ist, desto mehr werden Sie die Lage in der Hand haben, wenn Sie wieder mit seinem Verhalten konfrontiert werden. Es geht darum, daß Sie sich dieses Wissen zunutze machen. Es liegt bei Ihnen, wie Sie Ihr Ziel erreichen wollen. Nur weil dieser Mann erfolgreich im Beruf ist, heißt das noch lange nicht, daß er selbstsicher und voller Selbstwertgefühl ist. Oft trifft genau das Gegenteil zu. Ihr Chef behandelt Sie so, weil er Angst vor Demütigung hat. Er erwartet, erniedrigt zu werden. Daher geht er auf Sie los, bevor Sie ihm etwas antun können.« Ich konnte sehen, daß Eileen verwirrt war. »Vielleicht hilft Ihnen dieses Bild: Stellen Sie sich vor, wie ihr Chef vor dem Spiegel steht und mit sich selbst spricht statt mit Ihnen oder jemand anderem im Büro. Was sagt er denn so üblicherweise?«

»Er kann die Leute wirklich herabsetzen«, sagte Eileen nachdenklich. »Nicht nur mich. Kürzlich sagte er zu einem jungen Mitarbeiter in unserer Abteilung: ›Wie haben Sie denn die Schule geschafft? Bei Ihnen ist ja Hopfen und Malz verloren.‹«

»Gut. Er sieht sich im Spiegel an und sagt: ›Wie hast du bloß die Schule geschafft? Bei dir ist ja Hopfen und Malz verloren.‹ Seine harten Verurteilungen anderer gründen eigentlich auf seiner eigenen Angst davor, Mist zu bauen – seine verzweifelte Sorge, daß man ihn als Hochstapler entlarven und demütigen könnte. Wenn Sie sich vorstellen, daß er jede seiner beleidigenden Bemerkungen gegen sich selbst richtet, haben Sie eine weitaus bessere Vorstellung davon, was er wirklich empfindet.«

Eileen lehnte sich in die Sofakissen zurück, fasziniert und verblüfft zugleich. »Da verlangen Sie von mir ein ziemliches Umdenken«, sagte sie. »Es ist mir nie in den Sinn gekommen, daß mein Chef sich so verhält, weil er seine eigene Unsicherheit verbergen möchte. Er schien immer ein solcher Machtmensch zu sein.«

Es war Eileen, die diesem Mann täglich ausgesetzt war, natürlich nicht aufgefallen, daß sein Verhalten auf Angst schließen ließ. Er konnte Eileens Arbeit nicht gutheißen, weil er eifersüchtig war. Wenn etwas schiefging, suchte er sofort nach einem Sündenbock, damit nur ja keiner mit dem Finger auf ihn wies. Wenn in Sitzungen neue Ideen vorgebracht wurden, torpedierte er sie – ging auf Nummer Sicher, um nicht eventuell zu scheitern.

Mir war wichtig, Eileen eine Strategie an die Hand zu geben, mit der sie ihr eigenes Machtgefühl wieder aufbauen konnte und sich selbst nicht die Schuld für das Verhalten ihres Chefs gab. Dabei half es, ihn als ein verängstigtes Kind zu sehen. Dann ging es darum, wie sie den Mann entwaffnen konnte, so daß er sie nicht mehr in ihrer Arbeit behinderte. Wir besprachen das in den folgenden Wochen und arbeiteten schließlich eine Strategie aus. Eileen sah ein, daß eine offene Konfrontation die schlechteste Lösung war, wenn jemand sich bedroht fühlte. Alles würde nur noch schlimmer.

Da ihr Chef sie demütigte, weil er selbst befürchtete, erniedrigt zu werden, beschlossen wir, dem entgegenzuwirken und ihn aufzubauen – mit anderen Worten, etwas zu tun, was er nicht erwartete. Jedesmal, wenn ihr Chef etwas Positives machte, eine gute Idee hatte oder einen Erfolg verbuchen konnte, zeigte Eileen ihm, mündlich oder in einem Memo, ihre Anerkennung. Sie machte von dieser strategischen Kommunikation Gebrauch, um ihm die Angst vor der erwarteten Erniedrigung zu nehmen. Dann brauchte er auch sie nicht zu demütigen. Sie konditionierte ihn so, daß er in ihr keine Bedrohung mehr sah.

Mit der Zeit sah Eileens Chef in ihr in zunehmendem Maße eine Verbündete und keine Bedrohung mehr. Das Arbeitsklima war noch nicht perfekt, aber wenigstens hörte er auf, ihre Provisionen zu drücken und ihre Autorität vor den Angestellten zu untergraben. Vor allem fühlte sich Eileen wieder wohler in ihrer Haut. Sie hatte gelernt, daß sie eine schlechte Situation verändern konnte. Im kindlichen Zustand hatte sie Ohnmacht verspürt. Als Erwachsene hatte sie Macht.

Durch echte, erwachsene Macht können Sie etwas ausrichten, wo Sie zuvor nur Ohnmacht empfanden. Diese Macht ist jedem Erwachsenen zugänglich. Sie wächst mit den eigenen Fertigkeiten und entsteht nicht durch äußere Einflüsse. In der folgenden Lektion können Sie lernen, wie man Stärke dadurch erwirbt, daß man die Auslöser vermeidet, die einem ein Gefühl von Schwäche vermitteln.

Lektion sieben

Entdecken Sie Ihre Macht, wenn Sie keine zu haben scheinen

Nach dem Überleben ist das wichtigste Bedürfnis des Ego das Selbstwertgefühl. Dieses Selbstwertgefühl ist die Tür zur eigenen Macht. Menschen mit Macht wissen, daß sie in der Welt etwas ausrichten können. Sie sehen sich in positivem Licht, als starke Menschen. Diese Lektion wird Ihnen dabei helfen, Ihr positives Selbst im Auge zu behalten, damit Sie auch in schwierigen Situationen nicht aus einem Gefühl der Schwäche heraus reagieren. Die Lektion erfolgt in drei Schritten:

1. *Innehalten* und die eigene Macht wiederentdecken.
2. *Überprüfen* der Art, wie wahre Macht aussieht.
3. *Umgestalten* des eigenen Ich zu jemandem, der mit Problemen gut zurechtkommt.

1. Schritt: Innehalten und die eigene Macht wiederentdecken.

Sie wollen nicht Ihr ganzes Leben lang schwach und ohnmächtig sein. Sie sabotieren nicht absichtlich Ihre Chancen. Aber manchmal überwältigt Sie das Gefühl der Ohnmacht. Dann scheinen Sie völlig machtlos zu sein. Sie handeln ineffektiv und verstehen nicht, warum. Bevor Ihre Selbstachtung völlig am Boden zerstört ist, sollten Sie innehalten und die Gelegenheit ergreifen, Ihre eigene Macht wiederzuentdecken.

Erinnern Sie sich noch an die »Natürlich«-Übung aus Lektion drei? Diese kann auch hier sinnvoll angewendet werden. Das möchte ich am Beispiel von Larry demonstrieren, einem Mann, der zu mir kam, weil er Schwierigkeiten bei der Arbeit hatte. Seine ursprüngliche Erklärung war: »Ich nehme an, ich bin einfach faul.«

»Warum?« fragte ich.

»Zu meiner Arbeit gehört es, Berichte für das obere Management zu verfassen, und ich kriege das irgendwie nicht auf die Reihe«, sagte er. »Ich schiebe es immer wieder raus und schreibe sie einfach nicht. In letzter Zeit verschlafe ich oft und komme zu spät zur Arbeit.«

War Larry wirklich faul? Meine Aufgabe war es zunächst, Larry zu helfen, sein Problem wertungsfrei zu beschreiben – also negativ belastete Wörter wie *faul* zu vermeiden. Ich ließ ihn dafür in die Rolle seines besten Freundes schlüpfen und die »Natürlich«-Reaktion verwenden.

»Sie haben ihm gerade von Ihren Schwierigkeiten mit den Berichten erzählt. Was sagt er?«

Larry überlegte kurz, und dann überzog ein Lächeln sein Gesicht. »Er sagt: ›Natürlich willst du diese Berichte nicht schreiben. Es ist doch reine Bürokratiearbeit und langweilig. Deine Talente liegen mehr auf kreativem Gebiet.‹«

Als er sich so die Antwort seines Freundes vorstellte, entspannte sich Larry sichtlich. Er vergaß die Selbstbeschuldigungen und sah das Problem in einem anderen Licht.

Dann sollte Larry an jemanden denken, den er respektierte – einen Mentor –, und sich vorstellen, wie er diesem seine Geschichte erzählte. Larry wählte einen Trainer aus der High-School, den er immer bewundert hatte.

»Was sagt der Trainer?« fragte ich.

»Er sagt: ›Ach, diese Firmenleute denken doch nur an den Gewinn. Die sehen nur ihre Zahlen und Statistiken. Und das ist alles, was diese Berichte enthalten. Kein Wunder, daß du gelangweilt bist.‹«

Nachdem Larry die Reaktionen seines Freundes und seines Mentors »gehört« hatte, ließ ich ihn sein Problem neu umreißen. Er wies das negative Wort *faul* von sich. »Ich bin nicht faul«, sagte er erleichtert. »Diese Arbeit fordert mich einfach nicht.«

Und Larry lernte noch mehr, denn das Zurückweisen negativer Selbstbeschreibungen darf nicht so weit gehen, daß unangemessenes Verhalten entschuldigt wird. Einige psychologische Methoden tun genau das. Sie führen nicht zu einer Veränderung des Verhaltens, sondern zu einer Rechtfertigung, wodurch das negative Verhalten nicht endgültig unterbunden wird. In Wahrheit können Sie noch so oft vor sich hinbeten, Ihr Verhalten sei »okay« – wenn Sie durch Ihr Verhalten Probleme bekommen, glauben Sie nicht mehr daran. Die »Natürlich«-Reaktion kann eine Veränderung einleiten. Diese Übung versetzt Sie in die Lage, Ihre Alternativen zu überprüfen, ohne daß sich Ihnen ein Gefühl der Scham in den Weg stellt.

Über mehrere Wochen hinweg half ich Larry bei der Überlegung, wie er seine Situation verändern könnte, nachdem er erkannt hatte, daß das Problem nicht einfach seine »Faulheit« war. Er schrieb sich zunächst in einem Computerkurs ein. Später suchte er sich eine neue Stelle als Störungssucher bei einem Computerservice. Er rief mich an, um mir zu sagen, wie gut ihm seine neue Arbeit gefiel. »Ich bin richtig energiegeladen«, sagte er glücklich. »Ich liebe meine Arbeit und habe keine Probleme mehr mit dem Verschlafen.« Er lachte. »Inzwischen stehe ich mit den Vögeln auf.«

Nehmen Sie Larrys Erfahrungen als Leitfaden und besehen Sie sich Ihre eigene Situation. Fragen Sie sich:

1. Gibt es einen Bereich in Ihrem Leben, über den Sie keine Gewalt haben oder wo Sie sich schwach fühlen? Das kann Berufliches, Gesundheit, Geld oder zwischenmenschliche Beziehungen betreffen.
2. Was sagen Sie über Ihre eigenen Schwächen? Zum Beispiel:

»Ich bin nur ein kleines Rädchen im Getriebe.«
»Ich habe kein Geld. Ich bin ein Versager.«

Achten Sie darauf, ob Sie Beschreibungen benutzen, die das Negative betonen. Schreiben Sie eine erwachsene Ersatzantwort auf. Zum Beispiel:

»Ich bin nicht der Boß, aber ich habe es in der Hand, meine Arbeit gut zu machen und darin Befriedigung zu finden.«
»Ich würde mich besser fühlen, wenn ich mehr Geld hätte, aber Geld ist ja nicht unbedingt der einzige Wertmaßstab für einen Menschen. Wenn ich tatsächlich mehr Geld brauche, muß ich das Problem lösen, indem ich mehr verdiene.«

Der Schlüssel zur Beschreibung Ihres Problems liegt darin, daß Sie nicht Ihr Selbstwertgefühl angreifen. Wenn man die positive Absicht erkannt hat, kann man handeln. Dann eröffnen sich Ihnen die verschiedenen Möglichkeiten, und Sie können Ihr Problem lösen.

2. Schritt: Überprüfen der Art, wie wahre Macht aussieht.

Lernen Sie, zwischen wirklicher Macht, über die nur ein echter Erwachsener verfügt, und falscher Macht, hinter der sich nur kindliche Gefühle der Schwäche verbergen, zu unterscheiden.

Schreiben Sie eine Woche lang auf, wenn Sie jemanden sehen, der Macht hat. Das können Bekannte oder Freunde sein, Politiker oder jemand in einem Film oder Buch. Finden Sie so viele Beispiele wie möglich.

Gehen Sie die Beispiele am Ende der Woche durch und überlegen Sie, ob die Macht jeweils von erwachsenem oder von kindlichem Verhalten ausging. Benutzen Sie den E.-D.-Index als Anhaltspunkt:

Was tat die »mächtige« Person wirklich?

- Hatte sie Angst davor, eine schlechte Figur zu machen? (Scham, Beschämung)
- Schob sie die Schuld auf jemand anderen? (Übervorteilung)
- Redete sie sich heraus? (Ohnmacht, Schwäche)
- War sie wichtigtuerisch? (Egozentrik)
- Verlangte sie sofortige Aufmerksamkeit? (Ungeduld)
- Schlug sie unsinnige, unrealistische Lösungen vor? (Illusionen)
- Weigerte sie sich zu verhandeln? (Starrheit)
- Verglich sie sich mit anderen? (Eifersucht)
- Brachte sie die anderen durcheinander? (Theatralik)

Oder verhielt sich die »mächtige« Person vielmehr so:

- Mit Würde? (Selbstwertgefühl)
- Übernahm sie Verantwortung? (Freiheit)
- Bot sie gute Lösungen an? (Macht, Stärke)
- Dachte sie an die Bedürfnisse anderer? (Einfühlungsvermögen)
- Plante sie auf lange Sicht? (Geduld)
- Traf sie harte Entscheidungen? (Realitätssinn)
- Besah sie eine Sache von allen Seiten? (Flexibilität)
- Drückte sie ihre eigene Persönlichkeit aus? (Zufriedenheit)
- Motivierte sie andere, indem sie mit gutem Beispiel voranging? (Frieden)

Sobald Sie sich daran gewöhnt haben, andere durch das Raster des E.-D.-Index zu sehen, können Sie erkennen, ob jemand echte, erwachsene Macht hat oder ob seine Handlungen von kindlichen Bedürfnissen bestimmt werden. Dann können Sie diese Lektion in Ihrem eigenen Leben anwenden.

3. Schritt: Umgestalten des eigenen Ich zu jemandem, der mit Problemen gut zurechtkommt.

Sie sind für Ihr eigenes Leben zuständig, und das kann Ihnen niemand nehmen. Aber E. D. löst ein Gefühl der Hilflosigkeit aus. Sie fühlen sich gefangen, können sich nicht aus dem Loch befreien, in dem Sie sich so unwohl fühlen. Wenn Sie Ihr kognitives Gehirn einschalten, machen Sie Lösungen möglich. Wenn Sie einer Situation mit kindlichem Verhalten begegnen, können Sie nichts verändern und fühlen sich schwach. Erwachsene haben zwei Möglichkeiten: etwas an der Situation selbst zu ändern oder ihre Beziehung zu der Situation. Beide Reaktionen verleihen Macht.

Treten Sie einen Schritt zurück und betrachten Sie ihr Problem, als seien Sie ein Außenstehender. Stellen Sie sich folgende Fragen:

1. Was sind meine Ziele?

Beispiel:

> »Erfüllung bei der Arbeit zu finden.«
> »Mein Einkommen zu erhöhen.«
> »Eine Arbeit zu finden, bei der ich kreativ sein kann.«

2. Listen Sie die Hindernisse auf dem Weg zu diesem Ziel auf. Verwenden Sie dabei die erwachsene Sprache aus dem E.-D.-Index. Das heißt, verzichten Sie auf die Sprache der Ohnmacht, Eifersucht, Starrheit usw. Zum Beispiel:

Kind	*Erwachsener*
»Der Arbeitsmarkt ist dicht. Es gibt keine guten Jobs in meinem Bereich.«	»Der Markt ist umkämpft, daher muß ich noch kreativer sein.«

3. Denken Sie an Ihre Möglichkeiten. Ein Erwachsener hat immer verschiedene Auswahlmöglichkeiten. Wenn Sie zum Beispiel eine bessere Stellung suchen, überlegen Sie: An wen kann ich mich wenden? Welche Kontakte habe ich? Wie kriege ich meinen Fuß in die Tür? Zu welchen Kompromissen bin ich bereit?

Vielleicht sind Ihre Handlungsmöglichkeiten beschränkt, aber Sie können sich helfen, indem Sie andere um ihre Unterstützung bitten – auch wenn das nur heißt, mit einer Freundin zu sprechen, die Sie moralisch aufrichtet.

Erwachsene Macht stammt aus gegenseitiger Abhängigkeit. Nahezu jede Krise ist überwindbar, wenn man sich nicht isoliert fühlt oder an seinem Selbstwert zweifelt. Wenn Sie alle Probleme allein zu bewältigen versuchen, verfallen Sie in die kindliche Sichtweise, daß Erwachsene allmächtig zu sein haben. Ihre Stärke und Macht beziehen Sie aus Ihrer engen Beziehung zu Ihren Mitmenschen und erreichen sie nicht im Alleingang.

10 Kann man in jeder Situation erwachsen bleiben?

- Fühlen Sie sich manchmal von Ihren Problemen erdrückt?
- Kann man in diesen Zeiten mit hoher Arbeitslosigkeit, dem Zusammenbruch der Gesellschaft, AIDS überhaupt erwachsen sein?
- Ist es manchmal einfach zu schwer, erwachsen zu sein?

In meinen Workshops ist es nicht selten passiert, daß jemand, nachdem er mir zugehört hatte, aufstand und voller Verzweiflung ausrief: »Wie soll ich das denn alles schaffen? Mein Mann ist arbeitslos. Wir werden alles verlieren.« Oder: »Mein Sohn ist krank. Er könnte sterben. Daran kann man nichts ändern.« Einmal antwortete eine Frau jemandem im Workshop: »Ich wünschte, ich hätte Ihre Probleme! Sorgen Sie mal für eine Mutter, die Alzheimer hat.«

Es stimmt, daß sich die überwältigenden Sorgen des Lebens manchmal wie ein unüberwindbarer Berg vor Ihnen auftürmen. Sie verlieren Ihre Arbeit, werden krank, ein nahestehender Mensch stirbt, Ihr Kind wird wegen Diebstahls verhaftet oder ein Gewittersturm zerstört Ihr Haus. Wie kann man erwarten, daß Sie sich wie ein Erwachsener verhalten, wenn die Welt um Sie herum zusammenbricht?

Ein Teil des Problems besteht darin, daß man in einer emotional dyslektischen Gesellschaft nicht die Fertigkeiten lernt, die man braucht, um mit den Widrigkeiten des Lebens fertig zu werden. Wenn also wirkliche Probleme auftreten, scheinen sie überwältigend groß. Die Menschen geraten in Panik. Sie verschließen die Augen oder schauen weg – wie die Frau, die ihre Brust nicht näher untersuchen läßt, als sie einen Knoten fühlt. Oder das Ehepaar, das es für die beste Lösung hält, nicht ans Telefon zu gehen, um den Schuldeintreibern zu entgehen. Wir machen uns gern vor, daß uns Krankheiten, Tod oder der Alterungsprozeß erspart bleiben, wenn wir nicht darüber reden. Es ist ja noch gar nicht so lange her, daß das Wort *Krebs* nur hinter vorgehaltener Hand erwähnt wurde.

Natürlich nützt es nichts, wenn man die Augen verschließt oder sich etwas vormacht. Das Leben holt einen trotzdem ein. Und wenn die Menschen schließlich mit dem Rücken zur Wand stehen, jammern sie laut: »Warum ist mir das nur passiert? So war es doch gar nicht gedacht!«

Wenn Sie unvorbereitet sind, treffen die natürlichen Prozesse im Leben Sie um so heftiger. Nicht nur belasten Sie die Ereignisse selbst, nein, Sie schleppen auch die zusätzliche Bürde von kindlicher Scham, Schuldgefühlen, Eifersucht und Hilflosigkeit mit sich herum. Dann sehen Sie alles als Bestrafung an, weil Ihre kindliche Stimme sagt, daß das Übel nur den verfolgt, der sein Leben nicht im Griff hat.

Sie können nicht wie ein Erwachsener leben und gleichzeitig denken, daß Sie für alle Vorkommnisse, bis hin zum Tod, die Schuld tragen.

Meine Antwort auf die Frage, wie man sich in schlimmen Situationen seine erwachsenen Fertigkeiten bewahrt, lautet: Sie können in einer schrecklichen Krise wie ein Kind reagieren, ohne jegliche Mittel, um damit fertig zu werden. Oder Sie können wie ein Erwachsener reagieren, mit dem entsprechenden Rüstzeug, das das Leiden abmildern kann.

Ich glaube, manchmal entsteht Verwirrung darüber, wie erwachsenes Verhalten aussieht. Ich möchte wiederholen, was es nicht ist:

Ein Erwachsener hat nicht alles vollkommen in der Hand.

Die vorhersagbaren Lebenskrisen wie Krankheit, Tod, finanzielle Schwierigkeiten und manchmal auch das Platzen eines Traums gehören nun einmal zum Leben. Sie sind vielleicht ein souveräner Erwachsener, aber Sie sind nicht unbesiegbar. Denken Sie daran, daß die Vorstellung von der Allmacht der Erwachsenen die eines Kindes ist.

Als Erwachsener ist man kein Stoiker. Wenn wirkliche Gefahren auftreten, reagieren Sie natürlich darauf. Ihre Gefühle werden intensiver. Sie fühlen berechtigterweise Trauer, Angst, Zorn oder Verwirrung. Das Bewußtsein der eigenen Sterblichkeit ruft bei Erwachsenen berechtigte existentielle Ängste hervor.

Erwachsensein garantiert nicht einmal, daß bei Ihnen nicht ab und zu kindliche Reaktionen ausgelöst werden, wenn etwas passiert.

Die Methode in diesem Buch liefert keine Wunderlösungen für jedes Problem. Wenn Sie aber über erwachsene Fertigkeiten verfügen, kommen Sie mit Krisen besser zurecht und haben die Macht, sie zu bewältigen. Denn kindliche Reaktionen verstärken nur das Trauma einer bereits traumatischen Situation. Sie fühlen nicht nur Trauer, Angst oder Verwirrung, die in einer Krise berechtigt sind, sondern belasten sich auch mit Ängsten, die unangemessen sind und alles verschlimmern. Sie versuchen, schwere Probleme mit leichtem Rüstzeug zu bewältigen. Ich bin überzeugt, daß Sie als Erwachsener mit der unvermeidlichen existentiellen Angst – denn Leiden gehört nun einmal zum Leben – zurechtkommen können.

Sie sind auch nur ein Mensch

Superhelden gehören in das Reich der Phantasie. Das wahre Leben ist rauh und oft unvorhersehbar. Wenn Trauer und Schmerz Sie niederdrücken, fragen Sie sich vielleicht, warum das Schicksal Ihnen so mitspielt, aber in Wirklichkeit gibt es doch keinen Menschen, der nicht Krankheit, den Tod eines geliebten Menschen oder andere Zeiten des Schmerzes kennt. Diese Erlebnisse können einen zerreißen, aber sie sind nichts Außergewöhnliches. Jeder muß sterben. Jeder ist verwundbar. Das ist ein Teil des Menschseins.

Ich denke da an Joyce, die Frau, die mir tief gequält sagte: »Schauen Sie mich an. Ich werde alt. Ich bin fünfzig. Wie ist das nur gekommen?« Joyce hatte das Gefühl, das Leben sei an ihr vorbeigegangen. Ihre Angst vor dem Altern und der Sterblichkeit rührte aus ihrer Verzweiflung, nie wirklich gelebt zu haben. Sie sagte: »Ich habe das Gefühl, ich bin mit fünfundzwanzig eingeschlafen und mit fünfzig wieder aufgewacht.« Sie trauerte um all die verlorenen Jahre.

Der fünfzigste Geburtstag hob in Joyces Augen ihr Versagen hervor. Statt ihn als etwas Positives zu sehen, als Zeichen, daß sie etwas erreicht hatte, fühlte sie sich geschlagen, weil sie nie die Fertigkeiten gelernt hatte, die sie für ein befriedigendes Leben als Erwachsene benötigte. Weniger ihr Alter setzte ihr zu, als das Bewußtsein, ein unbefriedigendes, diesem Alter nicht angemessenes Leben zu führen. Ihre Ehe war gescheitert, und nach vielen Jahren des Alleinseins fürchtete sie sich davor, alt zu werden und nie das zu haben, was sie sich wünschte. Einige Ziele – wie Kinder zu haben – lagen schon außer Reichweite. Und sie ließ sich von dem Jugendkult unserer Gesellschaft so einschüchtern, daß sie sich wie ein altes Fossil vorkam.

Sie wußte nicht, daß sie erwachsene Fertigkeiten brauchte,

um in ihrem Leben Freude, Erfüllung und Stärke zu finden. Statt dessen konzentrierte sie sich auf äußerliche Merkmale des Jugendkultes.

Joyce mußte die Fertigkeiten lernen, mit deren Hilfe sie das Vergangene akzeptieren konnte, ohne sich von der Zukunft lähmen zu lassen, und sie mußte erkennen, daß man auch mit Würde alt werden kann. Ich ließ sie erwachsene Ersatzantworten entwerfen auf ihr Gefühl der Scham, das sie wegen ihrer gescheiterten Ehe plagte, und die Eifersucht, die sie gegenüber Frauen mit Ehemännern und Kindern empfand. »Es ist verständlich und angemessen, dem nachzutrauern, was man nicht gehabt hat«, sagte ich. »Jeder trauert manchem nach oder ist enttäuscht. Wenn Sie das Bedauern akzeptieren, werden Sie in keinen hilflosen Zustand versetzt; es ist keine Schande. Es ist einfach da – eine echte Emotion. Daneben muß es aber auch Energie geben, damit Sie Ihre Zukunft planen können und sich nicht von Schamgefühlen niederdrücken lassen.«

Hinter der Angst vor dem Altern steht natürlich die Angst vor dem Tod, bei dem man sämtliche Gewalt abgibt, der aber auch mit absoluter Sicherheit vorherzusagen ist. Er trifft jeden. Wenn Sie sich jedoch nie klargemacht haben, daß Erwachsene nicht unbesiegbar sind, übersteigen Ihre Erwartungen an sich und andere die Realität.

In einer Welt zu leben, in der es keine echten, erwachsenen Vorbilder gibt, hinterläßt eine Leere, die wir ständig zu füllen versuchen. In unserer Gesellschaft stilisieren wir andauernd normale Menschen zu Helden empor und sind dann enttäuscht, wenn sie unseren Erwartungen nicht gerecht werden.

Schlagen Sie eine Zeitung auf oder sehen Sie sich die Fernsehnachrichten eines beliebigen Tages der Woche an, und Sie finden Dutzende Beispiele von fehlgeleiteter Heldenverehrung. Wenn wir unsere politischen Führer mit übermenschlichen Eigenschaften versehen und glauben, daß sie immer und überall genau wissen, was zu tun ist, dann sind wir natürlich enttäuscht, wenn sie Fehler machen. Wir ärgern uns, wenn unsere Helden versagen, weil wir nach Vorbildern der Macht suchen, die auf unseren kindlichen Vorstellungen beruhen.

Wenn wir glauben, daß es unter uns Supermenschen gibt, die alles können und alles haben, sind wir erschüttert, wenn sich ihre Menschlichkeit herausstellt. Ein echter Erwachsener ist sich seiner Menschlichkeit und der Menschlichkeit der anderen bewußt.

Nach dem Licht streben

Manchmal scheint uns alles über den Kopf zu wachsen, und uns wird zutiefst bewußt, wie schwach wir doch sind. Wir leben heute in einer Zeit, da Depressionen wie eine Epidemie um sich greifen. Auf der Welt machen sich Haß, Krankheit und Unbehagen breit – Probleme, die kein Mensch bewältigen kann. Wir persönlich kommen fast täglich mit Verzweiflung in Berührung. Wir sehen sie auf unseren Straßen, in dem hoffnungslosen Blick eines Freundes, der AIDS hat, in der Hilflosigkeit einer gebrechlichen Mutter, die wieder zu einem Kind geworden ist, in der Geschäftswelt, in der eine weitere Flut von Entlassungen angekündigt wird.

Die meisten Menschen fühlen sich gestreßt und isoliert. Familien und Gemeinschaften, in denen man in Krisenzeiten einst Trost und Geborgenheit fand, sind schon seit langem zerfallen. Die Rituale, die die Menschen früher in glücklichen und sorgenvollen Zeiten zusammenbrachten, wurden aufgegeben und durch nichts ersetzt. Die Menschen leben in

Isolation und Verwirrung; sie glauben, sie müßten die Bürde ihres Lebens allein tragen.

Niemand möchte in Kummer, Angst oder Hoffnungslosigkeit leben. Erinnern Sie sich noch an die Geschichte mit der Pflanze, die sich immer nach dem Licht richtet, auch wenn sie sich vollkommen verdrehen mußte? Wir sind wie diese Pflanze, immer auf der Suche nach dem Licht, nach Wegen, wie wir unserem Leben Sinn und Zweck geben können.

Wenn Sie sich bis ins Innerste verwundet und geistig ausgelaugt fühlen und die von Ihnen versuchten Lösungen nichts ausgerichtet haben, wohin wenden Sie sich dann um Trost? Wie kann man weiterhin nach dem Licht streben, wenn es zu verschwinden scheint?

Die Menschen sind anfänglich sehr skeptisch, wenn ich ihnen sage, daß sie durch die Umformung ihrer emotionalen Dyslexie in erwachsene Fertigkeiten mit ihrem Leben besser zurechtkommen werden. Sie befürchten, daß dies nur eine weitere Theorie ist, die ihre Hoffnungen enttäuschen wird, und ich kann ihre Skepsis verstehen. Es ist schwer, Vertrauen in etwas zu haben, wenn man sich dabei nicht besser fühlt. Aber in Ihnen selbst steckt die Fähigkeit, ein souveräner Erwachsener zu werden. Diese Kraft kommt nicht von außen.

Ohne E. D. werden Sie Liebe anziehen, weil Sie fähig sein werden, sich selbst zu lieben.

Ohne E. D. werden Sie Stärke und Macht finden, weil Sie die Ambiguität und Unvollkommenheit der Welt akzeptieren werden.

Ohne E. D. werden Sie das Leben als Erwachsener genießen. Und ohne E. D. werden Sie bleibenden Frieden finden, weil Sie Ihr »Kind« zur Ruhe legen und als wahrer, mündiger und souveräner Erwachsener auftreten können.